Dr. Shimi Kang

DAS DELFIN-PRINZIP

Dr. Shimi Kang

DAS DELFIN-PRINZIP

Gute Erziehung –
glückliche und starke Kinder

MOSAIK

1. Auflage
Deutsche Erstausgabe November 2014

Originaltitel: The Dolphin Way. A Parent's Guide to Raising Healthy, Happy, and Motivated Kids – Without Turning into a Tiger
Originalverlag: Jeremy P. Tarcher/Penguin.
Published by the Penguin Group (USA) LLC
Übersetzung: Karin Wirth
Redaktion: Sylvi Schlichter
Umschlaggestaltung: zeichenpool
Umschlagillustration: Shutterstock.com/Cjwhitewine; pun photo
Satz und Layout: Buch-Werkstatt GmbH, Bad Aibling/Kim Winzen
Druck und Bindung: GGP Media GmbH, Pößneck
Printed in Germany
CH · Herstellung: IH
ISBN 978-3-442-39258-2

www.mosaik-verlag.de

Inhalt

Einleitung 7

Teil Eins

Das Dilemma: »Es fühlt sich falsch an, aber alle machen es so.«

Die Herrschaft des Tigers 25
Defizite von Tiger-Kindern 52

Teil Zwei

Die Lösung: Mit den Delfinen schwimmen

Das 21. Jahrhundert – Zeitalter des Delfins 81
Das Erfolgsgeheimnis der Delfine 101

Teil Drei

Aktiv werden: Wahrer Erfolg durch Balance

Leben nach dem Delfin-Prinzip:
Die Grundlagen 121
Spielen liegt in unserer Natur 149
Menschen sind soziale Wesen 186
Das Handwerkszeug für Delfin-Eltern 215

Teil Vier

Die Wandlung: Ein gesundes, glückliches und eigenmotiviertes Leben führen

Eigenmotivation ist von Dauer 243
Delfin-Kinder auf dem Weg zu Glück und Erfolg 274
Zurück zum Menschen 304

Quellennachweis 325
Register 341

Einleitung

Die Tigerin in mir

Ich war wieder mal zu spät dran. Irgendwie war ich immer zu spät dran, wenn ich meine Kinder zum Klavierunterricht, zum Fußball- oder Schwimmtraining brachte oder sie von dort abholte. In meinem Kopf wirbelten all die Dinge herum, die ich erledigen musste: E-Mails abarbeiten, Termine wahrnehmen, Lebensmittel einkaufen ... Die Liste schien nie ein Ende zu nehmen. Ich brauchte Koffein! Während meine Anspannung wuchs, wurde ich zunehmend nervös und bekam Kopfschmerzen. Beides würde nach einer Tasse Kaffee schlimmer werden, aber darüber dachte ich nicht nach. Ich dachte nur daran, wie unglaublich verlockend ein kurzer Mittagsschlaf wäre.

Beim Spurwechsel schaute ich in den Rückspiegel und sah meinen Sohn auf dem Rücksitz. Er sah so kraftlos, leer und verloren aus, dass es mir zu Herzen ging.

»Was ist los, Schatz?«, fragte ich ihn.

»Mama«, seufzte er matt und kaum hörbar, »ich will nicht zum Klavierunterricht. Ich will einfach nur nach Hause und spielen.«

Diese einfachen Sätze gingen mir noch mehr zu Herzen. Mein Sohn wollte einfach nur spielen und Kind sein, wie ich es sein durfte. Es traf mich wie ein Donnerschlag: Mit all den Aktivitäten und Programmen, die ich für ihn organisiert habe, machte ich aus meinem sechsjährigen Jungen einen überarbeiteten Mann mittleren Alters. Was war nur los mit mir? Warum hatte ich mich in letzter Zeit so sehr zur Tiger-Mutter entwickelt?

Den strikt autoritären Tiger-Erziehungsstil hat Amy Chua mit ihrer Biographie »Die Mutter des Erfolgs: Wie ich meinen Kindern das Siegen beibrachte« weltweit berühmt gemacht. In diesem Buch berichtet die »Tiger Mom« stolz, dass sie ihren Kindern keine Spielverabredungen, keinerlei eigene Entscheidungen, ja, nicht einmal Toilettenpausen während des Klavierübens zugestanden hat. Es schien, als hätte ich diesen Erziehungsstil übernommen, obwohl er allem zuwiderläuft, das ich wertschätze und woran ich glaube. Damals im Auto, in einem kostbaren Augenblick der Klarheit, nahm ich mir vor, ein paar wichtige Veränderungen vorzunehmen. Ich würde meinen Sohn wieder Kind sein lassen. Ich wollte wieder ein Mensch voller Vitalität und Freude sein, statt im Automatikmodus zu funktionieren. Also ließen wir den Klavierunterricht sausen. Ich muss zugeben, dass ich von diesem Ausflug in die Freiheit genauso begeistert war wie mein Sohn.

Aber um meinem Sohn die Freude am Spielen zurückzugeben, war es nicht damit getan, einfach nur den Klavierunterricht abzusagen. Ich hatte mir immer gewünscht, mit ihm ausgiebig LEGO zu spielen, aber nie die Zeit dafür gefunden. Nun gingen wir endlich in ein Spielwarengeschäft, um LEGO-Steine zu kaufen. Als Kind hatte ich mit diesen Steinen stundenlang Häuser, Tiere und alle möglichen wilden Fantasiekreationen gebaut. Aber als wir im Laden standen, fand ich das LEGO meiner Kindheit nicht mehr. Es gab nur noch LEGO-Kästen zu speziellen Themen, mit eigens gefertigten Teilen und detaillierten Anleitungen, die zeigten, wie das fertige Modell aussehen sollte. Zudem basieren viele der Sets auf knallhartem Merchandising: Disney, Star Wars, Ninja Turtles ... Ein Kasten mit einfachen Bausteinen in mehreren Größen und Farben ist fast schon Mangelware.

Die weltbekannte Firma LEGO produzierte ab den 1930er-Jahren zunächst Holzspielzeug, bevor 1949 die Herstellung der berühmten Plastikbausteine startete. Diese Steine gaben Kindern vielfältige Möglichkeiten zu bauen, zu erschaffen, sich etwas auszudenken – Raumschiffe, Häuser, Autos, Tiere, Bahnhöfe, der Fantasie waren keine Grenzen gesetzt. Im Lauf der Jahre wurden einige Requisiten, wie Räder (1961) oder menschliche Figuren (1978), eingeführt, um die Spielmöglichkeiten noch zu erweitern.

Anfang der 1990er-Jahre begann LEGO dann, Themenkästen zu verkaufen, die meist vor Weihnachten auf den Markt kamen und im neuen Jahr bald wieder ausliefen. Diese Kästen waren teuer und kurzlebig. Allein 2011 erschienen zehn neue, nur für begrenzte Zeit erhältliche LEGO-Themenkästen.

Auch mein Sohn entschied sich letztendlich für solch einen Kasten. Doch als wir ihn zu Hause öffneten, hatten wir beide Schwierigkeiten mit dem Zusammensetzen des Modells. Frustriert schickte ich meinen Sohn zu seinem Vater. Dann sahen wir beide zu, wie mein Mann mit den Anweisungen kämpfte. Statt sich zu freuen, dass die Kinder mit LEGO spielen, muss man heute eher sagen, dass sie Anweisungen ausführen – oder ihren Eltern dabei zusehen, wie diese sich mit der Anleitung abmühen. Natürlich spielen Kinder dann hin und wieder mit ihrem fertigen LEGO-Star-Wars-Raumschiff, aber dafür täte es ein einfaches Plastikraumschiff vom Wühltisch wahrscheinlich genauso.

Das LEGO meiner Kindheit war kreativ, anregend und garantierte stundenlangen Spielspaß. Es ließ uns die Freiheit zu erschaffen, was wir wollten, ohne Baupläne oder elterliche Unterstützung. Was ist passiert? Warum unterstützen wir als Eltern diesen Wandel vom kreativen zum passiven Spielzeug und kaufen die teuren Themenkästen?

Am Ende des Tages wurde mir klar, dass mein Sohn teure LEGO-Sets ebenso wenig brauchte wie Klavierstunden. Draußen sein, im Matsch buddeln, Würmer ausgraben, das war es, was ich ihn tun lassen sollte.

Was ich von meinen Eltern gelernt habe

Ich bin froh, dass wir an jenem Tag den Klavierunterricht gestrichen haben. In dem Augenblick, den ich brauchte, um diese Entscheidung zu treffen, dachte ich natürlich an meinen Sohn, aber auch an meine Patienten und an meine Eltern. Ich hatte den deprimierten Gesichtsausdruck meines Kindes zuvor schon bei vielen meiner Patienten gesehen – talentierten jungen Pianisten, begabten Sportlern und Mathematikgenies, die erschöpft, zerbrechlich und innerlich leer waren. Nun erinnerte ich mich an einen bekannten Spruch, den meine eigenen Eltern gern zitiert hatten: »Unsere Kinder sind nicht unser Eigentum; sie sind Reisende, die nach dem Weg fragen, und wir wollen ihnen gute Begleiter sein.« Endlich verstand ich, was diese Worte bedeuteten – mein Sohn war nicht mein Besitz, und es war nicht meine Aufgabe, ihn zu steuern und zu programmieren, sondern ihm seinen eigenen Weg zu zeigen. Und trotz all meiner beruflichen Erfahrungen erledigte ich diese Aufgabe gerade furchtbar schlecht. Dieser

Gedanke brachte mich zu der Erkenntnis, wie sehr ich meine Eltern wertschätze und wie mein Leben in vielen Punkten ihrem früheren ähnelt und sich doch so sehr unterscheidet.

Meine Eltern kamen aus einem kleinen indischen Dorf nach Kanada – arm, allein und ohne irgendwelche Sicherheiten. Meine Mutter hat nie eine Schule besucht – ich wurde in einigen der besten Einrichtungen der Welt ausgebildet. Mein Vater schaffte den Balanceakt, tagsüber zur Schule zu gehen und nachts Taxi zu fahren, um seine Familie zu ernähren – ich mühe mich ab, um meine drei Kinder, meine alten Eltern, meine Ehe, mein Zuhause, meinen Vollzeitjob, gemeinnützige Arbeit, Familie, Freunde, aber auch eine Vielzahl anderer, oft unnötiger Ablenkungen unter einen Hut zu bringen. Ich überwache die Mathehausaufgaben meines Sohnes für die erste Klasse, während meine Eltern an meiner Zulassung für das Medizinstudium völlig unbeteiligt waren. Nicht die Anweisungen meiner Eltern gaben mir innere Motivation, sondern die Werte, die sie mir mitgegeben hatten. »Denk auch an andere«, bewegte mich dazu, mit 21 Jahren bei örtlichen Veranstaltungen Reden zu halten, um Geld für meine eigene Stiftung aufzutreiben. »Sorge für eine bessere Welt« war mein Antrieb dafür, mit 22 ein Praktikum bei der Weltgesundheitsorganisation in Genf zu absolvieren. »Setze deinen kreativen Geist ein« animierte mich, ein innovatives neues Programm für Jugendliche mit psychischen Problemen und Drogenproblemen (eines von nur wenigen Programmen dieser Art weltweit) ins Leben zu rufen. »Gehe mit gutem Beispiel voran« ließ mich die Funktion der beratenden ärztlichen Direktorin bei den Child and Youth Mental Health Programs in Vancouver übernehmen, während ich als Teilzeitforscherin bei einem aufstrebenden Biotechnologieunternehmen in Boston arbeitete.

Was im Leben wirklich wichtig ist, habe ich von meinen Eltern gelernt. Als Heranwachsende erlebte ich ihre tiefe Arbeitsmoral sowie ihre Anpassungs- und Innovationsfähigkeit und ihr unermüdliches Engagement für Familie und Gemeinwesen. Unser Zuhause war nicht immer glücklich – bei Weitem nicht. Wie in jeder Familie gab es auch bei uns Stress und Zerwürfnisse, einschließlich vieler ernster Probleme. Trotzdem spürte ich als Kind immer die Liebe meiner Familie. Ich war mir ihrer hohen Erwartungen an meinen Erfolg in allen Lebensbereichen bewusst. Am wichtigsten war ihre Erwartung, dass ich über meinen eigenen Tellerrand hinaussehen und einen positiven Beitrag in der Welt leisten würde. Die Botschaft war klar: »Sei optimistisch und voller Lebensfreude und inspiriere auch andere dazu, damit wir alle in einer besseren Welt leben können.« Diese Aussage stammte nicht aus Strategiesitzungen meiner Eltern und auch nicht von externen Beratern, für die ohnehin weder Zeit noch Geld vorhanden war. Sie ergab sich einfach aus ihren individuellen Persönlichkeiten und Werten.

Eine Kindheit wie meine würden moderne Eltern kaum spontan gutheißen (sofern sie nicht eine ähnliche hatten). Ich kannte keine Terminpläne, Nachhilfe- oder Trainingsstunden oder auch nur Hausaufgabenbetreuung. Als jüngstes Kind einer großen Familie war ich oft mir selbst überlassen. Meine Mutter konnte mir nicht bei den Hausaufgaben helfen, weil sie Analphabetin war. Mein Vater übte mit mir Mathematik, indem er mich auf seine nächtlichen Taxifahrten mitnahm. Ich saß vorne, und er zeigte mir, wie man das Wechselgeld zählte. Ich meldete mich selbst in der Schule an (unter dem Namen Vicky, weil ich nicht auffallen wollte, was meine Eltern leider herausfanden, als sie mein Halbjahreszeugnis sahen). Meine Zeit verbrachte ich größtenteils mit Lesen und

Spielen im Sand oder Schnee. Wenn keine anderen Kinder oder Spielsachen in der Nähe waren, spielte ich mit imaginären Freunden. Während meine Eltern damit beschäftigt waren, in einem sehr fremden Land Wurzeln zu schlagen, hatte ich viel Muße, um meine blühende Fantasie zu nähren. Ich erfand in meinem Kopf zahllose Geschichten.

Meine Kindheit war zwar sorgenfrei, aber nicht ohne Verantwortung. Gemeinsam mit meinen älteren Geschwistern lernte ich, mich um Dinge zu kümmern, die mich selbst betrafen, im Haushalt zu helfen, einkaufen zu gehen, sparsam zu sein und für Verwandte, die kein Englisch konnten, Rechnungen und Dokumente zu übersetzen. Ich war beschäftigt, aber nicht mit geplanten Aktivitäten, sondern im wirklichen Leben. Man erwartete von mir, dass ich gute schulische Leistungen zeigte, ein gutes Verhältnis zu meiner Familie hatte, für meine Freunde da war und mich fürs Gemeinwesen engagierte. Mit zwölf fragte ich einmal freitags meine Mutter, ob ich am Sonntag die Mithilfe in der Gemeindeküche ausfallen lassen könne. Da mein Cousin am Samstag Geburtstag hatte und ich am Montag eine Mathearbeit schrieb, schien es mir richtig, am Sonntag zu Hause zu bleiben und zu lernen. »Ich bin sicher, dass du einen Weg finden wirst, allem, was dir wichtig ist, gerecht zu werden«, antwortete meine Mutter. Die Botschaft war klar. Und sie hatte Recht. Ich fand einen Weg.

Als Kind hatte ich eine Leidenschaft für Geschichten und träumte davon, eines Tages Schriftstellerin zu werden. Allerdings schien mir eine Tätigkeit im künstlerischen Bereich ein Luxus außerhalb der Reichweite unterprivilegierter Immigrantenkinder. Glücklicherweise fand ich eine andere Leidenschaft – das menschliche Gehirn und wie es von sozialen Interaktionen beeinflusst wird. Ich wurde zuerst Studentin, dann Ärztin, dann Psychiaterin und schließlich Motivationslehrerin. Ich bin davon überzeugt, dass ich ohne die Freiheit und Verantwortung, die meine Kindheit prägten, diesen Weg wohl kaum hätte gehen können.

Weshalb beraubte ich dann meine Kinder der einfachen Dinge – der freien Zeit, der Verantwortung, der Erfahrungen im wahren Leben, die mir als Kind die größte Freude bereiteten und mir als Erwachsene so große Vorteile brachten?

Kindererziehung im 21. Jahrhundert und der menschliche Irrsinn

Ich habe mit Tausenden von Menschen im Zusammenhang mit Problemen wie Stress, familiären Konflikten, Work-Life-Balance, Depression, Ängsten, Sucht, Psychose und Suizid gearbeitet. Dabei habe ich gelernt, zwischen echten psychischen Problemen und dem allgemeinen menschlichen Irrsinn zu unterscheiden. Psychische Probleme sind ernste, weit verbreitete (jeder Vierte ist davon betroffen) und behandelbare Gesundheitsstörungen. Allgemeiner menschlicher Irrsinn umfasst hingegen all die nicht besonders schlauen Dinge, die wir wider besseres Wissen jeden Tag tun: beim Autofahren simsen, mehr Kaffee trinken statt zu schlafen, mit unserem Partner streiten (und gewinnen wollen) und unsere Kinder anbrüllen, dass sie ruhig sein sollen (um ihnen anschließend, von schlechtem Gewissen getrieben, ein Geschenk zu kaufen). In mancher Hinsicht können diese Dinge ebenso belastend sein wie eine psychische Erkrankung – und viel schwerer zu ändern. In meiner mehr als zehnjährigen Berufspraxis habe ich gelernt zu erkennen, ob jemand ein Gehirn-CT, eine Medikation, eine Therapie braucht – oder aber einfach ein wenig Unterstützung, mehr Schlaf und eine andere Sicht auf die Dinge.

Was mich erstaunt, ist die Tatsache, dass von all den Menschen aus verschiedenen Ländern und Kulturkreisen, mit denen ich zu tun habe (von Kindern bis zu Senioren, von Obdachlosen bis zu Prominenten), keine Gruppe mehr menschlichen Irrsinn und gedankenloses Funktionieren an den Tag legt als die Eltern des 21. Jahrhunderts. Manchmal möchte ich mir fast das Zitat von Samuel Butler – »Eltern sind die Letzten, die Kinder haben sollten« – auf die Stirn tätowieren lassen, oder, noch besser, in die Handfläche, damit ich es immer sehen kann, denn ich bin auch eine von *denen.*

Eltern können aus einem sehr guten Grund vom menschlichen Irrsinn befallen werden. Das menschliche Gehirn ist das komplexeste Gebilde im Universum. Mit seinen mehr als einhundert Milliarden verbundenen Neuronen verarbeitet es alle unsere Gedanken, Aktionen und Reaktionen. Aber das Gehirn menschlicher Eltern ist noch einmal komplexer. Der Grund? Es ist besonders sensibel für alles, was das Kind betrifft. Eltern sind komplett auf Stimme, Geruch, Gesichtsausdruck, Körpersprache und Berührung ihres Kindes eingestimmt. Neuere neurowissenschaftliche Forschungen haben gezeigt, dass sich das Gehirn einer Mutter während ihrer ersten Schwangerschaft dramatisch verändert. Das Ausmaß der Neuronenverschaltung und -neuverknüpfung ist mit dem während der Pubertät vergleichbar. Eine frischgebackene Mutter hat nach der Geburt eines Kindes buchstäblich ein anderes Gehirn als zu dem Zeitpunkt, als sie den positiven Schwangerschaftstest in den Händen hielt.[1]

Der Vater durchläuft ähnliche, wenn auch weniger dramatische Gehirnveränderungen, die durch die Pheromone (Hormone, die unbewusst über die Nase wahrgenommen werden) der Mutter sowie des Neugeborenen ausgelöst werden. Es gibt Hinweise darauf, dass ähnliche Veränderungen auch bei Adoptiveltern stattfinden. Es ist fast so, als ob frischgebackene Eltern noch einmal die Pubertät durchlaufen würden, und nach meiner Ansicht geht Elternschaft oft genug mit ebenso vielen, wenn nicht sogar mehr, emotionalen Höhen und Tiefen einher. Meiner Meinung nach ist diese große Sensibilität für unsere Kinder zum Teil dafür verantwortlich, dass Kindererziehung so schwer ist. Nichts aktiviert das menschliche Gehirn mehr oder lässt es schneller in den Panikmodus wechseln als das Schicksal unserer Kinder. Als ob das noch nicht reichen würde, verändert sich auch das Gehirn unserer Kinder ständig und ist extrem empfänglich für unser Mienenspiel, unseren Tonfall, unsere Körpersprache und unsere verbalen Äußerungen. Diese eng verwobene Interaktion zwischen Eltern und Kindern beschert uns die schönsten und schwierigsten Augenblicke unseres Lebens.

Chancen und Grenzen der Kindererziehung

Wissenschaftliche Erkenntnisse zu der Frage, wie sich die Erziehung unserer Kinder positiv und negativ auf ihre Entwicklung auswirken kann, faszinieren mich. Sobald ich meine Tiger-Tendenzen erkannt hatte, wollte ich wissen, ob Erziehung nach dem Tiger-Prinzip funktioniert und was *Funktionieren* in diesem Zusammenhang eigentlich bedeutet. Sollten wichtige Entscheidungen über Bildung und Erziehung der nächsten Generation auf etablierten Fakten und wissenschaftlichen Erkenntnissen beruhen oder auf Biographien von »Tiger-Müttern« und anderen Eltern, die ihren Erziehungsstil für den einzig wahren halten? Ich musste mich nicht nur intensiver mit den Neurowissenschaften, gesundem Verhalten und der klinischen Praxis, sondern auch mit meiner eigenen Intuition und meinen tief verwurzelten Werten beschäftigen, um Schlussfolgerungen ziehen zu können.

Man sollte meinen, dass ich mit all meinen Kenntnissen einen klaren Plan für die Erziehung meiner Kinder haben müsste. Aber wie so viele andere Eltern stehe auch ich oft im Konflikt zwischen meiner Intuition und meinen Ängsten. Als ich erfuhr, dass ein Mitschüler meines Sohnes einen Buchstabierwettbewerb gewonnen hatte, fehlte nicht viel und ich hätte mein eigenes Kind vom Matschbuddeln weggeholt und sofort mit Übungen und Hausaufgaben überschüttet – obwohl meine Intuition mir ausdrücklich davon abriet! Glücklicherweise half mir meine Arbeit als Psychiaterin, meine Verunsicherung zu überwinden.

Stress und psychische Erkrankungen sind auf dem Vormarsch, und junge Menschen zwischen 15 und 24 sind am häufigsten davon betroffen.[2] Die Depression ist auf dem besten Weg, bis 2020 die zweithäufigste Krankheitsursache (nach Herzerkrankungen) in den Industrieländern zu werden.[3] Medikamentenmissbrauch gehört zu den gravierendsten Gesundheitsproblemen in den Industrieländern, und Studenten sind dabei die am schnellsten wachsende Untergruppe.[4] Es sterben mehr junge Menschen durch Selbstmord als durch Kriminalität und Krieg zusammengenommen.[5] Auf der ganzen Welt steigt die Zahl der Kinder, die unter Stress, Ängsten, Schlafmangel und Schlaflosigkeit leiden. Auch die Zahl der Kinder mit Sportverletzungen sowie mit durch exzessives Lernen verursachten Problemen wie Übergewicht und sogar Kurzsichtigkeit nimmt zu.[6] Ich weiß das alles, weil ich täglich damit konfrontiert bin, und ich weiß, dass es aufhören muss. Wir bringen unsere Kinder buchstäblich um.

Ich glaube inzwischen, dass die mit der Erziehung nach dem Tiger-Prinzip verbundenen Prinzipien – das übertriebene Durchplanen, Belehren, Kontrollieren, Antreiben und Wegebnen – kein Zuviel an Erziehung darstellen, wie es manchmal in Bezug auf diesen Erziehungsstil heißt, sondern im Gegenteil ein ernstes Zuwenig. Wenn Erziehung bedeutet, Kinder auf ein reiches, lohnenswertes Leben vorzubereiten, dann tun Tiger-Eltern bei Weitem nicht genug. Bei der Erziehung nach dem Tiger-Prinzip geht es nicht darum, die Lektionen des Lebens zu lernen, sondern für die nächste Prüfung zu büffeln. Sie ignoriert die Dinge, für die wir unseren Eltern, Großeltern und anderen Mentoren oft ein Leben lang dankbar sind; die Werte, die dafür sorgen, dass unsere Kinder, unsere Gesellschaft und unsere Welt stark sind und gedeihen.

Es geht mir nicht darum, Eltern ihr Fehlverhalten vorzuwerfen (meine eigenen Tiger-Tendenzen gebe ich jederzeit zu). Vielmehr möchte ich Ihnen etwas Erfreuliches sagen: Kinder können in dieser sehr aus dem Gleichgewicht geratenen Welt eine Balance finden – sie können klug *und* glücklich, wettbewerbsorientiert *und* prinzipientreu, praktisch veranlagt *und* leidenschaftlich, begabt *und* geerdet, sicher *und* unabhängig, ausdauernd *und* innovativ, Sieger auf ihrem Gebiet *und* ein Teil der Gemeinschaft, ehrgeizig *und* altruistisch sein.

Wie viele Eltern wünsche ich mir, dass meine Kinder Musik und Sport genießen, beruflich erfolgreich und zufrieden sind. Aber dafür müssen Kinder an Körper, Geist und Seele gesund sein. Die Hauptvoraussetzungen dafür sind Kreativität, kritisches Denken, ausgeprägte soziale Kompetenzen, eine positive Persönlichkeit und die Fähigkeit, sich anzupassen, ohne unterzugehen. Ich glaube, dass wir viel mehr Kinder zu ausgeglichenen Erwachsenen heranwachsen sehen könnten, wenn wir sie nur auf die richtige Art erziehen würden.

Angesichts des Zustands der Welt und der Aufgaben, die auf die nächste Generation warten, ist das Überleben auf diesem Planeten davon abhängig, wie wir jetzt mit unseren Kindern umgehen. Nur Innovatoren mit einer dem 21. Jahrhundert angemessenen Denkweise können die Probleme des 21. Jahrhunderts lösen – aber dazu müssen sie gesund und engagiert genug sein. Wie Albert Einstein schon sagte: »Die wichtigen Probleme, mit denen wir es zu tun haben, lassen sich nicht mit der Art von Denken lösen, das vorherrschte, als wir sie verursacht haben.«

Wie Ihnen dieses Buch helfen kann

Maße ich mir an zu behaupten, dass ich das Geheimnis der Kindererziehung kenne? Meine Antwort lautet: Ja! Ich kenne es – und Sie kennen es auch! Es gibt nicht den einen richtigen Weg. Wenn Sie glauben, *den* Weg gefunden zu haben, dann warten Sie mal ein paar Jahre: Ihr Kind verändert sich, oder Sie bekommen ein weiteres Kind, das eine völlig andere Erziehung braucht.

Und dass Sie theoretisch wissen, wie man Kinder erzieht, heißt noch lange nicht, dass Sie Ihre Kinder auch tatsächlich auf diese Weise anleiten und führen. Beispielsweise wissen die meisten Menschen sehr genau, wie man abnimmt – durch gesündere Ernährung und mehr Sport. Einfach, nicht wahr? Warum breitet sich dann Fettleibigkeit in den Industrieländern aus? Warum gibt es eine milliardenschwere Abnehmindustrie? Das liegt daran, dass *einfach* nicht dasselbe wie *leicht* ist und *denken* nicht *tun* bedeutet. Die einfachste Methode, ein Problem zu lösen, besteht darin, das Verhalten zu ändern, das zum Fortbestehen des Problems führt. Doch menschliches Verhalten zu ändern ist nicht leicht. Die meisten Eltern könnten die Frage beantworten, welche Erziehungsansätze bei ihren Kindern und bei ihnen selbst am besten funktioniert haben. Sie haben in der Kindererziehung friedliche, glückliche und »erfolgreiche« Augenblicke erlebt und wissen genau, wie diese Augenblicke zustande kamen. Die Schwierigkeit liegt nicht darin zu wissen, *was zu tun ist,* sondern darin, sich tagtäglich entsprechend zu verhalten.

Wie kann dieses Buch Ihnen dabei helfen? Die Antwort lautet: nicht durch Anweisungen, sondern indem es Ihnen eine Leitlinie gibt. Es ist nicht darauf ausgerichtet, Ihnen zu sagen, was Sie tun *sollen,* sondern Sie dazu zu bewegen, das, was Sie tun *wollen,* in die Tat umzusetzen.

Ich bin keine »Erziehungsexpertin« und glaube auch nicht, dass es so etwas gibt, denn jedes Kind, jede Mutter, jeder Vater ist anders. Aber ich besitze fundierte Kenntnisse in Bezug auf menschliche Motivation, und die beste Art, jemanden zu motivieren, besteht darin, ihm den Weg zu zeigen. Niemand lässt sich gern sagen, was er tun soll, besonders, wenn es um persönliche Dinge geht. Niemand, kein Experte – nicht einmal Eltern – kann jemals Motivation von außen aufzwingen. Motivation muss von innen kommen. Wie viel Sachkenntnis der Experte auch haben mag, wie beeindruckend das Forschungsergebnis sein mag oder wie fundiert das Buch – all das spielt keine Rolle, wenn Sie sich nicht persönlich davon angesprochen und zur Änderung angeregt fühlen.

Der einzige Experte für alle Aspekte Ihres Lebens sind Sie. Ich werde Ihnen uralte Weisheiten, die neuesten wissenschaftlichen Erkenntnisse und sich abzeichnende globale Trends sowie Geschichten von Menschen aus der ganzen Welt, von meinen Patienten und aus meinem eigenen Leben präsentieren. Was Sie damit anfangen, liegt ganz bei Ihnen.

Dieses Buch basiert auf einem vierstufigen Modell der Verhaltensänderung – es bewegt sich vom Dilemma über Hoffnung und Methodik hin zur Wandlung. Auch wenn Sie davon überzeugt sind, dass Erziehung nach dem Tiger-Prinzip nichts für Sie ist und gleich zum Delfin-Teil weiterblättern wollen, empfehle ich Ihnen wegen der stärkeren Wirkung dennoch, mit dem Kapitel »Die Herrschaft des Tigers« anzufangen. Sie könnten das Kapitel »Defizite von Tiger-Kindern« mit seinen Argumenten gegen die Tiger-Erziehung nur überfliegen. Aber wenn Sie die Phasen des Dilemmas, der Hoffnung und der Methodik systematisch durchlaufen, sind Sie besser auf die Wandlung am Ende des Buches vorbereitet.

Ich fange mit den Grundlagen eines gesunden Lebens an, weil weder Zufriedenheit noch Motivation ohne Gesundheit möglich sind. Anschließend widme ich mich den drei Erziehungsaspekten, die meiner Meinung nach völlig unterschätzt werden, aber für Erfolg und Glück im 21. Jahrhundert unerlässlich sind: der Welt des Spielens und Erforschens, der Bedeutung von Gemeinschaft und gesellschaftlichem Engagement und der Notwendigkeit der (von innen kommenden) Eigenmotivation anstelle von externer Motivation (beispielsweise Preise oder Geld). Und schließlich befasse ich mich mit den Kompetenzen, die sich von diesen für das 21. Jahrhundert so wichtigen Faktoren ableiten lassen und die Grundlage einer Kindererziehung im Hinblick auf ein gesundes, glückliches, erfolgreiches Leben darstellen.

Ich gebe in diesem Buch auch ganz altmodische praktische Tipps zu Dingen, die man tun oder lassen sollte, um Ihnen viele Werkzeuge zu präsentieren, die Sie sofort anwenden können. Dabei werde ich immer wieder die Tiger- und Delfin-Metapher verwenden. Die Tiger-Metapher gehört inzwischen zum Wortschatz vieler Eltern. Ich möchte mit diesem Buch nun dem Delfin zu der ihm gebührenden Beachtung verhelfen, denn wir können von Delfinen viel lernen.

Ich hoffe, durch Aktivierung unseres inneren Delfins und Eliminierung unseres inneren Tigers Eltern auf der ganzen Welt dazu anregen zu können, eine Balance zwischen strukturierten Aktivitäten und unstrukturiertem Spiel, zwischen Wettstreit und Gemeinschaftssinn, zwischen einem beschützten Dasein und Unabhängigkeit anzustreben. Ich möchte auch Eltern, die ihre Kinder von außen antreiben, dazu ermutigen, ihren Sprösslingen die Chance zu geben, eine eigene starke, gesunde Eigenmotivation zu entwickeln. Wenn Sie also je in den Rückspiegel geschaut und in Ihrem Herzen gewusst haben, dass es Ihrem Sohn oder Ihrer Tochter besser ginge, wenn er oder sie einfach nur spielen könnte, statt zu einer weiteren Unterrichtsstunde gefahren zu werden, dann lesen Sie weiter. Es ist nie zu spät, das Auto zu wenden.

Teil Eins

Das Dilemma

»Es fühlt sich falsch an, aber alle machen es so.«

Die Herrschaft des Tigers

Durch meine Arbeit werde ich häufig in das ganz persönliche Leben der Familien eingeladen, mit denen ich arbeite. Manchmal kommt diese Einladung allerdings nicht direkt von den Patienten. Eines Morgens bat mich ein Kollege, ihn bei einer Adresse in der Nähe meiner Wohnung zu treffen, wo schon ein Polizeiauto wartete. Die Zusammenarbeit mit der Polizei ist in einer Kinder- und Jugendpraxis an der Tagesordnung, aber dieser Fall war ungewöhnlich: Ich sollte mir einen vierzehnjährigen chinesischen Junge namens Albert ansehen, der in Obhut genommen worden war, weil er eine Frau in ihrem Keller eingesperrt hatte. Und zwar nicht irgendeine Frau, sondern seine eigene Mutter, ein ganzes Wochenende lang. Sie war nicht in Gefahr und hatte die ganze Zeit Zugang zu Nahrung und zu einer Toilette. Aber als ihr Mann aus dem Ausland anrief und weder Frau noch Sohn erreichen konnte, machte er sich Sorgen und verständigte die örtliche Polizei. Die Polizisten fanden Albert schlafend im Bett vor; im ganzen Haus waren Fastfood-Verpackungen verstreut und Computerspiele aufgestapelt. Mit einer merkwürdigen Mischung aus Scham und Trotz erklärte er den Polizisten, warum er seine Mutter eingeschlossen hatte.

»Ich brauchte einfach mal eine Pause von ihr, sonst wäre ich unter dem Druck explodiert. Sie drängt mich ständig, meine Hausaufgaben zu machen und Klavier zu üben. Und wenn ich damit fertig bin, will sie, dass ich noch zusätzlich Klavier übe und Extra-Hausaufgaben mache. Ich weiß, dass es dumm war, sie einzusperren, aber wenn ich es nicht getan hätte, wäre ich entweder weggelaufen oder von einer Brücke gesprungen.«

Klingt schrecklich, nicht wahr? Und es erweckt den Eindruck, als ob Alberts Mutter eine skrupellose, kaltherzige Tiger-Mutter sei. Aber wie jede Geschichte hat auch diese zwei Seiten. Als ich Winnie, Alberts Mutter, befragte, erfuhr ich Folgendes:

»Schon bevor Albert zur Welt kam, stand ich unter enormem Druck, dafür zu sorgen, dass unser Kind es zu etwas bringen würde. Wie viele Kinder trägt Albert die Last aller unserer Erwartungen. Wenn man in China nicht in die richtige Grundschule kommt, kommt man nicht in die richtige Mittelschule und dann nicht in die richtige Oberschule und dann nicht ins richtige College oder an die richtige Universität, und dann bekommt man nicht den richtigen Job und endet als nutzloser Niemand. Der Druck begann schon vor meiner Schwangerschaft – ich sollte immer bestimmte Nahrungsmittel essen, um die Gehirnentwicklung meines Kindes zu fördern.

Als Albert sechs Monate alt war, bereitete ich ihn für die Aufnahme in die Vorschule vor. Als er ein Jahr alt war, fragte ich ihn über Körperteile, Farben, einfache Rechenaufgaben und Vokabeln ab. Die Konzentration auf Albert beherrschte mein ganzes Leben. Ich plante seine Ernährung, seine Aktivitäten, seinen Unterricht und unterrichtete ihn auch selbst. Dazu engagierte ich mich in Elternräten und recherchierte, wie ich unsere Pläne für ihn noch verbessern konnte. Wir haben inzwischen fast unsere gesamten Ersparnisse für seine

Ausbildung und für Spenden an seine Schulen ausgegeben. Wegen all dieser Investitionen sind Alberts Leistungen enorm wichtig.

Wir *wissen,* dass er unter großem Druck steht, und wir wollen nicht, dass er traurig oder gestresst ist. Darum kaufen wir ihm immer die neuesten Spiele und Elektronikgeräte, viele Süßigkeiten und Fast Food, um ihn glücklich zu machen. Aber ich glaube, dass das seiner seelischen und körperlichen Gesundheit geschadet hat. Er hat keine Disziplin. Er hat gelernt, meinen Mann, mich und seine Großeltern zu manipulieren, indem er einfach ausrastet, wenn er nicht das bekommt, was er will. Er ist süchtig nach Computerspielen und erledigt seine Hausaufgaben und sein Übungspensum jetzt hastig, damit er spielen kann. Er sagt, das sei das einzig Entspannende in seinem Leben.

Ja, ich verstehe, dass er mich eingesperrt hat, weil er eine Pause von den Hausaufgaben und vom Klavierüben brauchte. Aber ich glaube auch, dass er einfach das neueste Computerspiel testen wollte, das an diesem Wochenende rausgekommen ist. Ich weiß nicht, was ich tun soll. Er ist jetzt noch gut in der Schule, weil er erst vierzehn ist, aber bei seiner Einstellung wird das nicht mehr lange anhalten.

Er hat offensichtlich keinen Respekt mehr vor mir, und wir können ihn nicht immer nur bestechen, damit er bestimmte Dinge tut. Er verliert seine Motivation. Ich mache mir Sorgen um seine Zukunft – niemand mag Leute wie Albert. Nicht einmal ich mag ihn mehr. Wir sind vor einem Jahr aus China weggegangen, weil wir von all dem genug hatten und ihm die Möglichkeit geben wollten, andere Erfahrungen zu machen. Vielleicht ist es dafür schon zu spät. Es gefällt mir nicht, was aus ihm und aus mir geworden ist. Ich hoffe wirklich, dass Sie mir helfen können.«

Wenn ich Leuten die Geschichte von Albert und Winnie erzähle, nicken sie entweder verständnisvoll oder schütteln missbilligend den Kopf. Einige meiner Patienten im Teenageralter haben mir gestanden, dass auch sie sich in ihrer Fantasie schon ausgemalt haben, ihre Eltern für ein Wochenende wegzusperren! Der Fall der jungen Amerikanerin, die 2012 eine Unterlassungsklage gegen ihre Eltern einreichte (und vor Gericht gewann!), weil diese ihr heimlich auf dem Universitätsgelände nachgeschlichen waren, ist einfach nur eine andere Version derselben Geschichte.[1]

Damit wir uns richtig verstehen: Erziehung nach dem Tiger-Prinzip ist nicht auf eine bestimmte ethnische Gruppe beschränkt. Amy Chuas Buch hat viel dazu beigetragen, Erziehung nach dem Tiger-Prinzip mit asiatischen Familien in Verbindung zu bringen, aber in Wirklichkeit laufen Kinder aus allen Kulturkreisen Gefahr, Opfer des wohlmeinenden, aber letztlich schädlichen autoritären Regimes ihrer Tiger-Eltern zu werden. Ich habe eine ganze Reihe dieser Kinder in meiner Praxis gesehen.

Im Lauf der Zeit kamen Albert und Winnie besser zurecht. Glücklicherweise begriffen sie, dass sie beide Opfer der Tiger-Erziehung geworden waren. Winnie hatte schon seit einiger Zeit kein gutes Gefühl in ihrem Umgang mit Albert mehr gehabt, hatte aber nicht gewusst, was sie ändern sollte, weil sie dachte, »dass alle anderen es auch so machten«. Sobald sie aufhörte, nach außen zu schauen, und ihre Aufmerksamkeit nach innen auf das richtete, was nach ihrem Gefühl gut für ihre Familie war, traf sie bessere Entscheidungen. Sie glich das Herumkommandieren und gluckenhafte Benehmen durch Nähe und durch das Auftreten als Vorbild und Wegbegleiter aus und trug so dazu bei, Albert auf den Weg zu Gesundheit, Zufriedenheit und Eigenmotivation zu bringen.

Neue Zwänge für Eltern im 21. Jahrhundert

Viele Eltern sind heute mit einem wahren Ansturm verschiedener Realitäten konfrontiert, durch die sowohl sie selbst als auch ihre Kinder unter viel zu starken Druck geraten. Manche Realitäten waren schon vor Urzeiten vorhanden, während andere Erscheinungen des 21. Jahrhunderts sind.

Die schulischen Anforderungen sind heute höher denn je. Standardisierte Testverfahren, die Bedeutung des Abiturdurchschnitts, verkürzte Schulzeiten – all das belastet Eltern und Kinder. In eine gute Ausbildung ist die gesamte Familie einbezogen. In den Jahren, bevor Studenten erstmals den (von ihren Eltern?) erträumten Campus betreten, fließen jede Menge Zeit, Energie, Geld und andere Ressourcen, um den Weg dorthin zu ebnen. Bereits in der Grundschule beginnt der Wettkampf um die begehrte Gymnasialempfehlung. Ist der Schritt aufs Gymnasium geschafft, überwachen viele Eltern die Leistungen, unterstützen das Kind beim Lernen, bezahlen bei Bedarf teure Nachhilfestunden.

Und dann gibt es da noch die Globalisierung, die zu stärkerem Wettbewerb zwischen Jugendlichen aus Industrieländern und Jugendlichen aus großen Schwellenländern wie China und Indien führt. Unsere Sprösslinge treffen in der Schule, im Studium und im Beruf nicht mehr nur auf die Nachbarskinder, sondern auch auf Kinder aus London und Moskau, aus Peking und Buenos Aires. Das bedeutet, dass sie mit Verhaltensnormen, Denkweisen und Leistungsniveaus konkurrieren, über die wir wenig wissen. Werden unsere Kinder mit den stereotypen Arbeitsbienen, Rechengenies und Buchstabiermeistern aus anderen Ländern Schritt halten können?

Die Technik öffnet neue Türen und schlägt viele andere zu. In vielen Bereichen, wie der Automobilproduktion, der Landwirtschaft und sogar dem Gesundheitswesen, werden vielleicht Roboter bald eine große Rolle spielen. Gleichzeitig nutzen unsere Kinder ganz selbstverständlich modernste Technik, um sich zu informieren, um zu kommunizieren und zu entspannen. Wird die Technik im weiteren Verlauf des 21. Jahrhunderts unseren Kindern Chancen eröffnen oder eher verbauen? Sicher ist nur, dass sie sich – und uns – ständig verändern wird.

Technik bringt verstärkte Kommunikation mit sich. Dass Eltern und Kinder über ein Handy Kontakt halten können, ist ein Vorteil (sofern das Handy nicht zur Unterdrückung der Unabhängigkeit eines Kindes genutzt wird). Außerdem haben Studien gezeigt, dass die sozialen Medien Kindern mit eingeschränkter sozialer Kompetenz helfen, sich mit anderen verbunden zu fühlen.[2] Pauschal verteufeln lassen sich die neuen Technologien also nicht. Aber unsere Aufgabe als Eltern und Erzieher besteht zum größten Teil immer noch darin, unseren Kindern zu helfen, die reale Welt zu verstehen und sich in ihr zurechtzufinden. Und schon ein kurzer Blick in soziale Medien zeigt, dass diese kein realistisches Bild der Wirklichkeit liefern. Niemand stellt Bilder ins Internet, auf denen er erschöpft oder wütend aussieht, auf denen er einfach nur lernt oder schläft oder mit der Familie zu Abend isst. Das Alltagsleben wird weitgehend ausgeblendet, was Betrachter stattdessen sehen, ist eine Fantasiewelt, in der wir uns so darstellen, wie wir von anderen gern gesehen werden wollen.

Die intensive Auseinandersetzung mit den idealisierten Lebensdarstellungen anderer ist ein sicherer Weg zum Unglücklichsein. Eine 2013 in Michigan durchgeführte Studie analysierte, wie sich die Nutzung von Facebook auf Zufriedenheit und Wohlbefinden auswirkt.[3] Sie kam zu dem Schluss, dass Menschen, die Facebook nutzten, sowohl ihr aktuelles Befinden als auch die Zufriedenheit mit ihrem Leben negativer bewerteten. Je länger sich Facebook-Nutzer auf der Website aufgehalten hatten, desto schlechter fühlten sie sich bei der nächsten Kontaktaufnahme. Direkte Kommunikation mit anderen Menschen führte hingegen nicht zu negativen Bewertungen. Wollen wir wirklich unsere kostbare Zeit damit verbringen, uns online unglücklich zu machen?

Und dann sind da noch die Medien. Die allgegenwärtigen Berichterstattungen sind unentrinnbare Quellen der Beunruhigung. Wir werden ständig mit Nachrichten konfrontiert, die nichts mit unserem Leben zu tun haben. Besonders ausgiebig wird über dramatische Kriminalfälle wie z.B. Kindesentführungen berichtet – nicht, weil diese häufiger als vor zwanzig Jahren auftreten, sondern weil es die Quoten steigert. Und der Vergleich des eigenen Lebens mit dem, was Filme, Doku-Soaps und Serien als normal und alltäglich suggerieren, führt schnell zum oben beschriebenen Facebook-Phänomen. Es ist nicht leicht, angesichts dieser Flut von flüchtigen Eindrücken und Bildern einfach nur man selbst zu sein.

Die Werbung erobert täglich neue Bereiche und nutzt subtilere Taktiken als je zuvor, um uns zu erreichen. Wir sind durchschnittlich täglich mehr als 3000 Werbebotschaften (über Radio, Fernsehen, Plakate, Internet, Geschäfte und Product Placement in verschiedenen Medien) ausgesetzt.[4] Werbung und Marketing haben auch zu einer »Expertisierung« der Kindererziehung geführt (seit wann brauchen Eltern eigentlich Experten!?). Ein Beispiel dafür ist »Baby Einstein«, eine Reihe von Filmen, die als Grundbildung und Intelligenzförderung für die Kleinsten angepriesen wurden. Dank gutem

Marketing und elterlichem Hype erfuhren die Baby-Einstein-Filme Anfang der 2000er Jahre in den USA riesigen Zuspruch. Aber bald stellte sich heraus, dass »Baby Einstein« und andere »Bildungsfilme« für Kleinstkinder möglicherweise mehr Schaden als Nutzen bringen. Eine Studie zeigte beispielsweise, dass Babys, die diese Filme anschauten, im Schnitt sieben Wörter *weniger* pro Tag lernten als Babys, die das nicht taten.[5] Aber auch diese Erkenntnisse hielten Millionen von Eltern nicht davon ab, die Produkte, die doch »das Beste« für ihr Kind versprachen, zu kaufen. In Deutschland waren die Baby-Einstein-Produkte zwar nicht so erfolgreich wie in den USA, aber Beispiele für geschicktes Marketing, das gezielt Eltern anspricht, finden sich ebenfalls zuhauf.

Auch Familienstrukturen und die Arbeitswelt haben sich deutlich verändert. Etwa 30 Prozent der Familienhaushalte in den USA (in Deutschland etwa 20 Prozent) werden von alleinerziehenden Elternteilen geführt.[6] Ein-Eltern-Familien, getrennt lebende Eltern mit gemeinsamem Sorgerecht und Kindererziehung ohne die Unterstützung der erweiterten Familie haben an Häufigkeit zugenommen, aber unsere gesellschaftlichen Strukturen sind nicht darauf abgestimmt, diese Familien zu unterstützen. Auch das Arbeitsleben hat sich dramatisch verändert: Wir haben eine ständige Verbindung zum Arbeitsplatz – viele Menschen mit einer Bürotätigkeit bringen regelmäßig Arbeit mit nach Hause.[7] Oft sind wir Eltern so mit unserem eigenen Terminplan beschäftigt, dass wir uns gezwungen sehen, unsere Kinder aus dem Weg zu organisieren. Mittlerweile leben 50 Prozent der Weltbevölkerung in städtischen Zentren, meist in kleineren Häusern und Wohnungen[8] mit wenig offenen Flächen. Die Urbanisierung bringt Ängste mit sich. Die Nachbarn kennen sich nicht mehr untereinander und somit werden Kindern außerhalb der eigenen vier Wände weniger Freiheiten eingeräumt. Gegen all diese Dinge können wir nichts tun – oder doch?

Hinzu kommt die enorme, technologisch bedingte Generationskluft zwischen uns und unseren Kindern. Eine Generationskluft wird definitionsgemäß auf »schnellen kulturellen Wandel« zurückgeführt. Mir fällt kein größerer kultureller Wandel in der Menschheitsgeschichte ein als das, was wir derzeit auf dem Gebiet der schnellen Technologien und der globalen Vernetzung erleben. Wenn Twitter ein Land wäre, wäre es eines der bevölkerungsreichsten der Welt. Viele Eltern wären darin völlig verloren, würden die Sitten nicht verstehen und die Sprache nicht sprechen. Die meisten Kinder können besser mit unseren Smartphones umgehen als wir selbst. Vorbei ist die Zeit, in der die Generationskluft im unterschiedlichen Musik- und Modegeschmack oder abweichenden politischen Überzeugungen zum Ausdruck kam. Wir sind wahrscheinlich die rückständigsten Eltern aller Zeiten. Darum können wir unmöglich unsere elterliche Autorität aufrechterhalten – oder doch?

Vielleicht eine der größten Herausforderungen des 21. Jahrhunderts ist der Weg zur finanziellen Sicherheit – für uns selbst und für unsere Kinder. Früher lag vor Kindern ein ziemlich klar definierter Weg. Die Eltern sorgten für eine gute Ausbildung, die zu einem Beruf und einer Arbeitsstelle führte, die man oft bis zum Renteneintritt behielt. Heutzutage ist nichts mehr klar definiert, eine gute Ausbildung legt zwar einen Grundstein, gibt aber keine Garantien, und lebenslange Arbeitsverhältnisse gehören schon längst der Vergangenheit an. Die jungen Erwachsenen von heute werden als »Generation Bumerang« bezeichnet, weil sie häufig lange Ausbildungszeiten und einen schwierigen Berufseinstieg haben und lange von ihren Eltern abhängig sind.[9] Selbst Hochschulabsolventen haben zunehmend Schwierigkeiten, einen guten Arbeitsplatz zu finden. Heutzutage geht es nicht mehr so sehr darum, einen klar definierten Beruf zu lernen – wichtiger ist es, die richtigen Kompetenzen für Jobs zu haben, die in einer sich ständig wandelnden Welt verfügbar sein werden. Aber wie können wir unsere Kinder auf die Berufswelt in zwanzig Jahren vorbereiten, wenn wir nicht einmal wissen, was die nächsten fünf bringen werden? Diese Unsicherheiten nehmen uns den Halt und führen dazu, dass wir Grundwahrheiten infrage stellen, nach denen wir unser Leben ausgerichtet haben.

Darum funktionieren viele Eltern im 21. Jahrhundert im Angstmodus. Versuchen Sie, sich an die letzten fünf Erziehungsentscheidungen zu erinnern, die Sie gegen Ihren eigenen Instinkt getroffen haben. Ich vermute, dass alle diese Entscheidungen durch Ängste motiviert waren.

Viele Eltern, die ich kenne, wurden von einem meiner Lieblingsbücher – »Überflieger – Warum manche Menschen erfolgreich sind und andere nicht« von Malcolm Gladwell – beeinflusst. Ich weiß nicht, wie oft ich schon gehört habe, dass mit der »10 000-Stunden-Üben«-Regel elterliches Tiger-Verhalten begründet wurde. Aber dem liegt ein Missverständnis zugrunde, denn Gladwell spricht von 10 000 Stunden Üben im Kontext eines von Leidenschaft und Neugier geprägten Lernens in der realen Welt – nicht von erzwungenen und überwachten strukturierten Aktivitäten. Die Beatles kamen nicht im Musikunterricht auf ihre 10 000 Übungsstunden, sondern beim freien Jammen und Improvisieren, auf Konzerten und bei Plattenaufnahmen. Bill Gates übte nicht etwa 10 000 Stunden mit einem Privatlehrer Softwareprogrammierung, sondern er forschte, tüftelte und schraubte auf eigene Faust an Computern herum. Außerdem sind die viel beschworenen

10 000 Stunden nur ein Faktor in der komplexen »Überflieger-Gleichung«. Viele Menschen haben bestimmte Dinge 10 000 Stunden lang geübt, ohne damit Erfolg zu haben – wenn man Freude, neue Erkenntnisse, Ausdauer und Leidenschaft nicht ebenfalls als Erfolg definieren will!

Elterntypen und Erziehungsstile

Kindererziehung nach dem Tiger-Prinzip wird oft mit asiatischen Familien in Verbindung gebracht, die extreme Ansichten in puncto Autorität, Gehorsam und Bildung haben. Doch so einfach ist Tiger-Benehmen nicht zu definieren! Es ist vielmehr ein Lebens- und Erziehungsstil, der zu viel Zwang, Bevormundung, Planung und Überwachung beinhaltet.

Die schiere Zahl der Metaphern, die bestimmte Erziehungsstile beschreiben, lässt darauf schließen, dass es ein Problem gibt.

»Helikopter-Eltern« kreisen in ständiger Überwachung über ihren Kindern und warten nur darauf herabzustoßen, um bei Problemen oder Konflikten einzugreifen.

»Schneepflug-Eltern« sind ihren Kindern immer einen Schritt voraus, um alle eventuellen Hindernisse für sie aus dem Weg zu räumen.

»In-Watte-Packer« sehen ihre Rolle darin, ihre Kinder vor jeglicher Enttäuschung und Anstrengung im Leben zu bewahren. Eine Mutter erzählte mir, dass sie alle Schulbücher in doppelter Ausführung kaufe, damit ihr (1,80 Meter großer) Junge sie nicht von der Schule nach Hause tragen müsse. Wie wird er wohl an der Universität zurechtkommen, wenn er bis dato stets vor der unerträglichen Zumutung bewahrt wurde, *seine Bücher selbst tragen zu müssen?*

Die vier Haupterziehungsstile nach Maccoby und Martin (1983) sind: autoritär (diktatorisch), permissiv (nachgiebig), vernachlässigend (distanziert, nicht kontrollierend) und autoritativ (auf Autorität beruhend). Vielen Menschen ist nicht klar, dass sowohl Tiger-Eltern im Stil von Amy Chua als auch Schneepflüge, Helikopter und In-Watte-Packer autoritäre Eltern sind. Ob man zu viel herumkommandiert oder massiv überbehütet – es ist immer ein Zuwenig an Erziehung. Viele Eltern wenden eine Mischung aus autoritärem und behütendem Verhalten an, aber das fällt ebenfalls unter den autoritären Stil, weil sie ihre Kinder des Gefühls berauben, die Kontrolle über ihr eigenes Leben zu haben.

Autoritäre Eltern sind der Meinung, dass sie alles am besten wissen. Sie legen die Regeln fest und sagen, was zulässig ist – keine Wahl und keine Diskussionen. Sie glauben, Erfolg verordnen zu können und wollen ihre Kinder durch Zwang, Bestechung oder extreme Beeinflussung dazu bringen, einen vorgeplanten Weg einzuschlagen.

Viele der wohlmeinendsten Eltern wenden heute eine Mischung aus vorschreibendem und überbehütendem autoritären Verhalten an. Vielleicht trifft das auch auf Sie zu. Die engmaschige Überwachung kann später dazu führen, dass sich Eltern massiv in die Hausaufgaben, das soziale Leben und die Berufswahl einmischen. Verstehen Sie mich bitte nicht falsch. Überbehütende Eltern sind engagierte, liebende Eltern. Aber durch ihre vorschnelle Einmischung verhindern sie, dass ihre Kinder aus Fehlern lernen – eine Grundkompetenz, um Anpassung und Umgang mit Enttäuschungen zu erlernen. Durch zu häufiges Einmischen lassen sie nicht zu, dass ihre Kinder Eigenmotivation entwickeln – eine wesentliche Voraussetzung für Unabhängigkeit.

Am anderen Ende des Erziehungsspektrums stehen nachgiebige Eltern, die ebenso unausgeglichen wie autoritäre Eltern sind, aber auf eine andere Art. Ich bezeichne solche permissiven Eltern als »Quallen-Eltern«, weil sie kein Rückgrat haben. Sie gehen Konflikten aus dem Weg und stellen kaum klare Regeln auf. Manche nachgiebigen Eltern schauen weg, wenn sie erziehen müssten, und manche lassen potenziell schädliche Verhaltensweisen zu, weil sie ja der Freund ihres Kindes sein wollen. Quallen-Eltern definieren keinerlei Erwartungen beim Respektieren von Autorität, sozialen Umgangsformen oder persönlichen Werten. Kinder von Quallen-Eltern sind oft verantwortungslos, impulsiv, sozial inkompetent und wenig geneigt, Autoritätspersonen zu respektieren. Sie zeigen in der Schule und am Arbeitsplatz oft schlechte Leistungen. Sie neigen zu Suchtverhalten und kommen oft für längere Zeit komplett vom Weg ab.[10] Sie driften häufig ziellos durchs Leben und zeigen im Vergleich zu Gleichaltrigen einen Mangel an Selbstkontrolle, ein geringes Selbstwertgefühl, kaum Kompetenzen und ein mangelndes Selbstvertrauen.

Ebenfalls in aller Munde ist das »Attachment Parenting« (bindungsorientierte Kindererziehung). Es ist zwar in der Theorie nicht permissiv, kann aber leicht falsch interpretiert werden und zur Erziehung nach dem Quallenprinzip führen. Ich stimme den Grundsätzen des Attachment Parenting und der Notwendigkeit einer starken emotionalen Bindung zwischen Eltern und Kind uneingeschränkt zu. Aber dieser Erziehungsstil hat eindeutige Grenzen und Nachteile. Im Hinblick auf das hehre Ziel, selbstsichere und mitfühlende Erwachsene hervorzubringen, fordert das Attachment Parenting, dass Eltern stets emotional verfügbar sind und schnell auf die Bedürfnisse ihrer Kinder reagieren. Viele Anhänger dieses Erziehungsstils berichten davon, dass er viel »Arbeit« (vor allem für Mütter) mit sich bringt und das Risiko starker Schuldgefühle und eines Burnouts in sich trägt. Nach meiner Erfahrung werden aus strikten Anhängern des Attachment Parenting oft die schlimmsten Quallen-Eltern. In der realen Welt, wo emotionale Bedürfnisse nicht immer befriedigt werden, können solchermaßen erzogene Kinder verwöhnt sein, eine Anspruchshaltung entwickeln oder äußerst dünnhäutig reagieren. Oft sind die Eltern selbst starken Stimmungsschwankungen unterworfen. Weil sie sich so große Mühe geben, jederzeit auf die Bedürfnisse ihres Kindes einzugehen, fühlen sie sich manchmal überfordert oder zu wenig wertgeschätzt, was wiederum zu inkonsequentem und unberechenbarem Verhalten führt.

Viele nachgiebige und autoritäre Eltern haben eines gemeinsam: Sie geben ihren Kindern zu viel vom Falschen. Unabhängig von unserem sozioökonomischen Status wollen wir alle nur das Beste für unsere Kinder. Leider wird das Beste oft fehlinterpretiert als *mehr,* und das bedeutet sehr schnell *zu viel.* Ein anderer Begriff, den wir für Kinder verwenden, die zu viel bekommen, ist *verwöhnt.* Manchmal sagen wir beiläufig, unsere Kinder seien ja so verwöhnt, und verdrehen dabei scherzhaft die Augen. Aber Kinder zu verwöhnen ist eine schreckliche Vorstellung. Verwöhnen bedeutet im Grunde nicht, zu viel zu geben, sondern zu wenig von dem zu geben, was wirklich nötig ist. Das heißt, Verwöhnen ist eine Art von Vernachlässigung.

»Kindern, die verwöhnt aufwachsen, fehlen mit größerer Wahrscheinlichkeit Lebenskompetenzen, die Verantwortungsbewusstsein voraussetzen. Ihnen fehlen auch häufig wichtige soziale Kompetenzen; sie haben ein übertriebenes Ego, übertreten zwischenmenschliche Grenzen und brauchen ständige Stimulation und Unterhaltung. Verwöhnte

Kinder haben ein geringes Unabhängigkeitsgefühl, sind unselbstständiger und kaum fähig, Probleme zu lösen. Störungen wie Fresssucht, Kaufsucht und dysfunktionales Denken (wie beispielsweise depressive Gedanken) sind bei dieser Gruppe von Kindern häufiger.«[11] Wenn aus diesen Kindern junge Erwachsene geworden sind, sagen sie mir oft, dass sie sich wünschten, ihre Eltern hätten öfter Nein gesagt oder hätten sie vor ihrer eigenen Unreife beschützt. Verwöhnte Kinder können aufwachsen, ohne den Unterschied zwischen Bedürfnissen und Wünschen zu kennen.[12]

Zum ersten Mal in der Menschheitsgeschichte ist ein hoher ökonomischer Status auch ein hoher Risikofaktor für Depressionen, Ängste und Drogenmissbrauch bei Jugendlichen.[13] Ich habe die Auswirkungen eines privilegierten Lebens oft genug aus erster Hand gesehen. Gut verdienende Eltern haben oft zeitaufwendige Berufe und intensive gesellschaftliche Verpflichtungen. Die Schuldgefühle, die diese Eltern haben, weil sie nicht genügend Zeit, Energie und Geduld für ihre Kinder aufbringen, können zur Überkompensation führen: Planung endloser Aktivitäten, Einstellen von »Überwachungshelfern« oder Nachgeben jeglicher Wünsche und Forderungen des Kindes. Kinder, die privilegiert geboren werden, bekommen bei einer solchen Erziehung leicht das Gefühl, dass es nichts gibt, worum es sich zu kämpfen lohnt. Woher sollen sie die Motivation nehmen, nach den Dingen zu streben, die sie schon haben? Wohlstand wird zunehmend mit einer Krankheit verglichen. Die Symptome dieser Krankheit werden manchmal als »Affluenza« bezeichnet, was als »schmerzhafter, ansteckender, sozial übertragbarer Zustand der Überladung, Verschuldung, Angst und Verschwendung aufgrund des hartnäckigen Strebens nach mehr« definiert wird.[14] Die negativen Auswirkungen eines privilegierten Status überraschen vielleicht, stimmen aber mit meinen klinischen Erfahrungen überein.

Manche Eltern leiden vielleicht auch unter einer gewissen »Statusangst«. Dieser Begriff wurde von dem britischen Philosophen Alain de Botton geprägt, der ihn als »die Ängste, die daraus resultieren, dass man sich darauf konzentriert, wie man von anderen wahrgenommen wird«, definiert.[15] Es ist ganz natürlich, dem Bedeutung beizumessen, was andere von uns denken. Wenn sich niemand darum scheren würde, was andere von ihm denken, würden die Bausteine der Zivilisation (Höflichkeit, Mitgefühl, Moral, Freundschaft) einstürzen. Aber eine zu große Sorge um die Wahrnehmung durch andere ist ein Ausdruck von großer Unsicherheit. Eltern können zu autoritären Tigern werden, die ihre Kinder verwöhnen, um dieses Image beziehungsweise diese Identität zu erreichen.

Nachgiebige Eltern geben ohne Leitlinien die Kontrolle aus der Hand, bevor ihre Kinder bereit dafür sind. Autoritäre Tiger-Eltern, wie Helikopter, Schneepflüge und In-Watte-Packer, berauben ihre Kinder der Kontrolle über ihr Leben. Die *Kontrollüberzeugung* ist ein psychologischer Begriff, der beschreibt, wo sich nach der eigenen Auffassung das Kontrollzentrum des eigenen Lebens befindet. Das Kontrollzentrum kann innen, außen oder irgendwo dazwischen liegen. Kinder von Tiger-Eltern jeder Couleur wachsen mit zu viel externer Kontrolle auf und sind deswegen davon überzeugt, dass ihr Kontrollzentrum außerhalb von ihnen liegt. Diese Kinder werden stark abhängig von äußeren Umständen und äußeren Belohnungen, es fehlt ihnen an innerer Kontrolle und Selbstmotivation. Eltern haben sicherlich nie die Absicht, ihre Kinder ihrer inneren Kontrolle zu berauben, die wohl der Schlüssel zu lebenslangem Glück und Erfolg ist. Aber leider tun viele von uns genau das.

Kinder unter Druck

Kinder, die keine innere Kontrollinstanz haben, sind von externer Kontrolle abhängig. Eigenmotivation ist ohne interne Kontrolle nicht möglich. Darum werden Tiger-Kinder wie Albert (siehe Beginn dieses Kapitels) zunehmend von äußeren Belohnungen zum Erhalt ihrer »Motivation« abhängig. Ein ausgewogenes Leben ist die Grundlage für stetige Eigenmotivation bei ständig neuen Herausforderungen und damit eine Voraussetzung für dauerhaften Erfolg. Wenn uns die grundlegende Balance im Leben fehlt (beispielsweise durch zu wenig Schlaf oder fehlende soziale Kontakte), wird die Eigenmotivation darauf ausgerichtet sein, das Gleichgewicht zunächst wieder herzustellen und sich erst danach neue Herausforderungen zu suchen. Die Mutter im Keller einzusperren war natürlich eine extreme Reaktion, aber es war Alberts Versuch, sein Gleichgewicht aus Ruhe, Schlaf und Spiel wiederzufinden.

Wenn ich beruflich vor zehn Jahren Kinder kennenlernte, die in einer Musikhochschule ausgebildet wurden, Mathematikpreise abräumten oder intensive sportliche Förderung erhielten, handelte es sich um Kinder, die aufgrund ihrer natürlichen Fähigkeiten und Begabungen Höchstleistungen erbrachten und dabei zufrieden und ausgeglichen waren. Ich freute mich für diese Kinder und unterstützte die Familien, wenn es um Fragen der weiteren Förderung und Entwicklung ging. Wenn ich heute ein solches Kind treffe, sieht die Sache ganz anders aus. Ich frage mich sofort, ob es zu viele Termine hat, zu viel Unterricht bekommt, zu sehr unter Druck gesetzt, verhätschelt und beschäftigt wird. Der Drang zu frühen Höchstleistungen (der immer früher einzusetzen scheint) setzt Kinder einem höheren Risiko für Burn-out, Stress, Schlaflosigkeit, Ängste, Depressionen, Essstörungen und Süchte aus. Heute werden in meinem Beruf Höchstleistungen bei Kindern nicht mehr als Errungenschaft, sondern als Warnsignal gesehen.

Ich möchte Ihnen Sarah vorstellen. Von außen betrachtet war Sarah das Traumkind aller Eltern, von Anfang an auf Erfolg programmiert. Sie zeigte herausragende schulische Leistungen, war sehr intelligent und ehrgeizig. Sie gehörte einer erfolgreichen Schwimmmannschaft an und perfektionierte ihre Spanischkenntnisse. Ihr Ziel, an einer Eliteuniversität zu studieren, war ein starker Ansporn für sie. Aber mit all ihren Aktivitäten und Verpflichtungen blieben Sarah lediglich fünf bis sechs Stunden Nachtschlaf. Ihr ganzes Leben lang hatte sie selten schlechtere Noten als eine Eins minus gehabt, aber plötzlich ging es rapide bergab. Zu diesem Zeitpunkt lernte ich Sarah kennen, und als ich erfuhr, was in ihr vorging, wurde mir klar, dass sie keineswegs auf der Erfolgsspur war.

Sarahs Eltern waren keine offenkundigen In-Watte-Packer, Schneepflüge oder Helikopter. Sie waren liebevolle und aufmerksame Eltern, die sich für Sarah wünschten, dass sie ihre eigenen Träume und nicht die ihrer Eltern verwirklichte. Sie versuchten, alles zu tun, um Sarah den Weg in eine strahlende Zukunft zu ebnen. Für Sarahs Mutter Lynn bedeutete das, Sarahs sportliches Talent zu fördern, statt sie zu den traditionellen Klavier- und Mathematikstunden zu verdonnern, die ihre eigenen Eltern ihr aufgezwungen hatten. Ihr Vater Robert konzentrierte sich darauf, seiner Tochter breite Bildungschancen zu bieten. Er selbst stammte aus einer Arbeiterfamilie und hatte es zum erfolgreichen Unternehmer gebracht. Dennoch war er überzeugt, dass sein Weg mit einer besseren Schulbildung leichter gewesen wäre – und das wollte er Sarah ermöglichen. Beide Eltern boten aus tiefster, liebender Überzeugung ihrer Tochter alle diese Chancen, und Sarah bei so vielen leistungsorientierten Aktivitäten zu sehen, befriedigte sie, sowohl im Hinblick auf Sarahs Erfolge als auch auf ihre eigenen.

Wie konnte es dann passieren, dass Sarah plötzlich anfing, unter Schlaflosigkeit, Panikattacken und Konzentrationsschwäche zu leiden? Warum fing sie an, heimlich ein Psychostimulans einzunehmen, das einer Freundin zur Behandlung von ADHS verordnet worden war, um nachts wach bleiben und lernen zu können und ihr morgendliches Schwimmtraining durchzustehen?

Man muss kein Arzt sein, um zu erkennen, dass die Kombination aus Schlafmangel, Erschöpfung, Konzentrationsschwäche, Panikattacken und Einnahme von Psychostimulanzien zu einer Katastrophe führen musste. Nachdem Sarah die Qualifikation für einen Schwimmwettkampf nicht geschafft hatte und daraufhin eine Überdosis des Psychostimulanziums sowie eines starken Schmerzmittels eingenommen hatte, wurde sie meine Patientin.

Etwas, das Sarah in der ersten Sitzung sagte, ist mir deutlich in Erinnerung geblieben – als wichtiger Einblick in das Leben eines Tiger-Kindes. Ich hatte Sarah gefragt, warum sie sich (nach ihrer eigenen Aussage) so sehr wünschte, in eine bestimmte Universität aufgenommen zu werden.

Darauf antwortete sie: »Weil mein Leben sonst keinen Sinn hätte.«

Sarah war davon überzeugt, dass äußere Umstände (wie die Universität) ihr Leben und ihre Identität definierten. Ihre Eltern waren von ihrer Äußerung offensichtlich sehr überrascht. Einen Augenblick lang sprach niemand. Dann richtete ihre Mutter das Wort an sie.

»Sarah, mein Schatz«, begann sie, »wir haben dich doch nie zu irgendwas gedrängt. Du hast dich selbst für alle diese Dinge entschieden. *Du* wolltest all das tun.«

»Ich weiß, dass ihr es nie gesagt habt«, antwortete Sarah. »Aber alles, was ihr je getan habt, und vor allem alles, worüber ihr euch freut, hat damit zu tun, dass ich erfolgreich bin und stramm in Richtung Eliteuni marschiere. Das macht euch stolz und gibt euch das Gefühl, dass ihr gute Eltern seid. Dann könnt ihr euren Freunden von eurer tollen Tochter erzählen – was ich euch übrigens gönne, das ist schon in Ordnung so. Ich will kein nerviger, undankbarer Teenager sein, es ist einfach nur so, dass mein Leben seit meiner frühesten Kindheit unter dem Zwang steht, die nächsthöhere Stufe zu erreichen.«

Sarah erklärte weiter, dass sie als Kind die klare, alles andere übertönende Botschaft erhalten habe, dass sie sich anstrengen müsse, immer ihr Bestes zu geben.

Als Sarah geendet hatte, herrschte fassungsloses Schweigen. Was hätte man auch dazu sagen sollen? Sie hatte kein einziges Wort gesagt, das nicht glaubhaft klang. Sie machte ihren Eltern keine Vorwürfe. Sie war nicht das Produkt einer dysfunktionalen Familie. Es gab kein frühkindliches Trauma, keinen Mangel an Zuneigung, keine genetische Disposition und auch keinen anderen traditionellen Risikofaktor für Ängste oder Drogenmissbrauch. Und doch hatten wir eine junge Frau vor uns, die unter unglaublichem Druck stand. Je mehr sie sich selbst unter Druck setzte, desto schlechter fühlte sie sich. Sarah war eine junge, intelligente, körperlich fitte Frau, bei der trotz aller Bemühungen ihrer Eltern, sie mit Vertrauen und Liebe zu erziehen, nur eine Botschaft angekommen war: Dein Leben hat nur dann einen Sinn, wenn du außergewöhnliche Leistungen bringst.

Viel zu viele junge Menschen leiden unter ähnlichen Umständen wie Sarah. In ihrem Fall waren zwei Jahre intensiver Einzel- und Familientherapie erforderlich, um eine komplette Veränderung ihrer Lebensweise zu erreichen. Jetzt konzentriert sich Sarah auf eine Balance aus körperlichem, geistigem und sozialem Wohlergehen zum Erhalt ihrer Stabilität und eines neu gewonnenen Selbstvertrauens. Sie wird diese Balance in der stark wettbewerbsorientierten Atmosphäre der Universität und vor allem auch in der Welt des 21. Jahrhunderts brauchen, in der sie arbeiten und ihre eigenen Kinder aufziehen wird.

Typische Tiger-Verhaltensweisen

Alle Menschen haben einen biologischen Trieb oder eine Intuition zu sammeln, zu schützen und zu konkurrieren (besonders für ihre Kinder). Dieser Trieb ist überlebenswichtig – und jedes Elternteil, das ihn nicht verspürt, wäre eine schlechte Mutter oder ein schlechter Vater. Aber alle Intuitionen, auch die gesündesten, haben ihre Grenzen. Essen, Schlafen und Sex sind instinktgesteuerte Verhaltensweisen – exzessiv betrieben führen sie sehr schnell zu Problemen. Auch Kindererziehung ist stark durch Intuition gesteuert, »Über-Intuitionen« können jedoch zu Tiger-Verhaltensweisen führen:

- **Sammelwut:** So wie manche Menschen zu viele Dinge ansammeln und damit ihre Wohnung vermüllen, sammeln andere zu viele Dinge in ihrem Terminplan (oder in dem von anderen!) an, die dann ihr Leben vermüllen. Unsere Kinder sind viel zu beschäftigt! Schon der bloße Anblick der schultafelgroßen Wochenpläne von Kindern ist ermüdend – Fußballtraining, Klavierunterricht, Kindertanz, Englischnachhilfe ... Es ist nicht schwer zu verstehen, warum Eltern ihren Kindern alle Chancen bieten wollen. Aber wir vergessen dabei, dass Menschen – vor allem Kinder! – auch Ruhe, Schlaf, Zeit zum Essen und Muße zum Erforschen unserer Umwelt und zum Lernen aufgrund unserer natürlichen Neugier brauchen. Kindern diese Bedürfnisse nicht zu gewähren bedeutet, ihnen Lebensgrundlagen zu verweigern und ihre innere Motivation ernstlich zu beeinträchtigen. Alle Eltern wissen, was Schlafentzug bedeutet – also wissen sie doch auch, dass man sich kaum zu irgendetwas motivieren kann, wenn man nicht ausgeruht ist! Viele Eltern erklären mir, dass sie ihre Kinder auf Trab halten, weil sie sich sonst langweilen oder unruhig werden. Aber die Auseinandersetzung mit Langeweile, mit Unruhe oder Ängsten ist ein normaler und wichtiger Aspekt des Lebens.

- **Überbehütung:** Eltern würden fast alles tun, um ihre Kinder zu beschützen – und deshalb fällt es vielen schwer, ihre Kinder Risiken eingehen zu lassen. Sie behüten ihren Nachwuchs vor den Höhen und Tiefen des Lebens, schirmen ihn vor Ungemach, Fehlern und Niederlagen ab. Ja, die Welt kann auch ungerecht und gefährlich sein. Aber der Umgang mit widrigen Umständen ist genau das, wodurch Kinder die Lebenskompetenzen erwerben, die sie brauchen, um sich selbst zu schützen. Überbehütete Kinder entwickeln nicht die für den Erfolg im wahren Leben erforderliche Resilienz oder Eigenmotivation für das Lösen von Problemen.
- **Übersteigertes Konkurrenzdenken:** Kaum etwas im Leben fühlt sich so gut an wie ein Sieg. Und noch stärker ist die Gefühlsaufwallung, wenn man sein Kind gewinnen sieht.

> Seine Tochter dabei zu beobachten, wie sie gleichauf mit einer anderen Läuferin auf die Ziellinie zusprintet, oder seinen Sohn dabei zu erleben, wie er sich auf seinen nächsten Schachzug konzentriert, kann mit äußerst intensiven Gefühlen verbunden sein. Aber sein Kind dazu anzutreiben, das ganze Leben als Wettbewerb zu sehen, ist für niemanden hilfreich. Menschen sind in erster Linie soziale Wesen. Wir gehören als Gleicher unter Gleichen unserem Gemeinwesen an – in einer Beziehung des Gebens und Nehmens, in der wir Verbindungen herstellen und uns auf sinnvolle Weise füreinander einsetzen sollen. Wir sehnen uns nach Bindung, Gemeinschaft, Zugehörigkeit und Engagement für andere mindestens ebenso sehr wie nach dem Siegen. Tiger-Eltern und ihre Kinder führen wegen ihres übersteigerten Konkurrenzdenkens oft ein einsames, unausgewogenes Leben. Tiger in freier Wildbahn sind einzelgängerische Raubtiere, die kaum oder keine Verbindungen zu einer Gruppe haben. Ein einzelgängerisches Leben funktioniert bei Tigern in der Wildnis, aber für Menschen bringt ein einsames Leben, dessen Schwerpunkt darauf liegt, die Nummer Eins zu sein, einfach nicht genug Erfüllung.

Natürlich sind Sammeln, Schützen und Konkurrieren bis zu einem gewissen Grad notwendige Verhaltensweisen. Sie sind nicht an sich schädlich, sondern nur dann, wenn sie *übertrieben* werden. Was bewegt Tiger-Eltern dazu, ein natürliches Verhalten auf so ungesunde Weise auf die Spitze zu treiben? Angst.

Wenn wir uns bedroht fühlen, reagieren wir intuitiv mit Kampf, Erstarrung oder Flucht. Übertriebenes Konkurrieren entspringt offenkundig unserer Intuition zu kämpfen. Das Überbehüten unserer Kinder entspricht dem Erstarren, denn wenn wir sie in Watte packen und ihnen alle Hindernisse aus dem Weg räumen, versagen wir ihnen die Möglichkeit, ihr eigenes Urteilsvermögen zu schulen und möglicherweise Fehler zu begehen. Das übertriebene Sammeln von Aktivitäten führt dazu, dass wir und unsere Kinder jederzeit beschäftigt sind – und wer stets voll verplant ist, hat keine Zeit, sich den eigentlichen Anforderungen zu stellen.

Tiger-Kinder – Ein Leben im Ungleichgewicht

Das offensichtlichste Mittel gegen Angst ist Kontrolle. Und am leichtesten können Eltern Leistung kontrollieren. Wir wünschen und verlangen, dass unsere Kinder Leistung bringen, und je früher sie das tun, desto besser. Das Streben nach immer besseren Leistungen kann für Eltern wie für Kinder zur Sucht werden.

Wie alle Süchte ist der Wunsch, Kontrolle über unsere Kinder auszuüben, anfangs attraktiv. Seien wir ehrlich – es fühlt sich toll an, ein Gewinnerkind zu haben. Aber die meisten von uns streben – typisch für Suchtverhalten – vor allem deshalb nach Kontrolle, weil dadurch unangenehme Gefühle, wie beispielsweise Angst, in Schach gehalten werden. Obwohl das Ausüben von Kontrolle vorübergehend unsere Ängste verringern kann, nimmt es, wie alle Süchte, irgendwann überhand. Unsere Intuitionen, unsere Gefühle und unser Verstand können von diesem Zyklus aus Angst und Kontrolle gekapert werden, und das bringt schließlich den Tiger zum Vorschein. Bei vielen Eltern kommt und geht diese Sucht (ich litt darunter während meiner ersten Jahre als Mutter), viele erholen sich davon (Uff!), können aber einen Rückfall erleiden (noch sind meine Kinder nicht im Teenageralter ...), und einige können sich nicht mehr davon befreien.

Ich habe etliche Kinder und Eltern unter selbst auferlegtem Stress leiden sehen, der zu Ängsten, Schlaflosigkeit, Drogenmissbrauch und Depression führte. Ich habe junge Menschen, die eigentlich auf dem Höhepunkt ihrer körperlichen Gesundheit sein sollten, leiden sehen, weil sie jede wache Minute mit Lernen oder Trainieren verbrachten. Ich habe auch gesehen, dass junge Körper durch zu viel Training zerstört wurden. Eine Patientin hatte Ermüdungsbrüche in den Beinen, weil ihre Eltern meinten, dass sie durch das Weiterkämpfen trotz Schmerzen bei der Leichtathletik ihre Standhaftigkeit und ihren Ehrgeiz beweisen solle. Die Eltern eines anderen Patienten bestanden darauf, dass er trotz zweier Gehirnerschütterungen weiter Hockey spielte, weil er kurz davor war, in eine höhere Liga aufzusteigen.

Ich habe junge Menschen getroffen, die unter sozialer Isolation litten, weil sie zu viel Zeit mit erzwungenem Unterricht und Training verbrachten. Ich habe andere kennengelernt, die etliche Kurse und Aktivitäten absolvierten (die sich gut im Lebenslauf machen sollten), ohne dabei irgendwelche Bindungen einzugehen oder Leidenschaft zu entwickeln. Ich habe mit Kindern gearbeitet, in deren Zuhause niemals die ganze Familie gemeinsam am Tisch sitzt, weil alle zu beschäftigt, zu erschöpft für eine Unterhaltung oder völlig zerstritten sind. Ich habe Patienten behandelt, die ihr Wunschziel (zum Beispiel Aufnahme in eine Musikschule, eine Sportmannschaft oder eine bestimmte Hochschule) erreicht hatten, aber ein vollkommen freudloses Leben führten. Diese Jugendlichen sagen von sich selbst, dass sie wie Automaten funktionieren. Noch schlimmer können die Auswirkungen von zwanghafter Kontrolle kaum sein.

Ich habe auch die Eltern dieser Kinder kennengelernt. Fast alle bestreiten, in irgendeiner Weise Kontrolle auszuüben. Diese Reaktion überrascht nicht. Verleugnen ist für Eltern (und Süchtige) ein normales Verhalten. Ist Verleugnung nicht sogar eine Grundvoraussetzung für die Elternschaft? Wenn man wirklich wüsste, was in puncto Kindererziehung (nicht zu vergessen Schwangerschaft und Geburt) auf einen zukommt, würde man sich trotzdem darauf einlassen?

Manche Eltern geben – wie Süchtige – zu, dass sie manchmal die Kontrolle verlieren. Eine Mutter erzählte mir, dass sie sich geschworen habe, am 16. Geburtstag ihrer Tochter unter keinen Umständen über Noten, Flöte üben, härteres Arbeiten oder sonst etwas, das mit Leistung zu tun hatte, zu reden. Aber dann konnte sie sich doch nicht beherrschen. Andere berichten, dass sie nicht einmal in den Schulferien, im Familienurlaub oder zu Weihnachten ihre Erwartungen zügeln könnten und die Kinder auch dann zum Lernen, Üben oder irgendeiner leistungsbezogenen Aktivität anspornten.

Etliche Eltern sagen auch, dass sie – unabhängig davon, wie gut die Leistungen ihrer Kinder seien – von dem unwiderstehlichen (und oft irrationalen) Wunsch beseelt sind, dass es noch besser läuft. Eine Tochter besteht eine Prüfung mit Bravour, und ihre Mutter meldet sie sofort für die nächsthöhere Kursstufe an. Ein Sohn spielt hervorragend Fußball, und der Vater heuert umgehend einen privaten Trainer an, der das junge Talent noch besser machen soll. Ein junger Mann hält als Klassenbester die Rede bei der Übergabe der Abiturzeugnisse, und seine Eltern sehen ihn schon als Doktor der Medizin.

Das Problem ist, dass diese Verhaltensweisen uns und unsere Kinder auf einen Pfad der Krankheit und Zerstörung führen. Wir können die Zukunft unserer Kinder nicht komplett durchplanen, und wir können nicht alles unter Kontrolle haben, was sie tun. Ganz im Gegenteil: Wir verstehen rational, dass Kindererziehung ein Prozess des allmählichen Lockerns der Bindungen und der Vorbereitung unserer Kinder auf das reale Leben ist. In dieser realen Welt machen sie manchmal Fehler und straucheln, aber sie lernen auch, Dinge zu verstehen, Enttäuschungen zu verkraften und wieder auf die Beine zu kommen.

Zu verstehen, warum unsere Kinder eine Balance im Leben brauchen, und sich jeden Tag so zu verhalten, dass dieses Gleichgewicht funktioniert, sind zwei verschiedene Dinge. Man könnte sagen, dass Kindererziehung von der Spannung zwischen den beiden Impulsen, unsere Kinder zu beschützen und sie gehen zu lassen, geprägt ist und dass wir bei jeder elterlichen Entscheidung zwischen diesen beiden Impulsen abwägen müssen. Dabei lassen wir uns von der Liebe zu unseren Kindern und unserer aus tiefstem Herzen kommenden Überzeugung leiten, dass wir nur das Beste für sie wollen.

Ich bin der Meinung, dass Tiger-Eltern das Falsche aus dem richtigen Grund tun. Das ist eine der Paradoxien, die ich in meiner Praxis ständig erlebe. Eltern, die ihre Kinder mit aller Macht im Leben voranbringen wollen, legen ihnen letztlich Steine in den Weg. Eltern, die ihren Kindern immer mehr geben wollen, geben ihnen letztlich zu wenig. Das Tiger-Versprechen, den Kindern nur das Allerbeste zu geben, kann leider zum Allerschlechtesten führen.

Defizite von Tiger-Kindern

Als ich noch in der Notaufnahme eines Krankenhauses arbeitete, betreute ich eines Abends Tom, einen Arzt im Praktikum. Wir wurden gebeten, einen älteren Mann zu untersuchen, der verwirrt war und Halluzinationen hatte. Ich forderte Tom auf, eine kurze Anamnese zu erheben, sich über mögliche Ursachen Gedanken zu machen und mir innerhalb von 45 Minuten Bericht zu erstatten. Neunzig Minuten später war Tom immer noch nicht erschienen, sodass ich meine eigene Arbeit unterbrechen und mich auf die Suche nach ihm machen musste. Kurz darauf wurde ich Zeuge einer verstörenden Szene: Tom stand am Bett des Patienten, der Mann schluchzte und fühlte sich offensichtlich sehr unwohl. Ich übernahm die Gesprächsführung und fand schnell heraus, dass der Patient unter aus einer Krebsbehandlung resultierenden Schmerzen litt und darum gebeten hatte, umhergehen zu dürfen. Ich nahm Tom beiseite und fragte ihn, ob er nicht bemerkt habe, dass der Patient leide.

»Na ja, ich war noch dabei, die Checkliste für Depression durchzugehen und wollte das Gespräch nicht beenden, bevor ich das abgeschlossen hatte«, meinte er.

Ich fand Toms Mangel an Einfühlungsvermögen sehr beunruhigend. Nachdem wir unsere klinische Arbeit beendet hatten, setzten wir uns zu einer Nachbesprechung zusammen. Ich fragte ihn, was er über unseren gemeinsamen abendlichen Einsatz denke und ob er irgendwelche Fragen habe. Tom ließ die Situation mit dem Patienten völlig unerwähnt und begann mir stattdessen Fragen zu einer anstehenden Prüfung zu stellen. Wir hatten an diesem Abend einige spannende Fälle gesehen, aber keiner davon schien ihn zu faszinieren. Ich gewann schnell den Eindruck, dass Tom weder Neugier noch Einfühlungsvermögen, Kreativität, Problemlösungskompetenzen oder Kommunikationsfähigkeit besaß. Als ich Kollegen darauf ansprach, stellte ich fest, dass die meisten ähnlich dachten. Trotz vieler Versuche, Tom nahezubringen, wie er sich am Bett eines Patienten zu verhalten habe, gab es so viele Klagen von Patienten und Vorgesetzten, dass ernsthaft über seine Entlassung nachgedacht wurde. Einige meiner Kollegen wunderten sich darüber, weil Tom schon seit Beginn des Studiums immer unter den Besten gewesen war und außerdem auf hohem Niveau Geige spielte, was zeigte, dass er hart arbeiten konnte, diszipliniert und intelligent war. Ich selbst wunderte mich über diesen scheinbaren Widerspruch allerdings nicht.

Tom entspricht einem Trend, den ich bei einigen der von mir in den letzten zehn Jahren unterrichteten Medizinstudenten ebenso wie bei Absolventen anderer Fachgebiete beobachtet habe. Diese jungen Leute nenne ich »Chips« (weil sie so ausgebrannt sind, dass ihre Eigenmotivation vertrocknet wie ein Kartoffelchip ist) oder »Teetassen« (weil sie dermaßen in Watte gepackt wurden, das sie zerbrechen, sobald sie mit dem ersten Hindernis konfrontiert werden). Chips und Teetassen sind risikoscheu, erschöpft, gestresst und unflexibel – genau das Gegenteil von dem, was sie am Anfang ihrer intellektuellen Reise sein sollten. Vielen jungen Menschen mit guten Noten, Prüfungsergebnissen und Leistungen in außerschulischen Aktivitäten mangelt es an sozialer Kompetenz, Einfühlungsvermögen und Fähigkeiten zur Problembewältigung. Sie sind unfähig zu flexiblem Denken, zum Umgang mit Alltagsstress und zum Lösen unerwarteter Probleme. Konzepte und Herangehensweisen interessieren sie deutlich weniger als die Frage, was in der nächsten Prüfung drankommen könnte. Beim Vermitteln von Motivationstechniken bin ich schon gefragt worden: »Warum müssen wir Motivationstechniken lernen? Wir sind Ärzte – sollten unsere Patienten nicht einfach tun, was wir ihnen sagen?« (Na klar, wir müssen nur sagen: »Nehmen Sie ab«, »Hören Sie auf zu rauchen« oder »Treiben Sie mehr Sport«!)

Obwohl Tom eindeutig ein intelligenter junger Mann war, kam er in der realen Welt, in der spontanes Handeln und Teamarbeit gefragt sind, nicht zurecht. Am Ende brach er seine medizinische Ausbildung wegen seiner schlechten Leistungen und dem daraus resultierenden mangelnden Selbstvertrauen ab. Wie man sich vorstellen kann, folgte darauf eine schwierige Lebensphase. Ich hoffe wirklich sehr für ihn, dass er heute gesund, glücklich und erfolgreich ist. Aber wegen seiner mangelnden Anpassungsfähigkeit bin ich leider nicht sehr zuversichtlich.

Aus dem Gleichgewicht: Die Signale von Körper und Geist

Wenn ich Kinder und junge Erwachsene wie Tom sehe, fallen mir schnell die Unausgewogenheiten in ihrem Leben auf. Die menschliche Biologie ist etwas Erstaunliches. Jeder von uns besitzt ein komplexes und nahezu unfehlbares Warnsystem in Form von biologischen Signalen, die uns darauf hinweisen, wenn wir aus dem Gleichgewicht geraten. Hungergefühl stellt sich ein, wenn wir etwas essen müssen, Müdigkeit erinnert uns daran, dass wir Schlaf brauchen. Wenn wir jedoch die Signale, die uns auffordern, überlebenswichtige Dinge zu tun, vergessen oder beiseite schieben, gerät unser ganzes System in Stress. Aus Signalen werden blinkende Warnlichter. Wenn wir nicht genug essen, kann eine Unterzuckerung auftreten, wir werden erregt, reizbar und fühlen uns unwohl. Wenn wir nicht genug Schlaf bekommen haben, können wir uns nicht konzentrieren, sind schlecht gelaunt und antriebslos. Wenn wir die Warnlichter dauerhaft ignorieren, kommt es zu einer Fehlregulierung unserer gestressten biologischen Systeme, und das Risiko von Störungen wie Depressionen, Ängsten, Sucht und Diabetes steigt.

Ich bin hypermobil, das heißt, ich habe extrem flexible Gelenke. Flexibilität ist zwar grundsätzlich etwas Gutes, aber ein Körper (vor allem ein hypermobiler) braucht auch Kraft, wovon ich immer sehr wenig hatte. Eine frühe Intervention in Form eines Muskelaufbautrainings hätte genügt, aber weder meine Eltern noch ich waren uns dieser Tatsache bewusst. So führten pubertäre Hormone zu einer weiteren Schwächung meiner Gelenke und es kam sechs Mal zu einer Dislokation meiner Knie, einmal einfach so beim Gehen. Wegen meines schlechten Gleichgewichtsgefühls stürzte ich, als ich 30 Jahre alt war, vom Fahrrad und brach mir den linken Ellbogen, die linke Schulter und mehrere Rippen. Ich brauchte Metallstifte und zwei Operationen und behielt als bleibende Schäden eine zerrissene Rotatorenmanschette, eine Schleimbeutelentzündung und chronische Schmerzen zurück.

In meinen Dreißigern hätte ich eigentlich regelmäßig Sport treiben und zur Physiotherapie gehen sollen, tat es aber nicht, was dazu führte, dass ich täglich Schmerzen in den Knien und der linken Schulter hatte. Dagegen nahm ich entzündungshemmende Medikamente. Schließlich führte die Kombination aus zu langem Sitzen, zu wenig Sport und meinen früheren Problemen zu einem dramatischen chronischen Schmerzsyndrom, das mich völlig aus der Bahn warf. Ich war völlig aus dem Gleichgewicht geraten und konnte mich (im wörtlichen und im übertragenen Sinn) in keinem Bereich meines Lebens mehr vorwärts bewegen, bevor ich die Schmerzen nicht in den Griff bekam. Es bedurfte einer jahrelangen intensiven Therapie, um wieder ein normales Leben führen zu können. Danach sah ich meinen Körper aus einer anderen Perspektive, achtete besser auf meine Gesundheit und das Gleichgewicht in meinem Leben.

Beim Menschen funktionieren zwar alle Körperteile unabhängig voneinander, sind aber auch samt und sonders miteinander verknüpft. Der Körper braucht eine Balance zwischen allen Teilen, einen starken Kern, eine gute Ausrichtung sowie Stärke und Flexibilität. Alle diese Faktoren müssen vor allem in der Kindheit und Jugend, den Hauptentwicklungsphasen, optimal eingestellt sein.

Auch der menschliche Geist braucht innere Verknüpfungen, Gleichgewicht, einen starken Kern, Stärke und Flexibilität. Nicht nur der Körper wächst in der Kindheit und Jugend am schnellsten, sondern auch das Gehirn. Das menschliche Gehirn schließt seine »Pubertät« erst mit etwa 23 Jahren (bei Frauen) beziehungsweise 25 Jahren (bei Männern) ab. Ein jüngeres Gehirn braucht mehr Zeit zum Schlafen und Spielen als ein älteres. Wie auch beim Körper sind Muster, die sich in den frühen Jahren im Gehirn verankern, schwerer zu korrigieren als diejenigen, die später im Leben hinzukommen.

Ich möchte Ihnen die Geschichte eines Jungen erzählen, der psychische Probleme bekam, weil sein Leben aus dem

Gleichgewicht geraten war. Als Kind war Tyler ängstlich – was er möglicherweise von seiner Mutter übernommen hatte, die sich oft darum sorgte, was alles passieren könne und was andere Leute von ihr dachten. Sie war ständig in Tylers Nähe, um ihn vor allen Gefahren zu beschützen und ihn zu gutem Benehmen zu animieren. Schließlich entschieden Tylers Eltern, dass er Golf spielen solle, weil es ein sicherer und prestigeträchtiger Sport war und er früh ein Talent dafür zeigte. Obwohl er den Sport nicht besonders mochte, gehorchte Tyler, um seine Eltern nicht zu enttäuschen. In der Familie wurden negative Gefühle meist unterdrückt – beide Eltern strebten danach, perfekt zu wirken. Sie lösten Tylers Probleme für ihn oder kehrten sie unter den Teppich. Diese Vorgehensweise funktionierte in den Kindheitsjahren ganz gut. Aber in der Pubertät wurden Tylers Zaghaftigkeit, seine Inkompetenz im Umgang mit Problemen und negativen Empfindungen problematisch. Er fing an, vor wichtigen Ereignissen Panikattacken zu bekommen. Mit jeder Attacke verlor er an Selbstvertrauen und wurde noch ängstlicher, besonders in Gesellschaft anderer. Tyler behielt sein Panikproblem für sich, kapselte sich ab und flüchtete sich in Computerspiele und Marihuana.

Mit 15 bekam Tyler bei einem wichtigen Golfspiel eine Panikattacke. Sein Trainer verlor die Nerven und beschimpfte ihn in aller Öffentlichkeit. Tyler, unfähig mit der Situation umzugehen, hörte daraufhin ganz mit dem Golfspielen auf. Schon beim Gedanken an eine Konfrontation mit seinem Trainer oder beim Vorbeifahren an einem Golfplatz geriet er in Panik. Er hatte das Gefühl, für seine Eltern eine Enttäuschung zu sein, hatten sie doch viele Opfer gebracht und ihn zum Golfspielen gedrängt.

Tylers Panikattacken, Ängste und Isolation wurden immer schlimmer, und er rauchte immer öfter zur Entspannung

Marihuana. All das führte zu Problemen mit seiner Eigenmotivation, seiner Konzentration und seinem Gedächtnis, sodass auch seine Noten litten. Mit 18 studierte Tyler an einem College, das er nicht als gut genug empfand, dem er sich aber trotzdem nicht gewachsen fühlte. Doch immer noch scheute er eine ernsthafte Auseinandersetzung mit seinen Problemen, »bekämpfte« sie stattdessen mit Alkohol bei geselligen Anlässen und mit Marihuana, wenn er allein war. Panikattacken und Schlafstörungen wurden seine ständigen Begleiter. Als er schließlich von so heftigen Angstgefühlen geplagt wurde, dass er sein Zimmer im Studentenwohnheim nicht mehr verlassen konnte, wurde ihm endlich klar, dass er sich mitten in einer schweren Depression befand. Sie dauerte fast zwei Jahre. Die Behandlung erforderte starke Medikation, Einzeltherapie zur Verbesserung seiner Problemlösungskompetenz, Familientherapie zur Verarbeitung seiner Schuld- und Wutgefühle gegenüber seinen Eltern sowie Gruppentherapie zur Stärkung seines Selbstvertrauens im Umgang mit anderen Menschen. Nach der Behandlung ging es Tyler deutlich besser. Durch eine klinische Depression aufgerüttelt, konnte er nun endlich besser mit Unsicherheit umgehen, Probleme lösen, seine Emotionen regulieren und ein ausgewogenes Leben führen.

Ich hoffe, mit Tylers und meiner Geschichte illustriert zu haben, inwiefern unsere Psyche wie unser Körper funktioniert und beide ein Gleichgewicht brauchen. Tylers Angststörung ist mit meiner Hypermobilität vergleichbar: Weil sie nicht frühzeitig behandelt wurde, kam es später zu gravierenden Problemen. Ich hätte von frühem Muskelaufbautraining profitiert, Tyler von früher Stärkung seines Selbstvertrauens. Die biochemischen Veränderungen in der Pubertät warfen uns beide aus der Bahn – mich durch die Dislokationen, Tyler durch seine Panikattacken. Beide ignorierten wir die frühen Anzeichen für ein gestörtes Gleichgewicht und griffen stattdessen zur Selbstmedikation. Wir machten weiter wie bisher, bis unser Zustand uns endgültig stoppte. Wir mussten beide sehr hart daran arbeiten, unser Gleichgewicht wiederzufinden. Keiner von uns hatte es darauf angelegt, aus dem Gleichgewicht zu geraten, es war das Gegenteil von dem, was unsere Eltern sich für uns gewünscht hatten. Beide wurden wir krank, weil wir zwar unsere Stärken ausbauten, aber unsere Schwächen ignorierten.

Der Alltag unserer Kinder ist heute durch einen Mangel an Balance geprägt. Wenn unsere Kinder zu viel beschützt werden, lernen sie nicht, sich selbst zu schützen. Wenn unsere Kinder zu viel Zeit am Schreibtisch verbringen, lernen sie nicht, im Erwachsenenalter eine Balance zwischen Arbeit und Freizeit zu finden. Wenn unsere Kinder zu viel Zeit mit Lernen und Üben und zu wenig Zeit mit Ausruhen und Entspannen verbringen, fällt es ihnen schwer abzuschalten. Wenn unsere Kinder zu viele Anweisungen bekommen, fällt es ihnen später schwer, sich ihren eigenen Problemen zu stellen und sie zu lösen. Ein Kind, das ohne Balance in seinem Leben aufwächst, weiß nicht einmal, wie sich Balance anfühlt.

Ich glaube, dass wir alle intuitiv wissen, was körperliches Gleichgewicht ist, aber diese Intuition ignorieren, wenn es um die Psyche geht. Stellen Sie sich einen Achtjährigen mit einem überentwickelten Körper, beispielsweise einem kräftigen Bizeps, vor. Ihre elterliche Intuition sagt Ihnen, dass da etwas nicht stimmt. Vielleicht fragen Sie sich, ob das Gewichtstraining, das zum Aufbau dieser Muskulatur erforderlich war, für ein Kind gesund ist. Unsere elterliche Intuition sagt uns, dass Stärke gut ist, aber eine Beschleunigung des natürlichen Wachstums und der natürlichen körperlichen Entwicklung nicht. Dasselbe gilt für die Psyche unserer Kinder. Wie das Gewichtheben letztlich das Wachstum eines Achtjährigen hemmen wird, so führt es letztlich zu einer Verlangsamung der geistigen und psychischen Entwicklung eines Kindes, wenn wir es zugunsten einer Leistungssteigerung an natürlichen Aktivitäten (wie Spielen) hindern.

Nachteile der Tiger-Erziehung

Tiger-Kindern werden ihre Grundbedürfnisse verwehrt

Der 16-jährige Sanjay zeigte hervorragende Leistungen in der Schule, war in verschiedene außerschulische Aktivitäten involviert und lernte für College-Einstufungstests. Als er wegen depressiven Stimmungen in meine Sprechstunde kam, war er verstört und beschämt, weil er eine Ärztin in Anspruch nehmen musste, obwohl ihn doch jeder als stark ansah. Ich erfuhr, dass er in den drei Monaten vor dem Auftreten der Depressionen nur fünf Stunden pro Nacht geschlafen hatte. Sowohl ihm als auch seinen Eltern war die Bedeutung von ausreichend Schlaf bewusst, aber er hatte tagsüber einfach nicht genügend Zeit, um alles zu erledigen, was er sich selbst auferlegt hatte. Seine Eltern, obwohl liebevoll und besorgt, regten ihn nicht etwa dazu an, seinen Terminplan zu reduzieren; stattdessen blieben sie abwechselnd mit ihm auf, kochten ihm Kaffee und ließen zu, dass er spät nachts über seinen Büchern einschlief. Sie heuerten sogar einen teuren Privatlehrer an, als Sanjays Noten schlechter zu werden begannen.

Sanjay brauchte aber keinen Privatlehrer. Alles, was ihm fehlte, war Schlaf. Sanjay fiel es schwer zu glauben, dass etwas so Einfaches wie Schlaf sein Problem lösen würde, ließ sich jedoch auf einen Versuch ein und ging wieder zu normaler

Zeit ins Bett. Innerhalb von vier Tagen bemerkte er eine deutliche Stimmungsaufhellung, konnte sich wieder konzentrieren und war besser gelaunt. Nach zwei Wochen ordentlichen Nachtschlafs war er wieder ganz er selbst und dankte mir überschwänglich, obwohl ich ja nichts anderes getan hatte, als mehr Schlaf zu empfehlen – eine Empfehlung, die jeder mit einer grundlegenden menschlichen Intuition hätte geben können.

Am anderen Ende des Spektrums habe ich zahllose – junge und alte – Tiger kennengelernt, die an nächtlichen Ängsten und daraus resultierender Schlaflosigkeit leiden. Weil sie immer so beschäftigt sind, ist die Zeit nach dem Zubettgehen die einzige Zeit, in der ihr Gehirn Emotionen verarbeiten kann. Paradoxerweise berichten viele dieser Patienten, dass ihre Reaktion auf solche Schlafstörungen darin besteht, tagsüber noch mehr zu arbeiten, weil sie hoffen, dann einfach vor Erschöpfung endlich einmal gut schlafen zu können.

Manche Tiger-Eltern halten ihre Kinder so auf Trab, dass diese kaum jemals das Tageslicht sehen. Doch wenn Kinder den ganzen Tag drinnen lernen oder vorm Computer hocken, hat das ernste Folgen für ihre Gesundheit. Forschungen belegen, dass etwa 90 Prozent der Kinder in China, Südkorea, Japan und Taiwan kurzsichtig sind. Da der Anteil kurzsichtiger Kinder asiatischer Abstammung in den USA nur 10 bis 20 Prozent beträgt, kann der hohe Anteil in Asien eindeutig nicht erblich bedingt sein. Wissenschaftler vermuten, dass das Problem auf eine zu starke Beanspruchung der Augen aufgrund von zeitintensivem Lernen bei Kunstlicht zurückzuführen ist.[1] Kinderärzte in Schwellen- und Industrieländern beobachten auch ein Wiederauftreten von Rachitis, der klassischen Vitamin-D-Mangel-Krankheit – Vitamin D wird mithilfe von Sonnenlicht gebildet.

Die Zahl übergewichtiger Kinder hat sich in den USA seit den 1980er-Jahren verdreifacht, und die Entwicklung hält an. Kindliches Übergewicht stellt auch in Europa und Asien ein zunehmendes Problem dar (in Deutschland sind 15 Prozent aller Kinder übergewichtig), und Studien zeigen einen direkten Zusammenhang zwischen der Zahl der Stunden, die Kinder mit sitzenden Tätigkeiten verbringen, und Übergewicht.[2]

Auch Diabetes tritt verstärkt bei Kindern auf, denn durchstrukturierte Tagesabläufe, in denen keine Zeit für entspannte Familienmahlzeiten vorgesehen ist, begünstigen ungesundes Essverhalten (schnell noch einen Hamburger auf der Autofahrt zum Klavierunterricht ...).

Tiger-Kinder haben Probleme auf allen Ebenen

Defizite in sozialer Kompetenz und Bindungsfähigkeit

Etliche Eltern und Jugendliche ziehen heutzutage Einzelsportarten oder eine musikalische Solokarriere einem Mannschaftssport oder dem Musizieren in einer Band vor, weil es allein einfacher ist zu gewinnen. Eine Studentin berichtete mir, dass viele Kommilitonen Gruppenprojekte meiden. Aber: Wie viele Unternehmen kommen ohne Teamarbeit aus? Durch den kurzsichtigen, engen Fokus auf unmittelbare Leistungsnachweise wird die langfristige Leistungsfähigkeit stark beeinträchtigt. Die Welt ist heute noch genauso von sozialen Bindungen geprägt wie früher – vielleicht sogar noch mehr, wenn wir an die vielen neuen Möglichkeiten der sozialen Vernetzung denken. Ausgeprägte soziale Kompetenzen sind äußerst wichtig in der heutigen und künftigen Berufswelt. Defizite in sozialer Kompetenz und Bindungsfähigkeit sind aber nicht nur im Zusammenhang mit Berufschancen schädlich. Menschen sind soziale Wesen, und wir brauchen für unsere Gesundheit Freundschaften und Bindungen ebenso wie Essen und Schlaf.

Physische Verletzungen

Kinder, die zu sportlichen Höchstleistungen angetrieben werden, haben ein höheres Verletzungsrisiko. Ärzte in Notaufnahmen sehen immer mehr durch Überbeanspruchung verursachte Verletzungen bei Kindern. Im Schuljahr 2008/2009 traten an amerikanischen Highschools 400 000 Fälle von Gehirnerschütterung im Sportunterricht auf.[3] Die Zahl der Gehirnerschütterungen hat sich bei Schülern zwischen acht und neunzehn Jahren bei Sportarten wie Basketball, Fußball und Football zwischen 1997 und 2007 mehr als verdoppelt, obwohl die Zahl der Teilnehmer an diesen Sportarten zurückgegangen ist.[4]

Ärzte wissen auch zu berichten, dass viele Eltern die Empfehlung, ihr Kind lange genug ausruhen und pausieren zu lassen, nicht beherzigen. Ich habe erlebt, dass Balletttänzerinnen mit verstauchtem Knöchel weitertanzten, Tennisspieler trotz Schleimbeutelentzündung wieder auf dem Platz standen, Ruderer trotz Prellungen am Rücken weitermachten. Was sind wir für Eltern, wenn wir der Gesundheit unserer Kinder nicht oberste Priorität einräumen?

Persönlichkeitsdefizite

Eine Erziehung, die das Ziel verfolgt, um jeden Preis zu gewinnen, bringt häufig verwöhnte, egozentrische Kinder ohne gesunde Moralvorstellungen hervor.

Betrügen und andere unmoralische Verhaltensweisen sind weit verbreitet und nehmen stark zu. In den am stärksten wettbewerbsorientierten Sportarten stehen Kinder oft unter immensem Druck. Die besten Spieler des gegnerischen

Teams werden absichtlich zu Fall gebracht, ohne dass über Verletzungsgefahr oder Wettkampfgeist nachgedacht wird.

Betrügen im Sport ist nur die Spitze des Eisbergs, wenn es um unmoralisches Verhalten geht. Vor Kurzem wurden einhundert Harvard-Studenten beschuldigt, bei einer Hausaufgabe gemogelt zu haben. An der University of Central Florida gelang es mehr als einhundert Studenten, sich die Prüfungsfragen der Zwischenprüfungen im Voraus zu beschaffen, und sie hatten keine Skrupel, dies auszunutzen. 1940 gaben 20 Prozent der Studenten an amerikanischen Colleges zu, in der Highschool geschummelt zu haben. Bis 2010 stieg diese Zahl auf 75 bis 98 Prozent.[5]

Ich hatte ein interessantes Gespräch mit Annie, einer Lehrerin mit 30 Jahren Berufserfahrung. Sie klagte, dass Pädagogen das Gefühl hätten, keine schlechten Noten mehr geben zu dürfen, geschweige denn, Schüler fürs Mogeln zu bestrafen. Besonders machte ihr der Fall ihres Schülers Marco zu schaffen: Seine Eltern machten Annie Vorwürfe, weil sie Marco beim Betrügen erwischt und deswegen in einem Test hatte durchfallen lassen. Annie dachte, dass dieser Vorfall eine gute Gelegenheit für Marco wäre, die Konsequenzen von Fehlverhalten zu erfahren, ohne dass sich dies allzu nachteilig auswirken würde (das Testergebnis hatte nur geringen Einfluss auf das Zeugnis). Aber Marcos Eltern waren so besorgt wegen ihres guten Rufs und der Auswirkungen des Vorfalls auf die Zeugnisnoten, dass sie Beschwerde einlegten und verlangten, dass der Vorfall unter Verschluss gehalten werde. Lehrerin und Schule stimmten schließlich einer Vereinbarung zu, wonach das Testergebnis geringer gewichtet wurde, sodass es keine Auswirkungen auf die Zeugnisnote hatte. Außerdem wurde der Hinweis auf Marcos Täuschungsversuch aus seiner Akte gestrichen. Marco wurde durch den Vorfall kaum belastet, da seine Eltern ihm Sorge und Stress komplett abnahmen. Noch interessanter ist, dass Marco zugab, bei dem Test getäuscht zu haben, *und* seiner Lehrerin vorwarf, »so viel Aufhebens darum zu machen«, was seine Eltern zu der Einschätzung veranlasste, dass er »genug gelitten« habe. Dieses Beispiel zeigt, wie die Tiger-Mentalität zu einem Verlust von Werten wie Respekt, Verantwortung und Moral führen kann.

Selbst Freiwilligendiensten haftet inzwischen manchmal etwas Betrügerisches an. Einige junge Menschen melden sich nur deshalb zu Freiwilligendiensten, weil es sich gut im Lebenslauf macht – und sie scheuen sich auch nicht, das zuzugeben. Wer einen solchen Dienst nur ableistet, weil es sich auszahlen soll, wird ganz sicher das wunderbare Gefühl von Engagement, Leidenschaft und Wertschätzung versäumen.

Drogenmissbrauch und Sucht

Mir begegnen heute mehr junge Überflieger, die zur Leistungssteigerung verschreibungspflichtige Medikamente nehmen, als je zuvor in meiner über zehnjährigen Berufspraxis. In einer an der University of California durchgeführten Studie gaben 20 Prozent der Studenten an, mindestens einmal in ihrem Leben ohne medizinischen Grund Stimulanzien eingenommen zu haben, meistens um »Leistungen zu steigern«, »effizienter zu lernen« und »wach zu bleiben«. Aufgrund meiner intensiven Forschungs- und Vorlesungstätigkeit auf dem Gebiet des Stimulanzienmissbrauchs gehe ich davon aus, dass das Problem sich ständig weiter verschlimmern wird. Mir begegnen Kinder, die verschreibungspflichtige Medikamente nehmen, um länger lernen, härter Fußball spielen, schneller laufen, fürs Tanzen abnehmen oder einfach ihren unglaublich überladenen Tagesablauf durchstehen zu können.

Stimulanzien, von denen Koffein das gebräuchlichste ist, können sicherlich kurzfristig die Leistung steigern, aber der langfristige Nachteil besteht darin, dass sie das gesamte System aus dem Gleichgewicht bringen. Beispielsweise kann der natürliche Schlafzyklus des Gehirns aus dem Tritt geraten, was dazu führt, dass man auch nach dem Absetzen der Medikamente nicht mehr schlafen kann. Natürlich sind Stimulanzien auch stark süchtig machend.

Seelische Probleme, Selbstverletzung und Selbstmord

Beratungsstellen an Colleges und Universitäten erleben – in den USA ebenso wie in Deutschland – einen Zuwachs an Studenten mit psychologischem Betreuungsbedarf, und alles deutet darauf hin, dass dieser Bedarf in den kommenden Jahrzehnten noch steigen wird. Psychische Probleme wie Depressionen im Teenageralter haben seit Anfang des 20. Jahrhunderts um das Fünffache zugenommen. Laut einer Studie war zwischen 1938 und 2007 ein starker Zuwachs psychischer Probleme bei Collegestudenten zu verzeichnen.[6] Im Vergleich zu Studenten in den 1930er- und 1940er-Jahren erreichen heutige Studenten deutliche höhere Werte auf den klinischen Bewertungsskalen für Depression, Hypomanie (ein Teil der bipolaren Störung), Paranoia und psychopathische Abweichungen. Die Studie weist eindeutig darauf hin, dass diese Ergebnisse nicht auf erhöhte Antwortbereitschaft zurückzuführen sind, das heißt, nicht darauf, dass Menschen heute eher psychische Probleme zugeben als früher. Laut den Autoren der Studie »passen die Ergebnisse am ehesten zu einem Modell, das von kulturellen Verschiebungen hin zu extrinsischen Zielen, wie beispielsweise Materialismus und Status, und weg von intrinsischen Zielen, wie beispielsweise Gemeinschaft, Lebenssinn und Beziehungen, ausgeht«.[7]

Keines dieser Ergebnisse hat mich überrascht, weil ich jeden Tag erlebe, dass diese Probleme schlimmer werden. Zu den verstörendsten Aspekten dieses Trends gehört das Problem der Selbstverletzung. Menschen, die sich selbst verletzen, tun dies normalerweise, um besser mit psychischem Stress umgehen zu können. Durch die Selbstverletzung lösen sie zunächst die Ausschüttung von Endorphinen aus, die freigesetzt werden, um den Wundschmerz zu mildern. Bei einer 2011 durchgeführten Studie wurden Studenten an acht amerikanischen Universitäten befragt. Dabei stellte sich heraus, dass 15 Prozent der Teilnehmer sich bereits durch Schnitte, Verbrennungen oder anderweitig selbst verletzt hatten. Dieses Verhalten trat häufig abends auf, wenn die Studenten sich eigentlich zum Schlafen entspannen sollten.[8]

Selbstmord ist manchmal die endgültige, tragische Flucht vor Stress. Im Herbst 2012, kurz vor dem Beginn des neuen Studienjahrs, ließ die Cornell University Stahlnetze an sieben Brücken auf ihrem schönen Campus im Staat New York anbringen. Der Grund: Im Studienjahr 2012 hatten sich sechs Studenten das Leben genommen, davon drei durch einen Sprung von einer dieser Brücken. Laut Universitätspräsident David J. Skorten waren die Todesfälle nur »die Spitze des Eisbergs, die auf ein viel breiteres Spektrum psychischer Probleme bei Studenten an unserer und an anderen Universitäten hinweist«. Cornell ist keineswegs die einzige Universität mit diesem Problem. Tatsächlich hat Cornell eine ähnliche Selbstmordrate wie andere Universitäten und Colleges in Nordamerika und eine niedrigere als viele andere Hochschulen weltweit.[9]

Natürlich ist Selbstmord ein sehr komplexes Problem, das selten einen einzigen Auslöser hat. Alle psychischen Probleme bei jungen Menschen sind das Ergebnis des Zusammenwirkens mehrerer Faktoren. Der Erziehung nach dem Tiger-Prinzip ist nicht das gesamte Unglück junger Menschen anzulasten. Es wäre zutreffender zu sagen, dass die unausgewogene »Tiger-Kultur«, in der viele von uns heute leben, einen großen Anteil am Unglück vieler hat.

Kann Tiger-Erziehung überhaupt funktionieren?

Die Summe der kurz- und langfristigen Auswirkungen einer Erziehung nach dem Tiger-Prinzip verhindert den Erfolg, den sich Tiger-Eltern eigentlich für ihre Kinder wünschen. Und damit meine ich nicht nur beruflichen Erfolg, sondern auch körperliches, psychisches und soziales Wohlbefinden.

Su Yeong Kim, außerordentliche Professorin für menschliche Entwicklung und Familienwissenschaften an der University of Texas, begleitete acht Jahre lang mehr als 300 chinesisch-amerikanische Familien.[10] Sie untersuchte, weshalb eine Erziehung nach dem Tiger-Prinzip möglicherweise bei chinesisch-amerikanischen Familien funktioniert, während derselbe strenge Erziehungsstil für Kinder nicht-asiatischer Herkunft nachweislich schädlich ist.

Wie sich herausstellte, funktioniert eine Erziehung nach dem Tiger-Prinzip aber für niemanden. Kim stellte fest, dass die meisten chinesisch-amerikanischen Eltern nicht so autoritär sind, wie man nach der Lektüre von Amy Chuas Buch *Die Mutter des Erfolgs: Wie ich meinen Kindern das Siegen beibrachte* erwarten könnte.[11] Und was noch wichtiger ist: Strenge, emotional distanzierte chinesisch-amerikanische Eltern hatten am Ende genauso unglückliche und haltlose Kinder wie Tiger-Eltern mit anderem ethnischen Hintergrund. Die Kinder von Eltern, die von Kim als »Tiger-Eltern« eingestuft wurden, zeigten schlechtere schulische Leistungen sowie mehr psychische Störungen und Entfremdung von ihrer Familie als Kinder von Eltern, die als »unterstützend« oder »locker« eingestuft worden waren. Bei den Kindern unterstützender Eltern waren die besten Entwicklungsergebnisse zu beobachten. Kims Studie zeigt zweifelsfrei, dass für eine Erziehung nach dem Tiger-Prinzip ein hoher Preis zu zahlen und am Ende wenig Positives zu verbuchen ist.

Das Schulsystem im Wandel: Tiger auf dem Rückzug

Die Grundstruktur und -methodik der schulischen Erziehung hat sich seit dem frühen 19. Jahrhundert, als in Preußen das erste verpflichtende, staatlich finanzierte Schulsystem eingeführt wurde, kaum verändert. Der Schwerpunkt lag damals auf Gehorsam, Pflichterfüllung und militärischem Drill. Das System funktionierte so gut, dass es sich schnell über ganz Europa und Nordamerika ausbreitete, wo es noch heute die Grundlage des Schulwesens bildet. Unsere Kinder werden in den Schulen von heute auf die Herausforderungen der letzten beiden Jahrhunderte vorbereitet.

Im 19. und größtenteils auch noch im 20. Jahrhundert waren Informationen bei Weitem nicht so leicht zugänglich wie heute, und Menschen mit großem Wissen wurden entsprechend wertgeschätzt. Prüfungsergebnisse und Noten waren eine einfache Möglichkeit, Wissen abzufragen. Darum begannen Schulen, sehr notenorientiert zu arbeiten – und die Eltern trieben ihre Kinder dazu an, die bestmöglichen Noten zu erreichen. Vor hundert Jahren mag das auch durchaus sinnvoll gewesen sein.

Heute ist diese Art des Unterrichts überholt. Informationen, Daten und Fakten sind im Überfluss verfügbar, und so geht es nicht mehr darum, die richtigen Antworten zu kennen, sondern vielmehr die richtigen Fragen zu stellen. Was Kinder wirklich brauchen, um im 21. Jahrhundert zu bestehen, sind kognitive Fähigkeiten, die Computer nicht besitzen: Fantasie und Kreativität sowie die Fähigkeit zur Kooperation, zu kritischem Denken, zur Kommunikation und zur Innovation.

Wir müssen nicht alle Daten kennen, aber wir müssen in der Lage sein, gute von schlechten Daten zu unterscheiden. Wir müssen nicht die Antwort auf jede Frage kennen, aber wir müssen in der Lage sein, die richtige Antwort im Dickicht falscher Antworten zu finden. Niemand kann von uns erwarten, alles allein herauszufinden, aber man kann von uns verlangen, dass wir uns die Arbeit anderer zunutze machen. Kooperation, Interpretation und Moral – das sind Dinge, zu denen Maschinen nicht fähig sind, die unsere Kinder aber beherrschen sollten.

Es wird immer offenkundiger, dass die Technologie uns dazu zwingen wird, in größeren Zusammenhängen als je zuvor zu denken. Vor fünfzehn Jahren existierten Google, Facebook und Twitter noch nicht. Kann man sich heute eine Welt ohne sie vorstellen? Noch vor fünf Jahren hatte niemand je von Social-Media-Managern, User-Experience-Designern oder Cyborg-Anthropologen gehört. Wie um alles in der Welt sollen wir unsere Kinder auf die Arbeit in Berufsfeldern des 21. Jahrhunderts vorbereiten (die noch gar nicht existieren und die auf Technologien beruhen werden, von denen wir derzeit noch träumen), wenn wir ihnen weiterhin das Handwerkszeug des 19. Jahrhunderts mit auf ihren Weg geben?

Glücklicherweise verändern sich die Dinge allmählich. Einige Schulen versuchen sich an innovativen Formen der Wissensvermittlung, die auf Gruppenarbeit ebenso viel Wert legen wie auf Eigeninitiative, und viel Raum für eigene Ideen und Entscheidungen der Schüler lassen. In Deutschland kaum von Bedeutung, in den USA jedoch von immenser Wichtigkeit sind Zulassungsverfahren für Colleges und Universitäten. Amerikanische Universitätsrektoren erkennen mittlerweile, dass die althergebrachten Zulassungsverfahren, die auf dem Abfragen erlernten Wissens beruhen, völlig unzulänglich sind.

Ein Bericht der University of Southern California und der Education Conservancy[12] kritisiert das derzeitige Zulassungsverfahren an Universitäten, das nach Ansicht der Autoren »den Eindruck entstehen lässt, dass Testergebnisse wichtiger als die tatsächliche Bildung oder Entwicklung eines Studenten sind. Außerdem profitieren davon milliardenschwere Wirtschaftszweige, die sich auf Testverfahren, Testvorbereitung und Testtraining spezialisiert haben.«[13] Weiterhin sind die Autoren der Meinung, dass das Zulassungsverfahren »die zynische Haltung bei Studenten fördert, dass die Zulassung zu einer akademischen Einrichtung ein Selbstzweck statt der Anfang einer Bildungsreise sei – eine Haltung, die weit verbreitetes Mogel-Verhalten in der Highschool fördert und gleichzeitig die Nachfrage nach effektiven Lehrmethoden sinken lässt und das Lernen an der Universität entwertet«.[14] Sie fordern ein neues Testkonzept zur Bewertung der persönlichen und akademischen Reife als Voraussetzung für ein Universitätsstudium.

Wir stehen erst am Anfang einer hoffentlich grundlegenden Veränderung. Paradoxerweise besteht einer der stärksten Motivationsfaktoren von Tiger-Eltern in dem Wunsch nach beruflicher Sicherheit für ihre Kinder, und das ist genau der Bereich, in dem eine Erziehung nach dem Tiger-Prinzip scheitert.

Tiger scheitern in der Arbeitswelt des 21. Jahrhunderts

Die größte Verheißung der Erziehung nach dem Tiger-Prinzip liegt darin, dass sie der richtige Ansatz für eine zunehmend wettbewerbsorientierte Welt sei. Es trifft zwar zu, dass sich die Arbeitswelt, in die unsere Kinder eintreten werden, deutlich von unserer unterscheiden wird, aber nicht in der Weise, die das Tiger-Erziehungsmodell voraussetzt. Das 21. Jahrhundert ist von globalem Wettbewerb und technologischer Vernetzung, aber auch von zunehmender Kommunikation geprägt. Außerdem benennen mehr als 1500 Geschäftsführer wichtiger Unternehmen Kreativität als bedeutendste Eigenschaft einer Führungspersönlichkeit im 21. Jahrhundert[15] – eine Eigenschaft, die bei Tiger-Kindern unterdrückt wird.

Arbeitgeber klagen darüber, dass junge Mitarbeiter oder Universitätsabsolventen nicht kreativ denken, Probleme strukturiert lösen oder zusammenarbeiten können. Wohlformulierte Lebensläufe, die eine Vielzahl von schulischen und außerschulischen Aktivitäten auflisten, sagen nichts über die Person hinter der Biographie aus, denn über die Dinge, mit denen sich Tiger-Kinder intensiv befassen, entscheiden nicht sie selbst, sondern ihre Eltern.

Man könnte meinen, dass die ältere Generation schon seit den Anfängen der Menschheit über die Defizite der Jüngeren den Kopf geschüttelt hat. »Die Jugend von heute« hat ihre Eltern schon immer herausgefordert. Aber dieses Mal haben die Älteren möglicherweise Recht. Jüngere Studien haben gezeigt, dass sich die Generation der nach 1980 Geborenen signifikant von vorherigen Generationen unterscheidet. Als erste Generation ist sie im Umfeld von weltweiter Vernetzung und mobiler Kommunikation aufgewachsen. Wer ihr angehört, stuft soziales Engagement und Selbstakzeptanz viel niedriger ein als Reichtum, persönliches Image und Ruhm. Andererseits ist er oder sie extrovertierter (was allerdings nicht notwendigerweise mit hoher Sozialkompetenz einhergeht), weniger sexistisch und weniger mit Vorurteilen behaftet als frühere Generationen. Interessanterweise hat dieses Weniger an Vorurteilen weniger mit Einfühlungsvermögen als vielmehr mit Toleranz zu tun.[16]

Das ausgeprägte Anspruchsdenken dieser Generation verursacht im Berufsleben große Probleme. Arbeitgeber klagen, dass Auszubildende oder junge Mitarbeiter großspurig auftreten, sich nicht an Regeln halten und nicht bereit sind, das sprichwörtliche Lehrgeld zu zahlen. Eine Studie zeigte, dass viele amerikanische Jugendliche lieber arbeitslos wären, als einen Job anzunehmen, den sie für unter ihrer Würde halten, und dass sie kaum vor Erreichen der 30 darüber nachdenken, bei den Eltern auszuziehen (zweifellos besteht zwischen diesen beiden Fakten ein Zusammenhang).[17]

Der Chef eines großen Unternehmens sagte mir: »Viele Bewerber haben perfekte Lebensläufe, und viele haben Höchstleistungen in der Schule, im musikalischen oder sportlichen Bereich erbracht. Aber das alles zählt nur, wenn sie auch teamfähig und innovativ sind. Höchstleistungen können sogar negativ angerechnet werden – nämlich als Hinweis darauf, dass der Bewerber unter einer Glasglocke gelebt und keine echte Lebenserfahrung hat. Wenn ich bei einer Bewerbung diesen Eindruck gewinne, sortiere ich sie aus.« Arbeitgeber des 21. Jahrhunderts können Tiger inzwischen schon von Weitem erkennen.

Tiger-Eltern zahlen einen hohen Preis

Die Schädlichkeit des Tiger-Lebensstils für Kinder habe ich ausführlich dargelegt, aber vielleicht profitieren Eltern vom Tiger-Prinzip? Die Antwort lautet: ganz und gar nicht!

In meinem Fall hat mich mein Ausflug in die Tiger-Erziehung fast meine wunderbare Tochter gekostet. Mein Mann und ich hatten schon zwei gesunde Kinder, doch irgendwann begann der Wunsch nach einem dritten Kind in meinem Kopf herumzuwirbeln. Obwohl unser Leben mit all den Terminen und der ständigen Überwachung von zwei Kindern schon fast außer Kontrolle geraten war, wollte ich tief drinnen gern noch ein Baby. Mein (praktisch denkender) Mann hatte eine klare Haltung: »Nein, unser Leben ist jetzt schon zu hektisch und zu kostspielig. Wir können uns ein weiteres Kind einfach nicht leisten. Wir drehen durch oder gehen pleite oder beides.« Verstandesmäßig stimmte ich ihm zu. Es gab einfach keinen Platz mehr in unserem Leben. Doch dann fiel der Groschen bei mir: Unser Leben war völlig aus dem Gleichgewicht geraten! Ich sagte zu meinem Mann: »Wenn meine Eltern mit wesentlich geringeren finanziellen Mitteln fünf Kinder aufziehen konnten, dann können wir sicher drei schaffen. Ich bin mir noch nicht ganz sicher, wie das funktionieren kann, aber ich weiß, dass wir es hinkriegen.«

Meine Mutter hatte immer gesagt, dass man stets einen Weg findet, sich seinen Wunsch zu erfüllen, wenn er aus reinem Herzen und ohne Einfluss von außen entstanden ist. Ich sehnte mich nach einem weiteren Kind, obwohl ich wusste, dass dieser Wunsch die äußeren Dinge, die ich so wertschätzte, gefährden würde: meine Karriere, mein Aussehen, unseren finanziellen und sozialen Status, sogar einige meiner Freundschaften würden leiden.

Wahrscheinlich schaut man sich die Hindernisse nur dann ehrlich und gründlich an, wenn man etwas wirklich will. Als ich das tat, wurde mir klar, dass einem dritten Kind hauptsächlich das unhaltbare Leben im Weg stand, das wir für unsere Familie eingerichtet hatten.

Aus meiner beruflichen Erfahrung heraus hätte ich es eigentlich besser wissen sollen, doch nach der Geburt meines ersten Kindes fing ich als unsichere junge Mutter mit der Erziehung nach dem Tiger-Prinzip an. Und machte aus Gedankenlosigkeit und Bequemlichkeit damit weiter. Nun endlich schaute ich nach innen und gestand mir ein, dass wir ein ungutes Tiger-Leben führten. Als Reaktion darauf beschlossen wir, unser Leben zu verändern und unsere Balance zurückzugewinnen. Es war nicht leicht und zeitweise auch beängstigend. Aber das Leben ist eine Reise durch wechselnde Gewässer, nicht durch eine Reihe von Wettbewerben. Jetzt schwimmen wir in diesen Gewässern, manchmal friedlich, manchmal spielerisch, manchmal vorsichtig und oft unter Schwierigkeiten. Aber wir tun es gemeinsam, mit unseren drei Kindern.

Den inneren Tiger zähmen

Da offensichtlich das Erziehungsmodell »Tiger« nicht funktioniert, stellt sich die Frage, wie wir unsere Kinder anders auf ein erfolgreiches Leben im 21. Jahrhundert vorbereiten können. Gibt es ein Modell, das den Grundstein legt für die Entwicklung gesunder, glücklicher, motivierter, gesellschaftlich engagierter und wirklich erfolgreicher Persönlichkeiten?

Ja, das gibt es! Aber bevor ich dieses Modell erläutere, bitte ich Sie, die folgenden Fragen ehrlich zu beantworten und sich mit Ihrem inneren Tiger auseinanderzusetzen.

- **Was erwarten Sie wirklich von Ihren Kindern?** Wahrscheinlich hegen Sie hohe Erwartungen, was den beruflichen und finanziellen Erfolg Ihrer Kinder betrifft. Aber haben Sie auch konkrete Erwartungen an die Zufriedenheit,

Innovationsfähigkeit und Kreativität, an die Moral und den Gemeinschaftssinn Ihrer Sprösslinge? Wenn Ihre Erwartungen sich vorwiegend auf Leistung und Erfolg richten, drillen Sie Ihre Kinder darauf, sich mit unmittelbaren Vorteilen zufriedenzugeben und dabei die Chance auf die Art von nachhaltigen Erfolgen zu vertun, die das Leben langfristig bereichern.

- **Haben Sie das Bedürfnis, mit anderen Schritt zu halten?** Wohl niemand ist dagegen immun, sich mit anderen zu vergleichen und gewisse Statussymbole als Maßstab für ein erfolgreicheres Leben anzusehen. Für manche Familien ist dabei ein Kind, das erfolgreich Medizin studiert, das, was für andere ein Porsche oder eine Louis-Vuitton-Tasche bedeutet – der Beweis, besser zu sein als andere. Das Bedürfnis, mit anderen Schritt zu halten, resultiert aus der Sehnsucht nach Anerkennung und sozialem Status.
- **Wollen Sie perfekt sein?** Angesichts der Art und Weise, wie sämtliche Medien Perfektion als erstrebenswertes Ideal suggerieren, ist es schwer, das nicht zu wollen. Das Problem dabei ist, dass Perfektion unerreichbar ist. Sie ist ein Mythos und ein Riesenhindernis auf dem Weg zu echtem Erfolg. Perfektionisten haben meistens Angst vor Fehlschlägen, was sie daran hindert, Probleme durch Ausprobieren zu lösen.
- **Sind Ihre Kinder überbeschäftigt?** Es ist toll, wenn Kinder Hobbys haben, aber wie viel ist zu viel? Kinder haben heute nur halb so viel freie Zeit wie noch vor 30 Jahren.[18] Eltern erklären mir häufig, dass ihre Kinder beschäftigt werden *wollen,* dass sie ihren Eltern in den Ohren liegen, diesen oder jenen Kurs auch noch zu buchen. Das liegt daran, dass viele Kinder nichts anderes als strukturierte Aktivitäten kennen. Sie wissen nicht, wie man mit Ruhe

oder Langeweile umgeht, und ihnen fehlt die Fantasie, um Möglichkeiten der Entspannung, der Unterhaltung oder des selbstständigen Lernens zu finden.

- **Ist das Leben Ihrer Kinder zu strukturiert?** Es ist völlig in Ordnung, dafür zu sorgen, dass Ihre Kinder den Unterricht oder das Training bekommen, den sie brauchen oder das sie sich wünschen. Das gilt allerdings nicht, wenn diese strukturierten Aktivitäten den gesamten Lernprozess in Anspruch nehmen und sich in die Zeiten drängen, die eigentlich für eigenständige Lernprozesse zur Verfügung stehen sollten. Ein zu stark strukturiertes Leben ist erstickend und lässt keinen Raum für Kreativität und die Entwicklung von Eigenständigkeit.
- **Treiben Sie Ihr Kind zu sehr an?** Jeder braucht dann und wann etwas Ermutigung. Aber zu starkes Antreiben von Kindern verhindert die Entwicklung ihrer Eigenmotivation. Am Ende hassen sie womöglich die Aufgaben, die Sie ihnen auferlegt haben, oder, noch schlimmer, entwickeln kein Identitätsgefühl und keine Eigenmotivation.
- **Sind Sie eine Glucke?** Natürlich muss man auf Kinder aufpassen, sie beschützen und unterstützen und ihnen von Zeit zu Zeit aus der Patsche helfen. Aber fördern Sie den Prozess des Unabhängigwerdens von Ihnen oder eher eine immer stärkere Abhängigkeit? Übernehmen Sie Aufgaben, die Ihre Kinder eigenständig erledigen sollten? Mischen Sie sich in wichtige Entscheidungen im Leben Ihrer Kinder ein (z. B. in die Berufswahl)?
- **Ebnen Sie Ihren Kindern den Weg, ohne sie an diesem Prozess teilhaben zu lassen?** Es ist großartig, die Grundlage dafür zu schaffen, dass Ihre Kinder Chancen bekommen, die sie nutzen können. Greifen Sie dabei immer zu früh und/oder zu oft ein? Falls ja, nehmen Sie Ihren Kin-

dern die Chance, mit widrigen Umständen umzugehen, natürliche Konsequenzen zu erleben, sich Dinge selbst klarzumachen und aus Problemen zu lernen.

Vielleicht tun Sie nichts dergleichen und haben trotzdem das Gefühl, dass etwas nicht ganz in Ordnung ist. Vielleicht sind in diesem Fall nicht Sie der Tiger. Kinder können sich diese Dinge durchaus auch selbst antun. Das Tigertum ist ein Phänomen unserer Gesellschaft. Das Streben nach Perfektion, der Wunsch, mit anderen Schritt zu halten, und die Erwartung, Erfolg zu haben und viel Geld zu verdienen, sind allgegenwärtig. Daher verfolgen viele junge Menschen auch ohne dass ihre Eltern sie dazu anhalten, gedankenlos von außen vorgegebene Leistungsziele. Eine junge Patientin meinte einmal, sie sei »ihre eigene Tiger-Mutter«.

Wo immer sie sich auch zeigt – die Tiger-Kultur ist weder für Kinder noch für Eltern oder unsere Gesellschaft als Ganzes vorteilhaft. Wir sind es unseren Kindern schuldig, sie optimal aufs Leben vorzubereiten, aber Kindererziehung bedeutet nicht, gegen die Realitäten der Welt, in der wir leben, anzukämpfen. Es bedeutet, sich darin zurechtzufinden. Dazu müssen wir ruhig, aufmerksam, stark und anpassungsfähig sein. Wenn Sie wollen, dass Ihr Kind zu einem gesunden, glücklichen, motivierten Erwachsenen heranwächst (und wer wollte das nicht?), müssen Sie den Tiger loswerden und den Delfin verinnerlichen.

Teil Zwei

Die Lösung

Mit den Delfinen schwimmen

Das 21. Jahrhundert – Zeitalter des Delfins

Die Republik Korea befindet sich seit über 50 Jahren im Kriegszustand, verstrickt in eine Konfrontation mit einer der größten Armeen der Welt unter der Führung des völlig unberechenbaren nordkoreanischen Regimes. Die Streitkräfte sind in ständiger Alarmbereitschaft, und das aus gutem Grund: Das Land ist tagtäglich mit der Bedrohung eines apokalyptischen Krieges konfrontiert.

Natürlich nehmen die Südkoreaner diese Bedrohung sehr ernst; sie verfügen über Raketenabwehrsysteme, hochmoderne Kampfflugzeuge, eine hervorragende Marine. Mit 2,7 Prozent des Bruttoinlandsprodukts ist das koreanische Verteidigungsbudget proportional größer als das von China oder NATO-Staaten wie Großbritannien, Frankreich oder Deutschland. Aber es ist ja auch zu erwarten, dass ein Land seine Ressourcen für die Dinge ausgibt, die am vordringlichsten scheinen.

Wenn man die Prioritäten einer Nation an ihren Ausgaben ablesen kann, wird auch deutlich, welchen Wert die Koreaner der Bildung beimessen – insbesondere der Aufnahme in eine bestimmte Schule. Wenn Schüler nicht in die »richtige« Bildungseinrichtung (ab der Vorschule) aufgenommen werden, erhalten sie intensiven und strapaziösen Nachhilfeunterricht (bis zu 14 Stunden am Tag), um anschließend die

Aufnahmeprüfung noch einmal abzulegen und zugelassen zu werden.[1] 2010 hatten 74 Prozent aller südkoreanischen Schüler außerschulischen Unterricht. Der Nachhilfe wird eine so große Bedeutung beigemessen, dass erstaunliche zwei Prozent des Bruttoinlandsprodukts in Nachhilfe investiert werden[2] – fast so viel, wie das Land für das Kräftemessen mit seinem nuklear bewaffneten Feind im Norden ausgibt. Man hört von Schülern, die die ganze Nacht hindurch Unterricht haben und von Eltern, die im Kinderzimmer ganz bewusst kein Bett aufstellen. Erschöpfung, Stress, Ängste, Depressionen, Medikamentenmissbrauch und sogar Selbstmorde nahmen so sehr zu, dass die Regierung eingriff und 2010 eine Sperrstunde verhängte, sodass Nachhilfeinstitute in Seoul nicht mehr länger als bis 22 Uhr geöffnet sein durften – in der Hoffnung, dass die Schüler nicht zu Hause mit weiteren Aufgaben traktiert würden.[3] Trotzdem besteht das Leben der meisten koreanischen Kinder nach wie vor aus einem erschöpften Hin-und-her-Eilen zwischen Schule und Nachhilfe.

Es liegt nahe zu fragen, ob all das der Mühe wert ist – all die Zeit und das Geld, all die kostbaren Wochenenden und sonnigen Nachmittage der Kindheit über einen Schreibtisch gebeugt statt beim Spielen im Freien verbracht. Die Südkoreaner opfern sehr viel, um etwas zu erreichen, das sie eindeutig für sehr wichtig halten. Die Antwort lautet: Ja und Nein, und aus dem Nein können wir sehr viel lernen.

Finnland: Erfolgsmodell für Delfine

Pädagogen, die Fans standardisierter Tests sind, schwärmen besonders für das »Programme for International Student Assessment« (PISA). PISA wurde 2000 von der Organisation für wirtschaftliche Zusammenarbeit und Entwicklung (OECD) ins Leben gerufen. Das Hauptziel dieses Programms besteht darin, Bildungssysteme durch Testen des Wissens fünfzehnjähriger Schüler in mehr als 70 teilnehmenden Ländern zu bewerten und anschließend zu vergleichen. PISA-Tests finden alle drei Jahre statt, und die Ergebnisse werden von Regierungen oft dazu genutzt, die Bildungsstandards zu verbessern.

In den Daten ist etwas verborgen, das mit den Tests gar nicht primär ermittelt werden sollte: die Antwort auf die Frage, ob autoritäre Erziehung die beste Möglichkeit ist, Schüler zu Höchstleistungen zu bringen. Ein kurzer Blick auf die unten stehende Tabelle zeigt zwischen all den wohlbekannten Tiger-Staaten in den Naturwissenschaften und im Lesen einen überraschenden Ausreißer.

PISA-Ergebnisse 2009

Naturwissenschaften	PISA-Ergebnis	Lesen	PISA-Ergebnis	Mathematik	PISA-Ergebnis
Shanghai, China	575	Shanghai, China	556	Shanghai, China	600
Finnland	554	Korea	539	Singapur	539
Hongkong, China	549	Finnland	536	Hongkong, China	536
Singapur	542	Hongkong, China	533	Korea	533
Japan	539	Singapur	526	Taiwan	526

Quelle: OECD, PISA 2009 Results: Executive Summary, 2010, http://www.oecd.org/pisa/pisaproducts/46619703.pdf, Abbildung I.

Anscheinend haben Millionen asiatischer Eltern Recht: Wenn man seine Kinder hart genug drillt, können sie an die Spitze aufsteigen. Die schlaflosen Nächte, die Schinderei, die zahllosen Opfer können sich am Ende auszahlen. Aber offenbar können Schüler auch ohne endloses Pauken an die Spitze aufsteigen. Finnland ist der überraschende Ausreißer in der PISA-Tabelle – nicht, weil es das einzige nicht-asiatische Land unter den fünf Spitzenreitern ist, sondern weil es ein den autoritären Systemen diametral entgegengesetztes Bildungssystem hat.

In Finnland werden Kinder erst mit sieben Jahren eingeschult, kreatives Spielen wird stark gefördert – im Grundschulunterricht sind täglich 75 Minuten Spielen vorgesehen.[4] Da die Finnen Bildung als langsamen Prozess ansehen, verwenden sie keine standardisierten Tests, um Fortschritte der Kinder zu messen. Die Kinder bekommen wenige Hausaufgaben, und die wenigen Tests, die sie ablegen müssen, finden erst im Teenageralter statt. Der einzige standardisierte Test (die nationale Matrikulationsprüfung) findet im Alter von 16 Jahren am Ende der Sekundaroberstufe statt. Finnische Schüler nehmen allerdings regelmäßig an anderen Arten von Tests teil, die dazu dienen, die Effektivität des Unterrichts zu bewerten. Die Lehrer sind gut ausgebildet und genießen in der finnischen Gesellschaft ein hohes Ansehen.

Wie kommt es, dass ein Land mit einem so entspannten Bildungskonzept so gute Ergebnisse bei den PISA-Tests erzielte? Diese Frage beschäftigte Pädagogen auf der ganzen Welt, und einige von ihnen reisten sogar nach Finnland, um das Bildungsmodell zu studieren. Folgendes erfuhren sie von der finnischen Regierung: »Um eine auf Wissen basierende Bildung und Wirtschaft zu erhalten, muss ein Land nicht nur einen Teil seiner Bevölkerung, sondern die gesamte Bevölkerung gut auf die neue Wirtschaft vorbereiten.«[5] In Finnland ist nicht Wettbewerb, sondern Kooperation der Haupttreiber der Bildungspolitik. Die Schüler werden nie in Leistungsgruppen eingeteilt, und alle Schulen sind gleich. Es gibt keine Privatschulen oder Schulbewertungen.

Es ist leicht zu erkennen, dass das finnische Bildungsmodell darauf abzielt, bei den Schülern die Entwicklung einer inneren Kontrollinstanz zu fördern. Schüler lernen, dass ihre Interessen von Belang sind und dass sie einzigartige Individuen, aber dennoch Teil einer Gruppe sind.

Die finnische Regierung gibt für den einzelnen Schüler 30 Prozent weniger aus als die amerikanische Regierung für jeden Eleven.[6] Der Leistungsunterschied zwischen den schwächsten und den stärksten Schülern ist in Finnland von allen PISA-Ländern am geringsten. Das finnische Bildungssystem ist einfacher, leichter, billiger und viel gesünder als die Tiger-Systeme. Es funktioniert, weil es auf das natürliche menschliche Lernverhalten und menschliche Bedürfnisse abgestimmt ist – auf ein ausgewogenes Leben, in dem Spiel, Erkundung, soziale Bindungen und Kooperation einen hohen Stellenwert haben.

Falls Sie bezweifeln, dass das finnische Modell in unserer heutigen Welt Bestand haben kann, sollten Sie sich ansehen, wie viele Nobelpreisträger die in der PISA-Tabelle aufgeführten Länder, gerechnet auf je zehn Millionen Einwohner, hervorgebracht haben. In der folgenden Liste wurden alle fünf Preise (Chemie, Literatur, Frieden, Physik und Medizin) sowie der Wirtschaftsnobelpreis berücksichtigt:

China:	0,06	Singapur:	0
Finnland:	7,6	Südkorea:	0,205
Hongkong:	1,39	Taiwan:	0,43
Japan:	1,49		

Obwohl Südkorea kontinuierlich unter den fünf Spitzenreitern der PISA-Studien vertreten ist, liegt es in Bezug auf die

Zahl der Nobelpreisträger, die es hervorgebracht hat, nur an 62. Stelle unter den 71 teilnehmenden Ländern. Südkoreanische Kinder sind wirklich hart arbeitende und engagierte Schüler, aber der Tiger steht ihnen im Weg. Trotz des in jeder Hinsicht hohen Preises, den sie zahlen, scheitern auf dem Tiger-Prinzip basierende Bildungssysteme, wenn es darum geht, kreative und kritische Denker hervorzubringen, die ihre Ideen vermitteln und mit anderen kooperieren können.

Der kognitive Quotient: Wichtige Kompetenzen für das 21. Jahrhundert

Die Fähigkeit von Unternehmen, große Datenbestände zum Unternehmenserfolg zu analysieren, hat Einstellungsverfahren und Führungsstile revolutioniert. Google ist hierbei führend. Im Juni 2013 sagte der Personalchef des Unternehmens: »Eine Erkenntnis aus unseren Datenanalysen ist, dass Notendurchschnitte und Testergebnisse als Kriterien für die Einstellung produktiver und innovativer Mitarbeiter wertlos sind. Früher war Google bekannt dafür, nach Zeugnissen, Durchschnittsnoten und Testergebnissen zu fragen, aber inzwischen tun wir das nicht mehr. ... Wir haben festgestellt, dass man daraus nichts ableiten kann.«[7] Stattdessen sucht das Unternehmen nun »Leute, die gut darin sind, Dinge herauszufinden, auch wenn es keine offenkundige Antwort gibt«.[8]

Um in unserer schnelllebigen, kommunikativen, extrem wettbewerbsorientierten und global vernetzten Welt bestehen zu können, brauchen unsere Kinder Kompetenzen des 21. Jahrhunderts. Vier wichtige Kompetenzen des 21. Jahrhunderts wurden von The Assessment and Teaching of 21st Century Skills (ATC21STM), einer Organisation an der University of Melbourne, ermittelt, in der mehr als 250 Forscher aus 60 verschiedenen Institutionen aus der ganzen Welt mitarbeiten. Diese Kompetenzen wurden in die Lehrpläne von Bildungseinrichtungen und Leitbilder von Unternehmen übernommen:

- **Kreativität.** Kreativität wird von Unternehmern als wichtigste Kompetenz für die Zukunft genannt.
- **Kritisches Denken.** Es kommt nicht darauf an, die richtigen Antworten zu kennen, sondern die richtigen Fragen stellen zu können.
- **Kommunikation.** Nur wer seine Gedanken klar und über verschiedene Medien zum Ausdruck bringen kann, findet Gehör.
- **Kooperation.** Ob in der Familie, am Arbeitsplatz oder in der globalen Gemeinschaft – von anderen lernen und andere inspirieren zu können, ist in der heutigen Arbeitswelt unerlässlich.

Ich fasse diese wichtigen Kompetenzen für das 21. Jahrhundert mit dem Begriff *»Kognitiver Quotient«* oder *KQ* zusammen. Immer noch sind der IQ (Intelligenzquotient) und der EQ (emotionaler Quotient) in aller Munde, doch um im 21. Jahrhundert erfolgreich zu sein, brauchen unsere Kinder den KQ.

Die Rolle des KQ in Wissenschaft und Wirtschaft

Der fünfzehnjährige Jack Andraka ist der Gewinner der von Intel organisierten International Science and Engineering Fair. Er hat einen Krebsfrühtest entwickelt, der 28-mal schneller, 28-mal billiger und 100-mal empfindlicher als die derzeitigen Testmethoden ist. Wie ist es möglich, dass ein Teenager auf einem so hoch spezialisierten Gebiet wie der Krebsforschung einen so wertvollen Beitrag leisten konnte? Mit der Kraft des KQ.

In einer von ungefilterten Informationen überschwemmten Welt besteht der wirkliche Beitrag des kreativen Geistes nicht darin, sich an Dinge zu erinnern, sondern wichtige Verbindungen zwischen ihnen zu finden. Jack entwickelte den ursprünglichen Test auf der Basis von Informationen, die er mithilfe von Google und Wikipedia recherchiert hatte. Nach der Entwicklung des Tests brauchte er eine Möglichkeit herauszufinden, ob er funktionierte. Also schickte er Hunderte von E-Mails an Forschungslabore und Wissenschaftler. Nach etwa 199 Ablehnungen erhielt er eine Einladung, die letztlich zum Erfolg führte. Jack hat rund um den Globus für Schlagzeilen gesorgt, ist weit gereist und mit Würdenträgern aus Politik und Wirtschaft zusammengetroffen.

Jacks Erfolg hat nichts mit dem Wissen des 19. Jahrhunderts und alles mit der Intelligenz des 21. Jahrhunderts zu tun. Dank seiner Kreativität und seiner Fähigkeit zu kritischem Denken konnte Jack seinen Krebstest erfinden, und dank seiner Kooperations- und Kommunikationsfähigkeit fand er einen Partner dafür. Natürlich haben viele Schüler dank Internet Zugang zu den gleichen Informationen, aber Jacks Eigenmotivation und sein aufrichtiger Wunsch, zu einer besseren Welt beizutragen, trieben ihn zur ausführlichen Beschäftigung mit seinem Interessensgebiet an. Niemals hätte das Projekt dieses Niveau erreicht, wenn Jack gezwungen worden wäre, sich mit etwas zu beschäftigen, das ihn nicht interessierte.

Sir Richard Branson twitterte 2011 einen Spendenaufruf für die Stiftung »Free the Children«: Jeden, der mindestens

2000 Dollar spendete, würde er zu einer kleinen Party einladen und die Anreise per Flugzeug bezahlen.[9] Die neunzehnjährige Stacey Ferreira ergriff die Gelegenheit beim Schopf, spendete und flog mit ihrem älteren Bruder Scott nach Miami, um Bransons Party zu besuchen. Dabei ging es den Geschwistern aber nicht ausschließlich um die Unterstützung von »Free the Children«: Sie nutzten ein kurzes persönliches Treffen mit Branson, um dem Medientycoon ihre Geschäftsidee, MySocialCloud, vorzustellen. Per E-Mail und Twitter blieben sie mit Branson in Kontakt, der sie bald seinem Freund Jerry Murdock vorstellte, dem Mitbegründer einer Venture-Capital-Firma in New York. Murdock gab schließlich bekannt, dass er und Branson eine Million Dollar in MySocialCloud investieren würden.

Scotts und Staceys Geschichte wäre vor zehn Jahren noch ungewöhnlich und vor 20 Jahren, als es praktisch noch keine einfachen Möglichkeiten gab, mit Menschen in einflussreichen Positionen in Kontakt zu kommen, fast undenkbar gewesen. Das 21. Jahrhundert eröffnet völlig neue Chancen, und Menschen mit KQ werden diese zu nutzen wissen.

Unternehmen reißen sich um Mitarbeiter wie Jack Andraka und Stacey und Scott Ferreira. In einem Gespräch mit einem Berufsberater an einer der führenden indischen Universitäten erfuhr ich, dass »es heute für Universitätsabsolventen viel mehr Anforderungen und Chancen gibt als je zuvor. Es reicht nicht mehr, einfach nur Arzt oder Anwalt oder Ingenieur zu sein, um einen guten Job zu bekommen, sondern man muss auch innovativ und zu flexiblem, eigenständigem Denken fähig sein. Täglich entstehen neue Berufsbilder. In den nächsten zehn Jahren werden Noten eine immer geringere Rolle spielen, während Innovation und Kommunikation immer wichtiger werden.«

Die University of British Columbia (UBC) war Kanadas erste größere Universität, die nicht-akademische Kriterien in ihr Zulassungsverfahren aufgenommen hat. Der Vizepräsident und Kanzler der Universität meinte dazu: »Uns wurde immer mehr bewusst, dass wir bestimmte Aspekte der Erfahrung und Leistung eines Studenten nicht erfassten. Selbst die Probleme, mit denen er konfrontiert ist, können deutliche Hinweise auf seine mögliche zukünftige Entwicklung geben.«[10] Studenten, die sich für die Zulassung zur UBC für das Studienjahr 2012/13 bewarben, mussten zusätzlich zu den anderen Tests und Unterlagen einen Fragebogen ausfüllen, der wichtige persönliche Erfahrungen thematisierte.

Die Harvard Business School (Wirtschaftsfakultät der Harvard University) hat ein sogenanntes »2+2-Programm« eingeführt. Dabei arbeiten, lernen und forschen Studenten zwei Jahre lang auf einem Gebiet, das sie interessiert, und absolvieren anschließend das zweijährige Master-Studium. Die Studenten haben in den ersten beiden Jahren Kontakt zu einem Mentor, aber ansonsten völlige Freiheit, um zu recherchieren, zu experimentieren und zu kooperieren. Das Programm gibt Studenten die Möglichkeit, sich von ihren Interessen und ihrer Neugier leiten zu lassen und gleichzeitig durch praktisches, unstrukturiertes Lernen außergewöhnliche, für das 21. Jahrhundert erforderliche Kompetenzen zu entwickeln. Diese Studenten bringen dann ihren KQ, ihr innovatives Denken und ihre praktischen Erfahrungen zum Vorteil ihrer Kommilitonen und der gesamten Hochschule mit in den Hörsaal – ein Gewinn für alle Beteiligten.

Natürlich sind technische Fähigkeiten wichtig, aber wenn Arbeitnehmer keinen KQ besitzen, können sie nur einen begrenzten Beitrag leisten. »Durch Soft Skills unterscheiden sich gute Universitätsabsolventen von außergewöhnlichen«, meint Joseph Krok, bei Rolls-Royce in Großbritannien für die Zusammenarbeit mit der akademischen Forschung zuständig.[11] »Viele technische Programme weltweit sind seit jeher auf fundiertes technisches Wissen fokussiert … Wir haben den Universitäten die Bedeutung von Soft Skills vermittelt«, ergänzt Paul McIntyre, bei British Petrol (BP) für die weltweite Rekrutierung von Mitarbeitern zuständig.[12] Ein Arbeitgeber erklärte der Unternehmensberatung McKinsey & Co.: »Ich habe noch nie einen Ingenieur wegen technischer Fehler entlassen, wohl aber wegen mangelnder Teamfähigkeit.«[13]

Selbst auf Gebieten, die früher sichere Zufluchtsorte für Menschen ohne KQ waren, sind zunehmend Kreativität und Teamfähigkeit erforderlich. Beispielsweise werden die sozialen Kompetenzen angehender Wirtschaftsprüfer bei PricewaterhouseCoopers in einem Kochkurs getestet. Ja, in einem Kochkurs! Jobs, bei denen Zusammenarbeit mit anderen Menschen und insbesondere mit Menschen aus anderen Kulturen, Altersgruppen und Regionen erforderlich ist, verlangen Kompetenzen, die Tiger einfach nicht haben.

Ein Leben im Gleichgewicht: die Grundlage für Gesundheit, Glück und Erfolg

Die Veränderungen, die wir an Schulen und Universitäten und in Unternehmen beobachten können, orientieren sich an einem Modell, das viel mehr mit dem in Einklang steht, was den menschlichen Geist wirklich motiviert und anregt und gesündere, glücklichere und motivierte Menschen hervorbringt.

Dr. George Vaillants berühmte Grant-Studie zur Entwicklung im Erwachsenenalter (Thema des Buches *The Triumphs of Experience*) war die erste und ist weiterhin die längste und umfassendste wissenschaftliche Untersuchung ihrer Art zum Thema langfristiges Wohlbefinden, Glück und Erfolg. Im Rahmen dieser 1938 an der Harvard University begonnenen Untersuchung werden 268 männliche Harvard-Studenten ihr Leben lang begleitet. Die Forscher analysierten ein breites Spektrum psychologischer, anthropologischer und physischer Merkmale – darunter IQ, physische Konstitution, kindliche Verhaltensweisen, Persönlichkeitstyp, Größe, Rorschach-Tests, Handschriftenanalyse, Ernährungsgewohnheiten, Aussehen, familiärer Hintergrund, Beziehungen, um herauszufinden, welche Faktoren am stärksten zum menschlichen Wohlbefinden beitragen.

Die Studienteilnehmer beantworteten alle zwei Jahre Fragebögen zu ihrem Alltag und ihrer Gesundheit. Alle fünf Jahre wurden detaillierte Daten zum Gesundheitszustand von ihren Ärzten abgerufen. Die Datensammlung wird fortgesetzt, bis der letzte Teilnehmer verstirbt.

Vaillants Studie hat völlig neue wissenschaftliche Erkenntnisse in Bezug auf Gesundheit, Zufriedenheit und Erfolg geliefert. Im Lauf der Jahre wurde einige Trends ermittelt:[14]

- **Ab einem bestimmten Niveau ist höhere Intelligenz kein Vorteil mehr.** Zwischen Männern mit IQs zwischen 110 und 115 und Männern mit IQs über 150 gab es keinen signifikanten Unterschied im Hinblick auf das maximale Einkommen.
- **Anpassungsfähigkeit ist eine Hauptvoraussetzung für Erfolg.** Die Charaktereigenschaft, die im Alter von 50 Jahren die sicherste Prognose hinsichtlich der Zuordnung zur

»zufriedenen und gesunden« Gruppe ermöglichte – die gleichzeitig den besten 25 Prozent der 268 Harvard-Absolventen entsprach –, war ein reifer, anpassungsfähiger Verhaltensstil. Vaillant beschreibt dieses Verhalten als die Fähigkeit, »aus Zitronen Limonade zu machen«, also sich jeder Situation kreativ und positiv anpassen zu können. Weiter sagt Vaillant, dass Altruismus und Humor beim Umgang mit Konflikten und Stress Hauptmerkmale dieses reifen, anpassungsfähigen Verhaltens seien.

- **Sechs Faktoren ermöglichen eine Prognose im Hinblick auf das Erreichen der »zufriedenen und gesunden« Gruppe.** Neben einem reifen, anpassungsfähigen Verhaltensstil waren dies der Verzicht auf das Rauchen, eingeschränkter Alkoholgenuss, regelmäßiger Sport, Erhalt des Normalgewichts und eine stabile Ehe.
- **Glückliche Beziehungen haben einen starken Einfluss auf Gesundheit, Glück und Erfolg.** Die Männer, die in puncto Beziehungsglück die höchsten Werte erzielten, verdienten auf dem Höhepunkt ihres Einkommens jährlich im Durchschnitt 141 000 Dollar mehr als die Männer mit den niedrigsten Werten. Diese Männer waren nicht nur finanziell erfolgreicher, sondern auch beruflich äußerst angesehen. Männer, die in ihrer Kindheit eine liebevolle Beziehung zu ihrer Mutter gehabt hatten (die Studie begann, wie gesagt, 1938), verdienten durchschnittlich 87 000 Dollar mehr pro Jahr als Männer mit distanzierten Müttern. Letztere entwickelten außerdem im Alter mit größerer Wahrscheinlichkeit Demenz. Vaillants Fazit lautet in seinen eigenen Worten: »Die 75 Jahre und 20 Millionen Dollar, die in die Grant-Studie investiert wurden, führen zu einer einfachen, aus vier Worten bestehenden Schlussfolgerung: Glück ist Liebe. Punkt.«

All das hört sich großartig an – aber was können wir tatsächlich tun, um gesund und zufrieden zu werden? Ganz einfach: Tun führt zum Sein. Indem wir uns anpassen, werden wir anpassungsfähig. Indem wir altruistisch handeln, werden wir altruistisch. Indem wir warm und mitfühlend sind, verbinden wir uns mit anderen Menschen. Wir müssen alle diese Dinge *tun,* damit wir all das *werden.* Aber unser Handeln formt unsere innere Persönlichkeit nur dann, wenn wir mit ernsthaften Absichten handeln. Vaillants Studie und viele andere zu Glück, Erfolg, Niederlagen und Motivation bestätigen: Die Gesundheit steht an erster Stelle, Zufriedenheit bedeutet Liebe und Verbundenheit, Erfolg erfordert Anpassungsfähigkeit. Wir müssen den unausgeglichenen Tiger in uns zähmen und stattdessen unseren ausgeglichenen inneren Delfin zur Geltung kommen lassen.

Der Delfin: ein Modell für Gesundheit, Glück und Erfolg

Delfine haben eine Reihe von Eigenschaften, die sie zu einer starken Metapher für ein erfolgreiches Leben in dieser komplizierten Welt machen. Zwischen Menschen und Delfinen besteht eine lange Liebesgeschichte. Vielleicht liegt es daran, dass Delfine gemeinhin als eine der intelligentesten Tierarten der Welt gelten. Das Delfingehirn ist sehr groß. Im Hinblick auf seine relative Größe wird es nur noch vom menschlichen Gehirn übertroffen und ist viermal größer als das Schimpansengehirn. Die Größe des Gehirns wird mit Intelligenz, Kreativität, Lernen, Kommunikation und sozialer Bindung gleichgesetzt, und Delfine stellen alle diese Attribute mit Bravour unter Beweis. Delfine sind auch dafür bekannt, fröhlich und klug zu sein. Sie sind soziale Wesen, die in Schulen wandern und leben. Sie lehren ihre Jungen durch Vorbild, Spiel und Anleitung. Nicht allgemein bekannt ist die Tatsache, dass Delfine zu den altruistischsten und kooperativsten Tierarten zählen. Einander und der Gemeinschaft zu helfen ist eines ihrer Wesensmerkmale.

Das Erziehungsmodell nach dem Delfin-Prinzip beinhaltet Anleiten statt Anweisen, Ermutigen statt Unterrichten und Lehren durch Vorbild. Bei der am Delfin orientierten Lebensweise geht es um Spiel, Erkundung, soziale Bindungen, Altruismus, gesellschaftliches Engagement und familiäre und gemeinschaftliche Werte. All diese Attribute sind auch ein natürlicher Bestandteil der menschlichen Kindererziehung. Angesichts unserer durch Sammelwut, übersteigertes Konkurrenzdenken und Überbehütung geprägten, ängstlichen und unausgewogenen Lebensweise ist es hilfreich, uns daran zu erinnern, was es bedeutet, ein Leben in Balance zu führen. Ich halte die Begriffe *Erziehung nach dem Delfin-Prinzip, ausgewogene Erziehung* und *intuitive Erziehung* für austauschbar. Erziehung nach dem Delfin-Prinzip bedeutet einfach, das umzusetzen, was wir als ausgewogene und intuitive menschliche Wesen ohnehin schon wissen.

Delfine zeigen genau die für den Erfolg im 21. Jahrhundert wesentlichen Kompetenzen. Sie besitzen KQ!

- **Kreativität.** Sie nutzen Werkzeuge zum Jagen und Auffinden von Nahrung, beispielsweise Schwämme über ihrer Schnauze bei der Nahrungssuche am Meeresboden.
- **Kritisches Denken.** Sie können viele Probleme, beispielsweise Fischernetze, erkennen und umgehen.
- **Kommunikation.** Viele Wissenschaftler vergleichen ihr System der Kommunikation aus Pfeif- und Quiektönen und Gesten mit echter Sprache.

- **Kooperation.** Sie sind sehr gesellig und jagen, spielen und leben in sogenannten Schulen zusammen.

Delfine sind nicht immer auf der Jagd und konkurrieren auch nicht ständig miteinander. Sie spielen, erforschen, schlafen, sind in Bewegung, pflegen Kontakte und leisten Beiträge zur Gemeinschaft. Sie scheinen individuelle Vorlieben zu haben – manche spielen gern mit Seetang, andere reiten zum Spaß auf der Brandung und einige kämpfen spielerisch mit anderen Delfinen. Sie zeigen sogar komplexes Spielverhalten, indem sie beispielsweise Ringe aus Luftblasen bilden und hindurchschwimmen. Delfine haben enge soziale Bindungen zu ihren Familienmitgliedern und anderen Mitgliedern ihrer Schule. Man beobachtet sogar »Freundschaften« mit anderen Delfinen, die ein ähnliches Verhalten zeigen.

Delfine sind selbstständig und zugleich in eine Gemeinschaft eingebunden. Sie leben und erziehen ihre Jungen in einer Weise, die man als ethisch bezeichnen könnte. Ihre Gewohnheit, sich gegenseitig und anderen Tierarten zu helfen, erscheint altruistisch. Es ist schon berichtet worden, dass sie Menschen vor Haiangriffen beschützt und gestrandete Wale gerettet haben – ein Verhalten, das für Verantwortungsbewusstsein und Mitgefühl für Lebewesen außerhalb der eigenen Schule und sogar außerhalb der eigenen Art spricht.

Wussten Sie, dass das Tier am oberen Ende der maritimen Nahrungskette, der Schwertwal oder Orca, ebenfalls zur Familie der Delfine gehört? Der Orca ist das stärkste Raubtier der Welt. Aber im Gegensatz zu Einzeljägern wie Tigern, Haien und Eisbären sind Orcas äußerst gesellig und kooperativ, was ihnen noch mehr Stärke verleiht.

Delfine wissen, dass die Welt ein gefährlicher Ort voller Konkurrenten sein kann, und deshalb schließen sie sich zusammen. Ein Orca kann problemlos einen Hai töten, aber andere Delfine arbeiten zusammen, wenn es darum geht, Räuber abzuwehren.

Delfine sind auch äußerst anpassungsfähig. Sie können langfristige Verbindungen mit anderen Arten (wie Thunfischen, Meeresschildkröten und Menschen) eingehen und sich auf die Ernährung mit lokal verfügbaren Beutetieren einstellen. Es sind auch Fälle bekannt, in denen sich zuvor voneinander unabhängige Schulen zusammenschlossen, um gemeinsam nach neuen Nahrungsquellen zu suchen.[15] Was ihre physische Anpassungsfähigkeit betrifft, so leben zwar die meisten Delfine in Salzwasser, aber manche Arten können auch in Süßwasser leben. Delfine haben einen stromlinienförmigen Körperbau, sodass sie bei der Jagd auf Beutetiere oder Flucht vor Räubern hohe Geschwindigkeiten (bis zu 160 Stundenkilometern) erreichen können. Außerdem bewegen sich ihre Augäpfel unabhängig voneinander, sodass ein Auge geradeaus nach Beute suchen kann, während das andere nach Räubern Ausschau hält.

Mit all diesen Eigenschaften wäre der Delfin in Vaillants Studie sicher auch in der glücklichsten Gruppe gelandet! Wenn wir als Eltern diese Merkmale bei unseren Kindern fördern, können auch sie gesund, glücklich und rundum erfolgreich sein.

Ein Delfin-Kind findet seinen Weg

Vor einigen Jahren hatte ich eine Nachricht auf meinem Anrufbeantworter im Büro: Eine junge Studentin namens Charlotte fragte an, ob ich sie bei einem Forschungsprojekt zum Thema Drogenkonsum bei Jugendlichen unterstützen könne. Dabei hatte sie nicht – wie die meisten Studenten, die Kontakt zu mir aufnehmen – einen medizinischen Schwerpunkt im Sinn, sondern wollte das Thema aus juristischer Sicht behandeln. Ich hatte zu diesem Zeitpunkt eigentlich schon genug Studenten zu betreuen. Dennoch weckte Charlotte mein Interesse, konnte man doch schon aus der kurzen Nachricht ihre Leidenschaft für ihr Vorhaben heraushören. Ich rief sie zurück und war innerhalb von Sekunden von ihrer positiven Energie beeindruckt; innerhalb von Minuten überzeugten mich ihre kreativen Ideen, die sie meisterhaft kommunizierte. Sie wollte die Auswirkungen des unterschiedlichen gesetzlichen Mindestalters für Alkoholkonsum in Kanada (19 Jahre) und den USA (21 Jahre) auf das Trinkverhalten an Colleges und Universitäten in beiden Ländern untersuchen. Mir gefiel der Gedanke zwar, aber ich sah einige Schwierigkeiten, die ich ihr darlegte. Charlotte fand noch während des Telefonats rasch Lösungen dafür. Zudem erklärte sie mir, dass ihr Projekt für alle Beteiligten gewinnbringend sein könnte. Sie hatte bereits eine juristische Fachzeitschrift im Blick, in der sie ihre Forschungsergebnisse veröffentlichen wollte (ein offenkundiges Plus für uns beide, aber auch für viele andere Interessengruppen – politische Entscheidungsträger, Fachkräfte im Gesundheitswesen, Universitätsverwaltungen usw.). Charlottes kreatives und kritisches Denken, ihre Kommunikations- und Kooperationsfähigkeit sowie ihre positive Energie und der klare Wunsch, ein Projekt durchzuführen, das für sie selbst und viele andere Personen interessant und nützlich sein würde, kamen innerhalb dieses nur zehnminütigen Telefonats so deutlich zum Ausdruck, dass ich nicht Nein sagen konnte. Sie war der Inbegriff eines Delfins!

Ja, Charlotte war ein sehr ehrgeiziger Delfin, aber zwischen ihr und einem ehrgeizigen Tiger liegen Welten. Sie konnte selbstständig denken. Ihre Leidenschaft und ihr innerer Antrieb waren offenkundig. Ich hatte sofort das Gefühl, mich darauf verlassen zu können, dass sie selbstständig und dennoch Teil meines Teams sein würde. Sie schien mit ihrem Leben zufrieden zu sein und hatte dabei eine klare Zukunftsperspektive, was sie sympathisch und angenehm im Umgang machte. Und schließlich war sie vertrauenswürdig, respektvoll und fair – eine echte Führungspersönlichkeit!

Ich wusste, dass Charlotte sich für ein Jurastudium an der Stanford Law School bewerben wollte, eine der renommiertesten juristischen Hochschulen des Landes mit entsprechend hochgesteckten Zugangshürden. Da meine Interaktion mit ihr so angenehm und produktiv war, wollte ich ihr gern helfen, ihre persönlichen Interessen (nicht die ihrer Eltern) zu verfolgen, für die sie so viel Begeisterung aufbrachte. Ich bot ihr ein Empfehlungsschreiben an und brachte sie auch mit meinem Bruder in Kontakt, der in Stanford studiert hatte. Ich gab einigen unserer gemeinsamen Forschungsprojekte Vorrang, sodass sie die wissenschaftlichen Ergebnisse, für die sie so hart gearbeitet hatte, bei einer landesweiten Konferenz vorstellen konnte – ein optimaler Eintrag in ihrer Bewerbung. Und die letzten Zeilen in meinem Empfehlungsschreiben lauteten: »Charlotte ist unter den besten und bemerkenswertesten Studenten, denen ich in meiner mehr als zehnjährigen Laufbahn begegnet bin, weil sie außergewöhnliche, wichtige Kompetenzen des 21. Jahrhunderts besitzt. Charlottes bisherige Erfolge sind nur der Anfang ihrer Geschichte, da sie eine starke Eigenmotivation besitzt, ihr tiefgehendes persönliches Interesse für die Rechtswissenschaft und für gesellschaftliches Engagement (ob in Stanford oder in einem größeren Kontext) weiterzuverfolgen.«

Nach einiger Zeit bekam ich eine sehr nette E-Mail von einer enthusiastischen Charlotte, die gerade in die Stanford

Law School aufgenommen worden war. Ich freute mich sehr, bin aber davon überzeugt, dass Charlotte ohnehin unbeirrt ihren erfolgreichen Weg weitergegangen wäre.

Ob nach dem Delfin-Prinzip erzogene Kinder an einer renommierten Universität studieren oder ihren eigenen Weg verfolgen, der eine akademische Ausbildung beinhaltet oder auch nicht – sie können die Gruppe verlassen, sich eigenständig hinauswagen, zurückkommen, wenn es ihr Wunsch ist, und schließlich eigene Gruppen ins Leben rufen.

Schauen wir uns näher an, wie Delfine all das für ihren Nachwuchs, sich selbst und ihre Schulen erreichen und auch noch Spaß dabei haben!

Das Erfolgsgeheimnis der Delfine

Als ich den Kinderarzt Dr. Chow kennenlernte, fiel mir sofort auf, wie gut er mit Kindern umgehen konnte. Er ist äußerst intelligent und ehrgeizig, aber am meisten beeindruckte mich seine Kreativität. Beispielsweise zeigte er meinem Sohn Tricks mit einem Strohhalm und maß dabei den Kopfumfang. Ich fragte ihn nach seinem Werdegang (das war, bevor ich mein zwanghaftes Bedürfnis nach dieser Art von Informationen ablegte) und war schockiert, als er berichtete, dass er auf einer Ziegenfarm in einem Dorf in Indonesien aufgewachsen sei und bis zum Alter von zehn Jahren kaum die Schule besucht hatte!

Wir waren beide nicht nach dem Tiger-Prinzip erzogen worden, aber als ich Dr. Chow kennenlernte, besaß er etwas, das ich zu diesem Zeitpunkt noch nicht hatte: die Fähigkeit, intuitiv zu arbeiten. Er setzte seine Patienten oder ihre Eltern nie unter Druck. Es gelang ihm, sie dazu zu bringen, selbst zu erkennen, was gut und richtig war. Er besaß eine Authentizität und Aufrichtigkeit, die allen Patienten angenehm und sympathisch war.

Ich habe während meiner mehr als zehnjährigen Arbeit mit sehr unterschiedlichen Patienten und Problemen schnell festgestellt, dass es keine einzelne Vorgehensweise gibt, die bei allen Menschen oder auch nur bei ein und demselben Menschen in allen Situationen funktioniert. Als ich meine drei Kinder bekam, erkannte ich, dass dies auch für die Erziehung galt: Jedes meiner Kinder brauchte etwas anderes oder dasselbe zu unterschiedlichen Zeiten. Sowohl als Ärztin als auch als Mutter musste ich mich ständig an die Menschen und Probleme, mit denen ich zu tun hatte, anpassen, und dafür waren drei Schritte nötig: Meine wahren Absichten erkennen und ihnen treu bleiben. Anleiten statt Anweisungen zu geben. Und beides völlig authentisch tun, das heißt, ich musste meine Werte kennen und ihnen unter allen Umständen treu bleiben.

Ich war etwa acht Jahre lang Ärztin gewesen, bevor ich Kinder bekam. Schnell stellte ich fest, dass meine Rolle als Ärztin mich zu einer besseren Mutter machen konnte – und umgekehrt. Ärzte wollen ihren Patienten helfen, und Eltern wollen ihren Kindern helfen. Doch als Mutter litt ich unter den durch die Zwänge der Kindererziehung im 21. Jahrhundert ausgelösten Ängsten, und als Ärztin war ich ebenfalls nicht frei von Furcht – davor, eine falsche Diagnose zu stellen, von meinen Patienten nicht gemocht zu werden, wegen Behandlungsfehlern verklagt zu werden. Ich musste mein Denken grundlegend verändern, um mein Handeln grundlegend verändern zu können. Ich musste mir klarmachen, dass ich eine Wahl hatte. Außerdem musste ich zu meinen ursprünglichen Absichten in puncto Arztberuf und Elternschaft zurückkehren. Als Ärztin musste ich meine persönliche Verpflichtung, immer zum Vorteil der Gesundheit der Patienten zu handeln, wieder bekräftigen. Denn *das* ist meine Aufgabe – nicht, Ängste zu lindern und Klagen zu vermeiden. Sobald ich mir meine Absichten wieder vergegenwärtigt hatte, fand ich es viel einfacher, mit meinen Patienten zu kommunizieren.

Als ich dieses Wissen auf die Erziehung meiner Kinder anwandte, half mir das sehr. Sobald ich meine Absichten als Mutter (ein Kind aufzuziehen, das in allen Lebensbereichen glücklich und erfolgreich ist) erkannt hatte und ihnen treu blieb, war alles viel einfacher. Ich konnte ohne großen inneren Kampf Entscheidungen treffen und war viel weniger gestresst.

Sobald meine Absichten geklärt waren, dachte ich, das Wichtigste sei erledigt. Aber ich war bei der Umsetzung meiner Absichten nicht immer sehr effektiv. Zu oft sagte ich meinen Patienten und Kindern, was sie tun sollten, statt sie an den Punkt zu begleiten, an dem sie selbst den Wunsch spüren, das zu tun, was für sie gut ist.

Viele meiner Patienten litten unter einer ungesunden Lebensweise – zu wenig Schlaf und Sport, zu viel Stress und Aktivität. Ich fand heraus, dass es nur bei etwa 20 Prozent der Patienten hilfreich war, ihnen zu sagen, dass sie ihr Leben ändern sollten – nämlich bei denen, die ohnehin schon zu einer Veränderung bereit waren. Das bedeutet, dass sich 80 Prozent der Patienten in einer anderen »Veränderungsphase« befanden, die oft als Phase der Präkontemplation (Verleugnung oder Nichtwissen) oder Kontemplation (wissen, aber nicht handeln) bezeichnet wird. (Im Kapitel »Eigenmotivation ist von Dauer«, S. 243, finden Sie mehr zu den Phasen der Veränderung.) Einem Patienten zu sagen, er solle mit dem Rauchen aufhören, abnehmen, mehr schlafen oder mehr Sport treiben, funktioniert einfach nicht. Dasselbe gilt für Eltern. Kindern zu sagen, dass sie keinen Blödsinn machen, aufpassen, sich mehr anstrengen und sich eine andere Einstellung zulegen sollen, klappt nicht.

Was aber funktioniert ist Anleiten. Anleiten ist der Mittelweg zwischen Anweisen und Nicht-Anweisen, zwischen Führen und Nicht-Führen, zwischen autoritär und permissiv, zwischen Tiger und Qualle. Das Anleiten kann mehrere Formen annehmen: Rat geben, mehrere Lösungen vorschlagen oder manchmal einfach abwarten. Aber es muss *immer* in einer unterstützenden Beziehung stattfinden. Anleitung bildet auch die Grundlage der effektivsten und inspirierendsten menschlichen Interaktion. Unter Druck setzen, Anweisungen geben, kontrollieren, bestechen, anflehen, schmeicheln – all das führt (selbst in Kombination) nicht zu annähernd so positiven Ergebnissen wie das Anleiten.

Sobald ich angefangen hatte, die Anleitungsmethode in meiner Praxis und in der Kindererziehung anzuwenden, dachte ich: *Jetzt habe ich die richtigen Absichten UND die richtige Methode. Perfekt.* Falsch. Meine Methoden funktionierten zwar bei manchen Patienten und manchen Problemen, aber längst nicht bei allen. Da ich eine der wenigen Ärztinnen bin, die sich auf Suchtverhalten und Motivation von Jugendlichen spezialisiert haben, wurde ich mit zunehmend komplexeren Fällen, mit immer schwierigeren Jugendlichen und ihren Eltern konfrontiert. Manchmal war ich erschöpft und zweifelte an meinen Methoden. Ich werde nie vergessen, wie am Anfang meiner ärztlichen Tätigkeit ein zorniger Fünfzehnjähriger, der seit einigen Monaten bei mir in Behandlung war, zu mir sagte: »Dr. Kang, Sie sind ein Witz und reine Zeitverschwendung. Mein Nachbar, der vor zwei Wochen nebenan eingezogen ist, hat mir mit Hockeyspielen mehr geholfen, als Sie es je konnten.« Meine Reaktion war gemischt, um es vorsichtig auszudrücken. Es war wunderbar, dass mein junger Patient eine so bahnbrechende Erfahrung gemacht zu haben schien, aber ich konnte nicht umhin, es als eine Art persönlicher Niederlage zu empfinden.

Wieder einmal suchte ich nach der Antwort auf die Frage, was Menschen außerhalb der ärztlichen Praxis wirklich beeinflusst. Ich fand eine auf die menschliche Interaktion anwendbare Wahrheit, die ich intuitiv kannte, die aber unter all meinen wissenschaftlichen Techniken begraben gewesen war. Es ist ganz einfach: Unsere Fähigkeit, andere zu motivieren, ist hauptsächlich davon abhängig, wer wir tief im Innern sind. Unsere Wirkung beruht auf unserer Authentizität, unserem Einfühlungsvermögen und unserer Freundlichkeit.

Um eine stärkere Verbindung zwischen meinem authentischen Ich und meinem Verhalten herzustellen, fing ich an, mich gegenüber meinen Patienten einfühlsamer zu zeigen, kleine freundliche Gesten einzuflechten, mehr zu lächeln, echten Blickkontakt herzustellen und mehr Zeit für das vorzusehen, was für sie wichtig war, statt für die Einträge in meinem Terminkalender. Ich bemühte mich, authentisch zu sein und nie etwas zu sagen, was ich nicht glaubte, denn das ist besonders bei Teenagern verheerend, weil sie die Fähigkeit besitzen, Heuchelei und Falschheit trotz aller guten Absichten und Methoden zu durchschauen. Beispielsweise gab ich endlich gegenüber einem Fünfzehnjährigen (und mir selbst) zu, dass seine Schule (eine der »Besten«) nicht zu ihm passte. Sie war für seine Persönlichkeit zu unflexibel und strukturiert, und er hatte Recht damit, dass die Tatsache, dass alle anderen diese Realität bestritten, langsam sein Leben »ruinierte«. Sobald ich mich in ihn hineinversetzte, spürte ich, wie sehr er sich durch ein System, das ihn erstickte, eingesperrt fühlte, und wie zornig er darüber war, dass niemand seine Not erkannte oder würdigte. Ich konnte freundlich und aufrichtig Mitgefühl für sein Dilemma äußern, weil ich ihm innerlich glaubte, auch wenn seine Eltern wütend auf mich waren, weil ich es aussprach. Mein Mitgefühl führte nicht dazu, dass er die Schule abbrach, wie seine Eltern befürchtet hatten, sondern es motivierte ihn, die Leistungen zu bringen, die er für seinen Abschluss brauchte, weil er sich endlich verstanden fühlte. Es befreite ihn gewissermaßen davon, ständig beweisen zu müssen, dass er Recht hatte.

Dasselbe gilt für die Kindererziehung. Ich habe viele Teenager sagen hören: »Ja, vielleicht lieben mich meine Eltern, aber ich glaube nicht, dass sie mich mögen oder auch nur kennen.« In diesen Fällen vermitteln die Eltern zu wenig Mitgefühl. Kinder erleben nur das elterliche Verhalten, das wir zeigen – nicht das, was in unseren Gedanken und Herzen vor sich geht. Wenn wir niemals Ängste, Sorgen und Schwächen zeigen oder zulassen, senden wir die Botschaft aus, dass diese Dinge unerwünscht und nicht etwa ein normaler Bestandteil des Lebens sind. Wenn wir nicht authentisch sind, schaffen wir eine Distanz zwischen uns und unseren Kindern.

Vorteile der autoritativen Erziehung

Erziehung nach dem Delfin-Prinzip ist viel mehr als ein Erziehungsstil. Es bedeutet, Kinder aufzuziehen, die eine gesunde Beziehung zur Welt haben – zur Gesellschaft, zu ihren Arbeitskollegen, ihrem Ehepartner, ihren Geschwistern und Eltern und vor allem zu sich selbst. Es bedeutet auch, Kinder aufzuziehen, die in ihrer Welt eine wichtige Rolle spielen, die Höhen und Tiefen des Lebens annehmen können und ihre begrenzte Zeit auf Erden optimal nutzen. Und schließlich bedeutet es, Kinder aufzuziehen, die sich entschlossen und mit der Bereitschaft zu hartem Arbeiten ihren Herausforderungen stellen, die sich von ihren Leidenschaften und Begabungen leiten lassen, auf ihre Leistungen stolz sind, sich von schwierigen Erfahrungen nicht aus der Bahn werfen lassen und ein körperliches, seelisches und geistiges Gleichgewicht finden. Der Weg des Delfins ist eine Philosophie, ein Lebensstil. Er betrifft nicht nur das, was wir mit unseren Kindern tun, sondern unser ganzes Zusammenleben mit ihnen – und unser eigenes Leben. Er zielt nicht darauf ab, aus unserem Kind etwas anderes zu machen, sondern das zu fördern, was vorhanden ist – bei unserem Kind und uns selbst.

Weil der Weg des Delfins auf Intuition basiert, müssen wir nichts völlig Neues lernen, sondern lediglich etwas in uns neu zum Leben erwecken oder uns bewusst machen.

Im Kapitel »Die Herrschaft des Tigers« war von zwei schlecht angepassten Erziehungsstilen die Rede, der autoritären Erziehung (Tiger) und der permissiven Erziehung (Qualle). Der Erziehungsstil, der eine perfekte Balance zwischen den beiden findet, heißt *autoritative Erziehung* und ist das Herzstück des Delfin-Prinzips. Dabei sind die Eltern eindeutige Autoritätspersonen. Sie legen klare Regeln und Leitlinien fest, während sie ihre Kinder unterstützen, mit ihnen diskutieren und auf ihre emotionalen Bedürfnisse eingehen. Ihre Vorstellung von Disziplin beinhaltet selbstsicheres Auftreten statt Verboten und Unterstützung statt Strafen oder Geringschätzigkeit. Im Gegensatz zu Quallen-Eltern setzen Delfin-Eltern Regeln durch und tolerieren schlechtes Benehmen nicht. Im Gegensatz zu Tiger-Eltern zeigen Delfin-Eltern viel Wärme und begründen Regeln.

Autoritative Erziehung nach dem Delfin-Prinzip hat viele Vorteile:

- Herzliches, einfühlsames Verhalten hilft Kindern, sichere Bindungen einzugehen und schützt sie vor dem Verinnerlichen von Gefühlen, wie bei Depressionen und Angstzuständen.

- Das Setzen von Grenzen verringert die Wahrscheinlichkeit, dass Kinder aggressives Verhalten zeigen oder anfällig für Drogen- und Alkoholmissbrauch werden.
- Das Sprechen über Gedanken und Gefühle stärkt das Einfühlungsvermögen, die Emotionsregulation und die Beziehungskompetenz von Kindern.
- Verständnis für schulische Probleme erhöht die Problemlöse- und Lernkompetenz von Kindern.
- Die Förderung ihrer Unabhängigkeit hilft Kindern, selbstständig, hilfsbereit und emotional gesund zu sein.

Studien zu verschiedenen Erziehungsstilen zeigen übereinstimmend, dass autoritative Erziehung die besten Ergebnisse für Kinder und Eltern liefert.[1] Von autoritativen Eltern erzogene Kinder berichten seltener über Depressionen und Ängste, haben ein stärkeres Selbstwertgefühl, werden eher als sozial und freundlich eingestuft und haben eine höhere Lebensqualität als Kinder, die von autoritären oder permissiven Eltern aufgezogen werden. Bei einer amerikanischen Studie gaben Studenten, die autoritative Eltern hatten, an, dass ihre Eltern mehr Einfluss auf sie hätten als Gleichaltrige.[2] Und wissen Sie was? Es hat sich außerdem gezeigt, dass der autoritative Stil am vorteilhaftesten ist, wenn die ganze Gesellschaft nach diesem Prinzip lebt!

Die Kunst, ein ausgewogenes Leben zu führen

Wenn wir unserer Intuition folgen, belohnt uns Mutter Natur in Form komplexer neurochemischer Interaktionen. Wird beispielsweise der Neurotransmitter Dopamin freigesetzt, erleben wir ein Gefühl des Wohlbefindens und der Freude. Wenn wir ein bestimmtes Verhalten zeigen und dafür eine Dopaminausschüttung erfahren, sind wir innerlich motiviert, dieses Verhalten zu wiederholen. Das ist die Grundlage der positiven Rückkopplung in unserem Gehirn, die ungefähr so aussieht: *Etwas Gutes für den eigenen Fortbestand tun → Belohnung durch Dopaminausschüttung erhalten → Wohlbefinden oder Freude empfinden → Eigenmotivation zu erneutem Handeln im Sinne des Fortbestandes.*

Da das Überleben der eigenen Art die Motivation für unsere biologischen Prozesse darstellt, hält uns diese Rückkopplungsschleife gesund und fortpflanzungsfähig. (Ich möchte noch anmerken, dass eine unnatürliche, durch Drogen oder Alkohol herbeigerufene Dopaminausschüttung extrem ungesund und gefährlich ist, da sie unsere Intuition außer Kraft setzt.)

Diese Rückkopplungsschleifen werden auch aktiviert, wenn man zunächst etwas Negatives tut. In diesem Fall sieht die Rückkopplung ungefähr so aus: *Dem eigenen Fortbestand schaden → neurochemische Signale wie Erschöpfung, Stress und Hunger erhalten → sich schlecht fühlen → das Signal verstehen und sein Verhalten ändern → etwas Gutes für sein Überleben tun → Belohnung durch Dopaminausschüttung erhalten → Wohlbefinden oder Freude empfinden.* Aber diese Systeme funktionieren nur, wenn wir auf das hören, was die Natur uns mitteilt. Wenn wir die Signale ignorieren, geht es uns immer schlechter, bis wir schließlich ein ernstes Problem bekommen.

Unsere Aufgabe als Eltern wird um vieles einfacher, wenn wir unseren Kindern helfen, mit ihrer eigenen Biologie und ihren positiven Rückkopplungsschleifen in Kontakt zu bleiben. Balance und Eigenmotivation sind unsere menschliche Standardposition. Wir werden tatsächlich alle mit einem

Gefühl der Balance geboren und sind auf natürliche Weise motiviert, Gesundheit und Zufriedenheit anzustreben. Die wenigsten Kinder kommen deprimiert, ängstlich, apathisch oder unmotiviert, mit Diabetes, Übergewicht oder hohem Cholesterinwert zur Welt. Die allermeisten Babys, selbst jene mit schweren medizinischen Problemen, zeigen natürliche Freude, Liebe und Neugier. Manchmal scheinen Kinder von innen heraus zu leuchten und etwas auszustrahlen, das ich nur als Vitalität und Tatkraft bezeichnen kann. Dieses Leuchten haben wir alle bei unseren eigenen und bei anderen Kindern gesehen.

Bei Erwachsenen ist dieses Leuchten manchmal schwieriger zu erkennen, aber meistens ist es noch vorhanden. Wir sehen und spüren es, wenn wir mit unseren Kindern spielen, völlig in Musik oder Sport versunken sind oder die Schönheit der Natur in uns aufnehmen. Auch von Tieren scheint dieses Leuchten auszugehen, was vielleicht der Grund dafür ist, dass wir unsere Haustiere so lieben. Wenn Sie je einem Hund dabei zugesehen haben, wie er auf einem offenen Feld herumrennt, während ihm der Wind ins Gesicht bläst, wissen Sie, wovon ich rede.

Was geschieht mit diesem Leuchten? Jahr für Jahr habe ich das innere Leuchten von Kindern (vor allem von Patienten) flackern, schwächer werden und manchmal ganz erlöschen sehen. Ich habe mich gefragt, ob das Leuchten in unseren Kindern verlöschen muss, ob das der normale Lauf des menschlichen Lebens ist. Zuerst dachte ich: Nun, wir können nicht für immer Kinder bleiben. Es ist ganz natürlich, erwachsen zu werden. Aber erfordert das Erwachsenwerden wirklich, dass wir unsere Vitalität und Lebenskraft verlieren? Viele Menschen bewahren schließlich auch ihr Leuchten, und viele gewinnen an Vitalität, während sie älter werden. Diejenigen, deren Leuchten hell bleibt, wirken ausgeglichen und strahlen Eigenschaften wie Vertrauen, Neugier, Verbundenheit, Kreativität und Unabhängigkeit aus, während diejenigen, deren Leuchten schwächer wird, ein unausgeglichenes Leben voller Angst, Apathie, Isolation und Depression zu führen scheinen.

Verbreitete gesundheitliche Störungen, wie Ängste, Depression und Sucht, haben zwar komplexe Ursachen, scheinen aber oft auf einer unausgewogenen Interaktion zwischen Genetik und Umwelt zu beruhen (dasselbe gilt für Diabetes, Übergewicht und Herzerkrankungen). Unsere Genetik können wir (noch) nicht verändern, aber wir können an unserem Umfeld arbeiten. Wenn wir unsere Lebensumstände verändern, beeinflussen wir unser Risiko, an diesen Störungen zu erkranken. Je weniger wir uns einer schädlichen Lebensweise aussetzen und je mehr wir uns – besonders in Kindheit und Jugend – einer gesunden Lebensweise aussetzen, desto besser.

Angesichts der Zunahme der durch eine falsche Lebensweise verursachten Erkrankungen (Zivilisationskrankheiten) in den Entwicklungsländern könnte ein unausgewogener Lebensstil die größte einzelne Bedrohung darstellen, mit der die Menschheit je konfrontiert war. Aber immerhin: Diese Bedrohung ist einfach abzuwenden, wobei einfach nicht gleichbedeutend mit leicht ist, wie wir schon gesehen haben.

Eine erfolgreiche Behandlung von Zivilisationskrankheiten sieht folgendermaßen aus: Zunächst muss die akute Funktionsstörung beseitigt werden, um weitere Risiken auszuschließen (beispielsweise durch Medikation, Operation oder Rehabilitation). Dann müssen (durch Schulung und Therapie) Kompetenzen zum Erzielen einer ausgewogenen Lebensweise erworben werden. Sobald eine Stabilisierung durch die richtigen Kompetenzen stattgefunden hat, kann eine Rückkehr zu den positiven Rückkopplungsmechanismen stattfinden, die wir alle von Geburt an besitzen. Diese Methode ist viel effektiver als das reine Behandeln von Krankheitssymptomen.

Natürlich sind wir für unsere Krankheiten nicht ausschließlich allein verantwortlich. Manche Menschen erben ein größeres Risiko für die eine oder andere Erkrankung und werden daher mit größerer Wahrscheinlichkeit daran erkranken als andere mit derselben Lebensweise. Außerdem können Menschen aus einer Vielzahl anderer Gründe ihre Gesundheit und Lebenskraft einbüßen. Manche werden durch ein traumatisches Ereignis aus der Bahn geworfen. Manchmal ist ein schrecklicher Chef oder unerträglicher Lehrer der Auslöser. Oft genügt schon der Alltagsstress, um uns aus dem Gleichgewicht zu bringen.

Als Eltern stehen wir in der Pflicht, unseren Kindern dabei zu helfen, durch eine ausgewogene Lebensweise einen starken und flexiblen Kern zu entwickeln. Delfine ziehen ihre Jungen instinktiv genau so auf: Sie zwingen ihre Kälber nicht, bestimmte Dinge zu tun, sondern führen sie in eine bestimmte Richtung. Natürlich schützen sie ihren Nachwuchs vor Schaden, geben ihm aber dennoch viele Chancen zur Selbstkorrektur. Die Kälber erleben die natürlichen Konsequenzen ihrer Fehler, sodass sie daraus lernen können. Indem sie ihrer Intuition folgen, können Delfine und ihre Kälber Mutter Natur viel besser hören als wir. Sie kämpfen nicht gegen ihre eigene Biologie an und geraten daher nur sehr selten so aus dem Gleichgewicht wie wir Menschen.

Delfine folgen ihrer Intuition nicht nur in Bezug auf Essen, Schlafen und Bewegung besser als viele Menschen, sondern in allen Aspekten ihres Lebens. Menschen, insbesondere Tiger-Eltern, haben in dieser Hinsicht ernste Defizite. Dabei belohnt uns die Natur nicht nur für die Erfüllung unserer Grundbedürfnisse, sondern auch für weit darüber hinausgehende Handlungen. Anders als manchmal angenommen, sind diese keineswegs Luxus, sondern überlebenswichtig; andernfalls würden sie nicht die Freisetzung von Belohnungssubstanzen im Gehirn auslösen. Folgende Handlungen und Aktivitäten fördern unseren KQ, steigern unser Wohlbefinden und stärken unsere Eigenmotivation:

- Freies Spielen
- Mutiges Erforschen
- Eingehen sozialer Bindungen
- Rückhaltloses Engagement
- Ständiges Infragestellen

Die gute Nachricht ist, dass wir von Natur aus auf diese Dinge programmiert sind, weil sie uns mit Gesundheit, Motivation, Wohlbefinden, Freude und Vitalität belohnen. Vitalität ist die Fähigkeit zur Fortsetzung einer sinnvollen oder zielgerichteten Existenz.[3] Es ist die Fähigkeit zu leben und zu wachsen. Vitalität steht nicht nur wenigen Glücklichen zur Verfügung, sondern wir tragen sie alle in uns.

Die schlechte Nachricht ist hingegen, dass wir aus dem Gleichgewicht geraten, wenn wir diesen Dingen *nicht* nachgehen. Unsere Vitalität schwindet und damit unser Wohlbefinden, unsere Freude, Eigenmotivation und Gesundheit.

Falls Sie skeptisch sind, sollten Sie sich einmal fragen, wodurch bei Ihnen Wohlbefinden und Freude ausgelöst werden. Welche Aktivitäten in Ihrem Tagesablauf oder Ihrem Leben heben Ihre Stimmung? Ist Ihnen aufgefallen, dass ich die Worte »Wohlbefinden« und »Freude« und nicht »ein gutes

Gefühl« verwendet habe? Sie können sich gut fühlen, wenn Sie eingekauft, ein Glas Wein getrunken oder eine ganze Tafel Schokolade gegessen haben. Mit Wohlbefinden und Freude meine ich aber etwas, das länger als ein paar Minuten oder Stunden anhält. Etwas, das – wenn Sie daran zurückdenken – ein Lächeln (ohne Schuldgefühle oder Bedauern) auf ihr Gesicht zaubert. Sehen Sie, warum Einkaufen, Alkohol und Schokolade nicht funktionieren? Im Wesentlichen geht es darum: Wenn Sie Wohlbefinden oder Freude empfinden, gibt Ihnen Ihr Gehirn natürliche Signale dafür, was Sie tun sollen. Diese Schlussfolgerung basiert ganz einfach auf der menschlichen Biologie. Wenn Sie auf diese Signale hören, werden Sie der Mensch, der Sie sein sollen. Wir werden durch das, was wir tun, zu dem, der wir sind.

Voraussetzungen für wahren Erfolg: Balance und hohe Erwartungen

Vielleicht sagen Sie jetzt: »Meine Kinder haben keine Zeit zum Spielen, Erforschen, Eingehen von Bindungen oder Engagement, wenn sie erfolgreich sein wollen.« Vielleicht halten Sie Spiel und Engagement für unwichtig und würden diese Teile des Buchs am liebsten überspringen. Doch das ist das Letzte, was Sie tun sollten, denn auf diesen Seiten erfahren Sie, wie eine solide innere Kontrollinstanz entsteht und wodurch Menschen im Hinblick auf alle Aspekte des Erfolgs wirklich motiviert werden.

Mancher bringt vielleicht beruflichen oder finanziellen Erfolg immer mit einem Ungleichgewicht in Verbindung und führt all die Workaholics als Beispiel an, die auf ihrem Gebiet Spitzenleistungen bringen und dies durch den Verzicht auf Schlaf, Spiel, Freundschaft und Altruismus erreicht haben. Doch viele dieser Menschen sind weder glücklich noch zufrieden und stattdessen oft mit Problemen und Krankheiten behaftet.

Glücklicherweise gibt es eine zweite Gruppe erfolgreicher Menschen, die die wahre Bedeutung des Wortes verkörpern. Manchmal hören wir von ihren außergewöhnlichen Talenten und Erfolgen, doch oft gehen sie still ihrer Wege und leisten Großartiges. Sie erzielen wahre Erfolge durch die strikte Einhaltung eines Gleichgewichts. Die Besten der Besten führen ein ausgewogenes Leben – sie schlafen, treiben Sport, spielen, erforschen, gehen Bindungen ein, engagieren sich und sind eigenmotiviert.

Unsere Kinder haben die wunderbare Chance, Vitalität und Lebensfreude zu erzielen, aber Tiger-Eltern geben sich mit viel weniger zufrieden – ein Fehler, den Delfine nicht machen würden.

Raum für Veränderung

Da wir nun die Dilemmas der Kindererziehung im 21. Jahrhundert verstehen und einen besseren Ansatz kennengelernt haben, wollen wir tiefer in die Welt der Delfine eintauchen.

Die gute Nachricht ist, dass wir unser Verhalten, unseren Erziehungsstil und selbst unsere Persönlichkeit verändern können – und zwar unabhängig davon, wie alt wir sind, wie wir aufgewachsen sind und wie eingefahren unsere Gewohnheiten sind. Die Meinung, dass das erwachsene Gehirn seine Form und Funktion ändern kann, wird von Wissenschaftlern seit 120 Jahren vertreten, aber die Beweise für Neuroplastizität sind jüngeren Datums und unwiderlegbar.

In unserem Gehirn gibt es mehr als eine Billion mögliche Nervenverbindungen. Einige dieser Verbindungen sind auf feste Gewohnheiten (sowohl im positiven als auch im negativen Sinn) programmiert, während andere auf vorteilhafte oder auf selbsteinschränkende Überzeugungen festgelegt sind. Und zahllose Verbindungen sind noch nicht einmal hergestellt worden – ihre Existenz ist reines Potenzial. Das heißt, dass das Gehirn neue Pfade bahnen kann, wenn Neuronen wiederholt gleichzeitig Signale senden, wodurch chemische Veränderungen eintreten, die sie stärker miteinander verbinden. So wie ein Waldweg ausgetreten und leichter zu nutzen wird, je öfter er beschritten wird, entwickeln sich auch unsere Neuronenpfade umso weiter, je mehr sie genutzt werden. Wenn wir bestimmte Verhaltensweisen wiederholen, entwickeln die zugehörigen neuronalen Pfade mehr Dendritenverbindungen (der Pfad wird breiter) und lagern mehr Myelin an (der Pfad wird glatter). Das sind unsere Gewohnheiten und Verhaltensmuster – das Ergebnis neuronaler Pfade, die im Lauf der Zeit angelegt und genutzt wurden. Wenn wir unser Verhalten ändern, verändern wir *uns.* Dort, wo wir unsere Energien investieren, entwickeln wir uns. Neuroplastizität gibt Hoffnung auf Veränderung und ein besseres Leben.

Also beginnen wir unsere Reise der Veränderung. Zunächst behandeln wir die Grundlagen des Überlebens, die unserem Leben ein starkes Fundament geben. Dann befassen wir uns mit anderen Bereichen, in denen Tiger ernsthafte Defizite im Hinblick auf den Erfolg im 21. Jahrhundert haben. Wenn wir die richtige Lebensweise abgedeckt haben, sehen wir uns den Werkzeugkasten der Delfin-Erziehung an, der weitere Empfehlungen für autoritative Erziehung enthält. Dann wenden wir uns einem universellen Erziehungs- und Lebensziel zu – der Eigenmotivation. Und schließlich beschäftigen wir uns mit der Frage, was aus Kindern wird, die nach dem Delfin-Prinzip erzogen werden, wobei Ihre eigene Intuition als Leitlinie dienen wird.

Auf dieser Reise werden wir immer wieder auf unsere Intuition zurückgreifen und uns anpassen. Ich werde Sie auf dem Weg zur Delfin-Erziehung nach dem Prinzip des Anleitens und Vorbildgebens begleiten. Am Ende werden Sie und Ihre Kinder der Gesundheit und Zufriedenheit und bleibendem Erfolg näher gekommen sein.

Rezepte für ein besseres Leben

In meiner Praxis verordne ich täglich nicht nur Medikamente, sondern gebe auch Empfehlungen im Hinblick auf die grundlegenden Dinge des Lebens. Ob Sie es glauben oder nicht – ich stelle Rezepte über »Schlaf«, »gesunde Ernährung«, »Sport« und »frische Luft« aus. Ich schreibe auch Motivations- und Beziehungsstrategien (Erziehungsstrategien) wie »Mitgefühl zeigen«, »optimistisch sein«, »Prozess, nicht Ergebnis, verstärken« und »ausgewogene Lebensweise« auf. Diese Rezepte mögen stark vereinfacht erscheinen, aber sie funktionieren unglaublich gut! Die Schlaf-, Spiel- und Sportrezepte erinnern meine Patienten daran, dass sie auf Körper, Seele und Lebensweise achten und gut für sich sorgen müssen. Etwas aufzuschreiben und wie eine Verordnung zu behandeln, kann Ihnen helfen, in der Spur zu bleiben. Manche Rezepte sind einfache Anweisungen, manche wirkungsvolle oder herausfordernde Fragen und manche bestehen aus drei Teilen: (1) eine günstige Umgebung schaffen, (2) Ihrem Kind als Vorbild dienen, (3) Ihr Kind bei der Umsetzung des Erfolgsrezepts unterstützen.

Diese Rezepte sind übrigens nicht nur für Ihr Kind, sondern auch für Sie selbst gedacht. In Ihrem eigenen Leben das Gleichgewicht wiederherzustellen ist die beste Möglichkeit, Ihrem Kind in dieser Hinsicht ein Vorbild zu sein (außerdem ist es wirklich schwer, Kinder gut zu erziehen, wenn man selbst aus dem Gleichgewicht geraten ist).

Meine ersten Rezepte richten sich an Sie als Vater oder Mutter:

- **Auf Mutter Naturs Signale achten.** Auf welche Weise signalisiert Ihnen Ihre Biologie, dass Sie aus dem Gleichgewicht geraten sind? Manche Leute fühlen sich müde, andere können nicht schlafen, manche fühlen sich verärgert, andere apathisch, manche sind von allen diesen Dingen betroffen. Wie sehen *Ihre* Signale aus?
- **Herausfinden, für welche Zivilisationskrankheiten Sie empfänglich sind.** Welche Krankheiten könnten sich entwickeln, wenn Sie Mutter Naturs Signale hartnäckig ignorieren? Manche sind vielleicht körperlicher, andere seelischer Natur, oder beides. Hinweis: Wir sind oft für Krankheiten anfällig, die in der Familie liegen.
- **Überlegen, welche grundlegenden Überlebensaktivitäten in Ihrem Leben zu kurz kommen oder gar nicht vorkommen.** Denken Sie beispielsweise darüber nach, wie viel Sie schlafen, wie gut Sie essen und wie viel Sport Sie treiben.

Das wär's fürs Erste! Im weiteren Verlauf des Buches finden Sie Rezepte zum Wiederherstellen des Gleichgewichts in Ihrem aktiven Leben. Bereit? Dann mal los!

Teil Drei

Aktiv werden

Wahrer Erfolg durch Balance

Leben nach dem Delfin-Prinzip: Die Grundlagen

Steve war ein angesehener Banker, der viel Geld verdiente. Aber war Steve wirklich erfolgreich? Er arbeitete bis zu achtzehn Stunden am Tag und sah seine Kinder kaum, obwohl er das Gefühl hatte, sie gut zu »versorgen«. Er schlief pro Nacht vier bis sechs Stunden und holte sich aus Kaffee, Diätcola und Alkohol »Energie«. Seine Ernährung war fürchterlich. Er saß den ganzen Tag am Schreibtisch, trieb selten Sport und legte an Gewicht zu. Steve war sich darüber im Klaren, dass er ein ungesundes Leben führte, unternahm aber nichts dagegen. Seine Arbeit hatte Vorrang vor allem anderen. Schließlich begann er, unter Schlaflosigkeit zu leiden. Sein Cholesterin- und Blutzuckerspiegel stieg. Er hatte heftige Rückenschmerzen vom vielen Sitzen und begann, Schmerzmittel einzunehmen, um den Tag durchzustehen. Eines Tages wurde er während einer Geschäftsreise tot in seinem Hotelzimmer aufgefunden. Bei der Autopsie wurden so viel Alkohol und Schmerzmittel in seinem Blut gefunden, dass der Gerichtsmediziner nicht entscheiden konnte, ob die Überdosis versehentlich oder absichtlich zustande gekommen war.

Jetzt, nach Steves Tod, ist es einfach zu erkennen, was er falsch gemacht hat. Und dennoch machen viele von uns dieselben Fehler. Wir leben in einer toxischen Kultur, in der wir hart arbeiten müssen, um die Grundlagen unseres Lebens zu erhalten. Unser Essen ist schadstoffbelastet, unsere Luft ist verunreinigt, wir sitzen stundenlang auf schrecklichen Stühlen, und Schlafmangel ist eher die Regel als die Ausnahme. Warum führen wir ein so ungesundes Leben und leben unseren Kindern solchen Unsinn vor? Zum Teil liegt es sicher daran, dass wir Gesundheit oft erst dann schätzen, wenn sie uns abhanden kommt. Gesundheit hat keine »Symptome«, und wenn wir abgelenkt sind, ist unser Risiko, sie zu verlieren, am größten. Wir kennen viele Wörter für verschiedene Symptome und Krankheiten, aber sehr wenige Wörter für Gesundheit und Wohlbefinden. Meiner Ansicht nach lässt sich Gesundheit (ob körperlicher, geistiger, sozialer oder spiritueller Art) am besten als Gleichgewicht definieren. Und aus Gleichgewicht resultiert Vitalität, denn Gesundheit ist viel mehr als nur die Abwesenheit von Krankheit.

Wie alle Tiere sind auch Delfine zuallererst auf das Überleben bedacht. Das Merkwürdige an uns Menschen ist, dass wir trotz unserer hohen Entwicklungsstufe unserem Überleben oft viel weniger Wert beimessen als wesentlich unwichtigeren Dingen. Beispielsweise halten wir es für wichtiger, die Hausaufgaben fertig zu machen statt an der frischen Luft Sport zu treiben, oder bis spät in die Nacht im Internet zu surfen statt zu schlafen. Unsere falschen Prioritäten haben tief greifende Auswirkungen auf unsere natürlichen Rückkopplungsschleifen. Um unser Schiff wieder auf Kurs zu bringen, müssen wir uns die Grundlagen des Überlebens neu erarbeiten und sie wieder an die erste Stelle unserer Prioritätenliste setzen.

Diese Grundlagen sind schon für Erwachsene sehr wichtig, aber noch mehr für Kinder, deren Gehirn und Körper sich in der Entwicklung befinden. Damit Kinder im Gleichgewicht heranwachsen können, müssen sie in einer ausgewogenen

Umgebung groß werden. Die bekannten Grundformen der Neuroplastizität (der Fähigkeit des Gehirns, sich im Hinblick auf Form und Funktion anzupassen) setzen diese grundlegenden Dinge sogar voraus: Schlaf, gute Ernährung, Sport und das, was ich »Achtsamkeit« nenne – die Fähigkeit, die Welt um sich herum aufmerksam wahrzunehmen.

Man muss kein Arzt sein, um zu wissen, dass die nachfolgenden Rezepte gut sind. Und man muss nicht krank sein, um sie zu befolgen. Es handelt sich dabei um Verhaltensweisen, die alle Menschen befolgen sollten. Zunächst muss sichergestellt sein, dass wir die grundlegendsten menschlichen Bedürfnisse befriedigen, bevor wir uns um schwierigere Probleme kümmern.

REZEPT

Ihrem Kind Freizeit schenken

Planen Sie jeden Tag etwas Freizeit für Ihr Kind ein – und am besten auch für sich selbst. Hoffen Sie nicht einfach darauf, dass sie sich von allein ergibt, sondern legen Sie sie fest. Ja, richtig, Sie werden dafür möglicherweise einige Aktivitäten aus dem Terminplan streichen müssen.

Ihre erste Reaktion ist vielleicht: »Klingt gut, aber mein Kind mag all seine Aktivitäten. Sonst wird ihm langweilig.« Wenn man in einer bestimmten Umgebung aufwächst, braucht man diese Umgebung, weil es die einzige ist, die man kennt. Natürlich fragt Ihr Kind nach dieser oder jener Beschäftigung, aber das bedeutet nicht, dass es sie braucht. Es bedeutet oft einfach nur, dass es ohne diese Aktivität nichts mit seiner Zeit anzufangen weiß. Und das ist nicht gut. Auch wenn es alles gern tut, was es tut, ist es wahrscheinlich trotzdem gestresst, wenn es nicht genügend Freizeit hat. Das ständige Bedürfnis nach Stimulation ist ebenso sehr ein Zeichen von Stress wie Wut- oder Heulanfälle und Angstattacken. Auch wenn ich mich nicht gestresst fühle, sagt mir mein Gehirn, wenn ich zu beschäftigt bin, und Ihres tut das wahrscheinlich auch. Ich werde dann geistesabwesend und vergesslich. Das mag Ihnen nicht so schlimm vorkommen, aber es *ist* ein Stresssymptom. Und nicht nur unser Gehirn steht unter Druck, wenn wir gestresst sind. Es werden auch Stresshormone wie Kortisol und Adrenalin im Körper freigesetzt. Kurzfristig helfen uns diese Hormone, unseren verplanten Tag durchzustehen. Aber wenn Körper und Gehirn Tag für Tag in Kortisol und Adrenalin schwimmen, lassen die Folgen nicht lang auf sich warten. Denken Sie daran, dass Ihr Kind *darüber* nicht entscheiden kann.

Natürlich wollen wir in gewisser Weise alle beschäftigt sein, weil uns das ein Gefühl von Wichtigkeit gibt. Seien wir ehrlich: Wir reden doch liebend gern über all die wunderbaren Dinge, die wir tun. Aber zu beschäftigt, erschöpft und unausgeschlafen zu sein, sind keine Statussymbole – sondern Zeichen dafür, dass man völlig außer Kontrolle ist.

REZEPT

Tief atmen und achtsam sein

Wie weit sie auch wandern, mit welchen Problemen sie zu kämpfen haben oder wie beschäftigt sie sind – Delfine achten auf ihre Umgebung und atmen tief. Auch wir Menschen müssen daran denken, ruhig ein- und auszuatmen, was immer das Leben uns auch beschert.

Tiefes Atmen hilft uns, den Angstmodus (Kampf, Erstarren oder Flucht) zu beenden und uns unserer Wahlfreiheit bewusst zu werden. Tiefes, kontrolliertes Atmen ist der wichtigste Schlüssel zur Achtsamkeit und Selbstkontrolle, und diese Tatsache wird immer wieder durch die Biologie und Psychologie und Erfahrungen im realen Leben bestätigt. Das normale Atmen ist eine vollkommen instinktive Tätigkeit, aber tiefes Atmen unterliegt dem eigenen Willen und der Kontrolle. Tiefes, bewusstes Atmen spricht Rezeptoren in unserer erweiterten Lunge an, die wiederum unserem Gehirn das Signal senden, dass alles in Ordnung ist. Wenn wir flach und unkontrolliert atmen, sammelt sich Kohlendioxid an, wodurch unser Körper die Botschaft erhält, dass wir am Ersticken sind und folglich kämpfen, erstarren oder fliehen müssen, was noch mehr Angst, Panik oder Zorn zur Folge hat.

Tiefes Atmen wirkt sich in zweierlei Hinsicht aus. Zum einen bewirkt es, dass wir uns entspannen und weniger Angst und Frustration empfinden. Zum anderen gibt es uns die Kontrolle über unser Tun. Durch tiefe, kontrollierte Atmung werden die Aufgaben, mit denen wir gerade beschäftigt sind, einfacher. Es ist biologisch gesehen unmöglich, Angst, Panik oder Zorn zu empfinden, wenn wir ständig tief atmen.

Wenn wir Kinder zum achtsamen, tiefen, kontrollierten Atmen anleiten, geben wir ihnen ein Werkzeug an die Hand, das sie ihr Leben lang einsetzen können, wenn sie gestresst, beunruhigt, ängstlich, besorgt, wütend oder außer Kontrolle sind. Dieses Werkzeug hilft ihnen, ihren Körper und ihren Geist zu regulieren und beim Lösen von Problemen klarer zu denken. Trotz dieser Vorteile erlebe ich jeden Tag Kinder und Eltern, die nicht wissen oder schlicht vergessen haben, wie man tief atmet.

Kontrolliertes, tiefes Atmen ist nicht immer leicht, besonders dann nicht, wenn man ängstlich, panisch oder wütend ist. Aber wie alles im Leben wird auch das tiefe Atmen leichter, je mehr man es übt. Obwohl ich weiß, wie wichtig es ist, habe ich die Wirkung tiefen Atmens auch erst erlebt, als ich anfing, es regelmäßig zu üben. Die Betonung liegt hierbei auf *regelmäßig*. In Situationen, in denen ich verletzt, ängstlich oder wütend war, halfen mir anfangs ein paar tiefe Atemzüge überhaupt nicht. Übung macht den Meister!

Wenn Sie je das Gefühl haben, aufgrund von Emotionen die Kontrolle über sich zu verlieren, hilft tiefes Atmen *immer*. Tiefes Atmen als Mittel zur Selbstkontrolle ist schlicht in die menschliche Biologie einprogrammiert. Wenn Sie anfangen, regelmäßig tiefes Atmen zu üben, wird es sich sehr positiv auf Ihr Leben auswirken.

Eine gute Möglichkeit, sich auf tiefes, regelmäßiges Atmen zu konzentrieren, ist das Üben von Achtsamkeitstechniken. Achtsamkeit ist ein Zustand aktiver, offener Aufmerksamkeit für das Hier und Jetzt. Es ist das Herstellen (und Aufrechterhalten) einer Verbindung zu unseren äußeren Sinnen (Sehen, Hören, Schmecken, Riechen und Fühlen) und unseren inneren Sinnen des Fühlens und Denkens. Das Üben von Achtsamkeit kann ganz einfach heißen wahrzunehmen, was da ist, beispielsweise unser Essen anzuschauen und uns bewusst zu machen, was und wie viel wir zu essen im Begriff sind. Es kann heißen, unserem Kind in die Augen zu schauen und zu registrieren, was wir sehen – ein eigenständiges Lebewesen, das bei uns Liebe und Unterstützung sucht. Gesichtsausdruck und Tonfall unseres Kindes können uns mehr verraten als stundenlange Gespräche.

Differenzierte Neuroimaging-Studien zeigen, dass sich Achtsamkeit vorteilhaft auf die Anatomie des Gehirns auswirkt. Wenn wir sehr aufmerksam sind, setzt unser Gehirn den Wachstumsfaktor BDNF (Brain-Derived Neurotropic Factor) frei, der eine wichtige Rolle für die Neuroplastizität spielt. Beim Multitasking wird BDNF nicht freigesetzt. Das heißt, wenn man nicht achtsam ist, bringt man sich um großartige Vorteile wie Stressreduzierung, bessere Angstregulation, bessere emotionale Regulation, höhere Konzentration, verbessertes Lern- und Arbeitsgedächtnis, befriedigendere Beziehungen, besseres Immunsystem, höhere Moral, bessere Intuition und kognitive Flexibilität. Als Ärztin kenne ich keine bessere Möglichkeit, Zivilisationskrankheiten zu begegnen als Achtsamkeit.

Anfangs hatte ich Bedenken, meinen jungen Patienten Achtsamkeitsübungen zu empfehlen, weil ich befürchtete, dass sie sie sofort als »komisch« ablehnen würden. Aber zu meiner Überraschung waren viele sehr aufgeschlossen dafür. In mancher Hinsicht sind Kinder und Jugendliche in viel besserem Kontakt mit ihrer Intuition als Erwachsene (die meist viel skeptischer und unflexibler sind). Einige meiner jungen Patienten nehmen an Meditations-, Achtsamkeits- oder Yogakursen teil, haben ihre Trainer oder Lehrer gebeten, eine Achtsamkeitsübung an den Anfang des Unterrichts zu stellen oder sich für E-Mail- und Facebook-Nachrichten zum Thema Achtsamkeit angemeldet. Viele haben auch beschlossen, für einige Minuten am Tag »den Stecker zu ziehen« und sich zu entspannen. Das bedeutet, alle elektronischen Geräte beiseitezulegen, alle hektischen Gedanken abzuschalten und sich auf das Atmen zu konzentrieren.

Für welche Art von Achtsamkeitsübung sich die Kinder auch entschieden haben – diejenigen, die dabeigeblieben sind, haben davon profitiert, wurden entspannter, konzentrierter, leistungsfähiger, kreativer und entwickelten eine engere Verbindung zu sich selbst, zu anderen und zur Umwelt. Der Grund für alle diese positiven Auswirkungen liegt darin, dass Achtsamkeit den Autopiloten inaktiviert und uns lebendiger und bewusster werden lässt. Und die einfachste Möglichkeit, Achtsamkeit zu üben, besteht darin, tief zu atmen.

Eine günstige Umgebung schaffen

Umgeben Sie Ihr Kind mit Dingen, die bekanntermaßen eine entspannende Wirkung haben, wie zum Beispiel Natur und Haustiere. Die meisten Kinder fühlen sich ganz von selbst zu Dingen hingezogen, die ihnen Entspannung bringen. Darum genügt es häufig schon, einfach nicht dazwischenzufunken, wenn Ihr Kind etwas Bestimmtes tut und sich dabei offensichtlich wohlfühlt.

Vorbild sein

Zeigen Sie Ihrem Kind, dass Sie Achtsamkeit und tiefes, kontrolliertes Atmen für wichtig halten. Üben Sie mehrmals am Tag Abschalten oder tiefes Atmen: beim Frühstück, im Auto, bei einem Spaziergang, an Ihrem Schreibtisch, im Bett oder in einer Schlange in der Cafeteria. Versuchen Sie, wenn Sie gestresst oder wütend sind, vor Ihren Kindern kontrollierte Atmung anzuwenden. Lassen Sie sich vielleicht sogar von Ihrem Kind dabei helfen. Wenn Ihr Kind erlebt, dass Sie sich bemühen, obwohl es wirklich schwierig ist (und Sie vielleicht zu früh aufgeben und in Panik geraten und trotz allem wütend werden), erkennt es, wie wichtig es ist, und wird sich auch bemühen, es zu lernen. Denken Sie daran, dass es uns in gestresstem Zustand schwerer fällt, kontrolliert zu atmen – das ist nur ein Grund mehr, es zu tun.

Ihr Kind zum Erfolg führen

Erklären Sie Ihrem Kind die Vorteile tiefer Atmung und die Nachteile flacher Atmung. Beispielsweise signalisiert tiefes Atmen unserem Gehirn, dass es uns gut geht, während flaches Atmen suggeriert, dass wir in Schwierigkeiten sind. Machen Sie Ihr Kind im Alltag auf Nachteile des flachen Atmens aufmerksam. Wenn Ihr Kind aufgeregt oder wütend wirkt, fordern Sie es freundlich und mitfühlend auf, auf seine Atmung zu achten. Zeigen Sie ihm, wie es sich durch seine Atmung unter Kontrolle bringen kann.

Sie können auch tiefe Atmung mit ihm zusammen üben. Am Anfang ist es vielleicht nicht ganz leicht, sich auf seine Atmung einzustimmen. Helfen Sie Ihrem Kind, bis es ihm leichter fällt.

REZEPT

Achtsamkeitsübungen

Die folgenden Übungen können helfen, Achtsamkeit zu entwickeln. Führen Sie die Übungen vier- oder fünfmal aus und achten Sie darauf, wie sich Ihr Körper und Geist entspannen.

- **Ausgeglichenes Atmen.** Zählen Sie beim Einatmen bis vier, dann beim Ausatmen – beides durch die Nase, wodurch der Atem einen natürlichen Widerstand erhält. Sie können sich das Ziel setzen, die Ein- und Ausatmenphase auf sechs bis acht zu erhöhen, wobei es immer um dasselbe geht: durch Beruhigung des Nervensystems und Erhöhung der Konzentration Stress abzubauen. Worauf es ankommt, ist tiefes, langsames Atmen (zählen Sie langsam). Ihr Kind kann jederzeit und überall üben. Besonders wirkungsvoll ist diese Übung vor dem Einschlafen, wenn hektische Gedanken oder Ängste Ihr Kind vom Schlaf ablenken.
- **Viereckatmung.** Lassen Sie Ihr Kind mit dem Finger in der Luft langsam die Form eines Vierecks »zeichnen«, während es tief atmet. Leiten Sie es dazu an, bei der linken Aufwärtslinie einzuatmen, bei der oberen Querlinie die Luft anzuhalten, bei der rechten Abwärtslinie auszuatmen und bei der unteren Querlinie wieder die Luft anzuhalten. Diese Übung ermöglicht eine absichtliche Pause zwischen dem Ein- und Ausatmen. Probieren Sie die Übung vor einer Prüfung, einem

Auftritt oder einem anderen stressigen Ereignis aus. Sie können auch zur Förderung der Neuroplastizität ein Mantra oder einen Satz hinzunehmen. Der Satz muss authentisch sein, um der Aufregung Rechnung zu tragen, aber auch optimistisch. Sie können zum Beispiel bei der Aufwärtslinie »Das macht mir Angst« sagen, dann innehalten, bei der Abwärtslinie »Aber es wird vorbeigehen« sagen und dann wieder innehalten. Probieren Sie es aus – Sie werden überrascht sein!

REZEPT

Wasser trinken

Wir Menschen vergessen oft, dass Wasser für uns überlebenswichtig ist. Viele von uns laufen dehydriert durch die Gegend. Genauer gesagt, nehmen zwei von drei Amerikanern nicht genug Wasser zu sich.[1] Kaffee, schwarzer oder grüner Tee, Cola, Alkohol und Erfrischungsgetränke können Wasser nicht ersetzen! Koffeinhaltige und alkoholische Getränke sind sogar Diuretika – sie fördern die Ausscheidung und *verringern* so unseren Wasservorrat.

Unser Körper benötigt zwei bis drei Liter Wasser pro Tag für so wichtige Funktionen wie die Regulierung der Körpertemperatur, die Verstoffwechselung von Nährstoffen sowie das Abpolstern von Gelenken, Organen und Geweben. Ausreichende Flüssigkeitszufuhr signalisiert unserem Gehirn, dass es uns gut geht. Sie reduziert Reizbarkeit, Erschöpfung, geistige Trägheit und Angst, während Austrocknung zu Schwäche, Schwindelgefühlen, Verwirrung, geistiger Trägheit, Herzrasen, körperlicher Trägheit und Ohnmachtsanfällen führen kann.

Warum trinken wir zu wenig Wasser? Manche von uns vergessen es einfach. Manche haben nie gelernt, Wasser anderen

Getränken vorzuziehen. Und manche verzichten absichtlich darauf, um schlanker auszusehen. Eine meiner Patientinnen wurde nach einem Vortanzen aufgrund von Austrocknung ohnmächtig. Als ich sie fragte, warum sie kein Wasser getrunken habe und ob ihre Eltern davon wüssten, antwortete sie: »Natürlich! Die Idee, vor einem Vortanzen kein Wasser zu trinken, habe ich ja von meiner Mutter. Sie macht das immer, wenn sie in einem neuen Kleid besonders schlank aussehen will.«

Koffeinkonsum ist bei jungen Menschen ein zunehmendes Problem. Die Nachfrage nach Koffein ist hoch – in Großstädten findet man an jeder Ecke Kaffeebars und -ketten. Junge Menschen fangen früher an, Kaffee zu trinken und konsumieren auch immer mehr stark koffeinhaltige Energydrinks. Meiden Sie Koffein nach Möglichkeit ganz (ich selbst arbeite noch dran). Ansonsten schränken Sie den Konsum auf ein 200-Milliliter-Getränk pro Tag ein und nehmen Sie nach 15 Uhr nichts Koffeinhaltiges mehr zu sich.

Genug zu trinken ist wichtig. Sie können nicht gelassen erziehen und Ihr Kind kann nicht ausgeglichen und ruhig reagieren, wenn Sie beide dehydriert sind. Also nehmen Sie am besten jetzt gleich einen ordentlichen Schluck!

Eine günstige Umgebung schaffen

Versuchen Sie, alle zuckerhaltigen Getränke (einschließlich Saft) aus Ihrem Zuhause zu verbannen. Als ich das tat, jammerten meine Kinder eine Woche lang, dann wurde nie wieder danach gefragt.

Stellen Sie einen Hocker vor die Spüle, damit Ihr Kind den Wasserhahn gut erreichen kann. Wenn Sie nicht wollen, dass Ihr Kind Leitungswasser trinkt, stellen Sie stets gefiltertes oder Mineralwasser bereit. Achten Sie darauf, dass Ihr Kind seine eigene Wasserflasche überallhin mitnimmt.

Vorbild sein

Trinken Sie selbst Wasser und tun Sie es vor Ihren Kindern. Mindestens acht Gläser (200 ml) pro Tag sollten es sein. Wenn Sie mit Ihren Instinkten in Verbindung stehen, brauchen Sie nicht mitzuzählen. Trinken Sie einfach Wasser, wenn Sie zwischen den Mahlzeiten Hunger bekommen, müde oder durstig sind.

Ihr Kind zum Erfolg führen

Erklären Sie Ihrem Kind die Vorteile des Wassertrinkens und die Nachteile nicht ausreichenden Trinkens. Bringen Sie die Nachteile mit realen Lebenssituationen in Verbindung, in denen Ihr Kind nicht genug Wasser getrunken hatte (vielleicht war es wegen Austrocknung reizbar) und die Vorteile mit Situationen, in denen es genug Wasser getrunken hatte (vielleicht hatte es anschließend mehr Energie). Fragen Sie Ihr Kind, wenn es müde ist, ob es dehydriert sein könnte, und geben Sie ihm Wasser. Wenn Ihr Kind vital und voller Energie ist, fragen Sie es, ob es heute viel Wasser getrunken hat. Erklären Sie, dass zuckerhaltige Getränke zur Austrocknung führen und dass man außer Wasser nichts braucht. Bitten Sie Ihr Kind, auf seinen Durst zu achten und darauf, dass er mit Hunger verwechselt werden kann.

Zum Schluss habe ich noch eine etwas unkonventionelle, aber sehr effektive Methode anzubieten, mit der Sie Ihren Kindern etwas über Dehydrierung beibringen können: die »Wissenschaft vom Pinkeln«. Ich habe meinen Kindern vermittelt, dass klarer, gelber Urin anzustreben ist und dass dunkler Urin bedeutet, dass sie mehr trinken müssen. Sie überwachen ihre Urinfarbe und vergleichen sie miteinander – eigentlich ist das eine tolle Möglichkeit, Gleichgewicht (in diesem Fall ein Stoffwechselgleichgewicht) in Aktion zu sehen! Wenn man noch die Geruchsanalyse hinzunimmt, wird es noch ein bisschen bizarrer, also belassen wir es einfach dabei!

REZEPT

Gesund essen

In der Natur kommt Übergewicht fast nie vor. Unsere biologischen Ernährungsprozesse sind nahezu perfekt reguliert. Aber viele Menschen ernähren sich nicht gesund – und das bringt uns um! Wenn wir uns richtig ernähren, signalisiert unser Körper unserem Gehirn, dass es uns gut geht und wir anderen Aktivitäten nachgehen können. Wenn wir uns aber nicht gesund und ausgewogen ernähren, kommt es zu einer Fehlregulierung, und Mutter Natur schickt uns Warnsignale wie Hunger, Erschöpfung und Reizbarkeit. Wenn wir diese Signale beharrlich ignorieren, geraten wir aus dem Gleichgewicht und werden krank.

Übergewicht hat sich seit 1980 weltweit verdoppelt, und dieses Problem betrifft längst nicht mehr nur Nordamerika.[2] Gewichtsabhängige Krankheiten wie Bluthochdruck und Diabetes nehmen weltweit zu. Einer von drei Erwachsenen hat hohen Blutdruck, der zu vielerlei Problemen, wie beispielsweise Herzbeschwerden, führen kann.[3] Prognosen zufolge werden bis 2015 75 Prozent aller Amerikaner übergewichtig und 44 Prozent fettleibig sein. Derzeit sind fast zwei Drittel aller Amerikaner übergewichtig[4] (in Deutschland 67 Prozent der Männer und 53 Prozent der Frauen). Es ist kaum zu glauben, wurde aber jetzt bestätigt, dass weltweit dreimal mehr Menschen aufgrund von Übergewicht als infolge von Unterernährung sterben (die afrikanischen Länder südlich der Sahara allerdings nicht eingerechnet).[5] Derzeit ist der Anteil der fettleibigen Kinder noch niedriger als der Anteil der fettleibigen Erwachsenen, aber er steigt überall rasch an.

Fettleibigkeit wird mit zahlreichen Krankheiten in Verbindung gebracht. Dazu gehören die koronare Herzkrankheit, Diabetes Typ II, Krebs (Gebärmutter-, Brust- und Darmkrebs), hoher Blutdruck, hoher Cholesterin- oder Triglyceridspiegel, Schlaganfall, Leber- und Gallenerkrankungen, Schlafapnoe und Atemwegsprobleme, Osteoarthritis, gynäkologische Probleme (Menstruationsstörungen, Unfruchtbarkeit) sowie Ängste und Depressionen.

Auch die Zahl der Magersüchtigen und Bulimiker hat zugenommen, ebenso die Zahl der Teilsyndrom-Essstörungen. Ringer, Turner, Models und Künstler wie Tänzer, Sänger und Schauspieler haben ein erhöhtes Risiko, an diesen Störungen zu erkranken. Essstörungen betreffen bis zu 24 Millionen Amerikaner und 70 Millionen Menschen weltweit.[6] 90 Prozent der Betroffenen sind Frauen zwischen 12 und 25 Jahren.[7] Bei einer Umfrage unter Studentinnen gaben 91 Prozent an, dass sie schon einmal eine Diät gemacht hätten, und 22 Prozent hielten »oft« oder »immer« Diät.[8] Frauen sind zwar signifikant häufiger von Essstörungen betroffen, aber immerhin kämpfen auch eine Million Männer und Jungen damit.[9]

Sowohl bei Anorexie als auch bei Bulimie geht es um Kontrolle, wenn auch auf unterschiedliche Weise. Bulimie ist durch unkontrolliertes Essen mit Fress- und Brechzyklen gekennzeichnet, während hinter Anorexie oft der Wunsch nach übermäßiger Kontrolle des eigenen Körpers steht. Beispielsweise stellt eine der gravierendsten Erfahrungen von Kontrollverlust, der Kindesmissbrauch, einen hohen Risikofaktor für alle Arten von Essstörungen (und viele andere psychische Störungen) dar. Perfektionistische Eltern (Tiger-Eltern) sind ein weiterer Risikofaktor.

Wenn es um unsere Beziehung zum Essen geht, ist die Welt wirklich aus dem Gleichgewicht geraten. Wir haben eine Welt geschaffen, in der zu viele von uns an den Extrempunkten der glockenförmigen Verteilungskurve stehen. Wenn die Entwicklung mit derselben Geschwindigkeit weitergeht, wird es bald keine Glockenkurve mehr geben. Als Eltern liegt es in unserer Verantwortung, auf die Bremse zu treten und unseren Kindern zu helfen, eine gesunde Beziehung zum Essen zu entwickeln.

Eine günstige Umgebung schaffen

Reduzieren Sie bei sich zu Hause Junkfood oder schaffen Sie es ganz ab. Kaufen Sie Obst, Gemüse, Hülsenfrüchte und Vollkornprodukte und bereiten Sie, so oft Sie können, frische Mahlzeiten damit zu. Essen Sie um der Nährstoffaufnahme willen, mit kommunikativem Nebeneffekt – so machen es die Delfine.

Führen Sie drei Hauptmahlzeiten und drei Snacks pro Tag ein. Versuchen Sie, wenigstens eine Mahlzeit alle gemeinsam einzunehmen. Gemeinsames Essen in der Familie ist ein starker Indikator für zukünftige Gesundheit und Erfolg. Laut einigen Studien besteht bei Kindern, die mindestens fünfmal pro Woche mit der ganzen Familie essen, ein geringeres Risiko, schlechte Essgewohnheiten, Gewichtsprobleme oder Alkohol- und Drogenabhängigkeit zu entwickeln. Sie zeigen auch bessere schulische Leistungen als Gleichaltrige, die häufig allein oder außer Haus essen.

Vorbild sein

Erklären Sie Ihrem Kind, wie wichtig eine ausgewogene Ernährung ist. Essen Sie in Gegenwart Ihres Kindes häufig gesunde Nahrungsmittel bzw. bieten Sie Ihrem Kind davon an. Wenn Ihre Kinder sehen, dass Sie meistens versuchen, sich gesund zu ernähren, auch wenn Sie manchmal sündigen, verstehen sie schnell, welche Bedeutung einer ausgewogenen Ernährung zukommt.

Setzen Sie sich bei den Mahlzeiten an den Tisch, legen Sie Ihr Handy weg, schauen Sie auf Ihren Teller, essen Sie langsam und aufmerksam und kommentieren Sie Geschmack und Aussehen des Essens. Schaffen Sie eine angenehme, kommunikative Atmosphäre bei Tisch.

Und schließlich sollten Sie sich fragen, ob Sie andere nach deren Körperbild und -umfang beurteilen (antworten Sie bitte ehrlich und mutig). Falls die Antwort Ja ist, versuchen Sie, das zu ändern. Ich habe einmal eine Mutter sagen hören, dass ihre Tochter ihre Tanzlehrerin nicht möge, weil sie zu dick sei. In Wahrheit war es der Tochter völlig egal, wie dick ihre Tanzlehrerin war. Aber indem die Mutter diese Aussage vor ihrer Tochter traf, kommunizierte sie, dass es in Ordnung ist, körperliche Attribute mit dem Wert einer Person in Verbindung zu bringen. Messen Sie Körperumfang und -form einen Wert bei, aber überbewerten Sie sie nicht. Falls Sie es doch tun, arbeiten Sie daran, für sich selbst ein ausgewogenes Verhältnis zum Körperbild zu finden. Wenn Sie eine gesunde Beziehung zum Essen, zur Nahrungsaufnahme, zu Körperumfang und -form haben, wird Ihr Kind dies wahrscheinlich übernehmen.

Ihr Kind zum Erfolg führen

Sprechen Sie mit Ihrem Kind über die Vorteile einer gesunden und die Risiken einer ungesunden Ernährung. Erklären Sie ihm, welche Nahrungsmittel wenige Kalorien und viele Nährstoffe haben, wie zum Beispiel Obst, Gemüse und Vollkornprodukte.

Die meisten Menschen dürfen sich gelegentlich kleine Mengen fett-, zucker- und kalorienreicher Nahrungsmittel erlauben. Solange das die Ausnahme bleibt und bewusst genossen wird, ist dagegen nichts einzuwenden. Erlauben Sie Ihrem Kind ebenfalls ganz bewusst kleine Sünden anstatt ein striktes Süßigkeiten- oder Junkfoodverbot zu verhängen.

REZEPT

Aktiv sein

Wie alle Tiere sind Delfine aktiv. Sie springen manchmal sogar aus dem Wasser heraus und drehen sich in der Luft. Warum die Tiere das tun, ist nicht klar: Vielleicht halten sie nach jagenden Wasservögeln (und damit Fischschwärmen) Ausschau. Vielleicht kommunizieren sie mit anderen Delfinen, streifen lästige Parasiten ab oder haben einfach nur Spaß. Was auch immer der Grund sein mag – im Gegensatz zum Menschen kennen Delfine keine sitzende Lebensweise und keine daraus resultierenden Gewichtsprobleme. Nicht nur unsere Kinder, auch wir Erwachsenen brauchen dringend mehr Bewegung!

Die längste Zeit der Menschheitsgeschichte haben wir uns im Freien bewegt. Bewegung setzt BDNF frei. Sport, der das Herz-Kreislauf-System anregt (jede Form des Laufens, durch die sich die Grundfrequenz erhöht), ist bei leichten Angst- und Depressionssymptomen ebenso effektiv wie Antidepressiva. Dreimal pro Woche dreißig bis sechzig Minuten Sport unterstützt die Behandlung dieser Erkrankungen sehr wirkungsvoll.[10] Sport erhöht auch die Konzentration und geistige Leistungskraft, möglicherweise aufgrund stärkerer Aktivierung der am Lernen und am Langzeitgedächtnis beteiligten Neuronen. Es gibt einfach nichts Besseres als regelmäßige Bewegung!

Allerdings ist dabei eines zu beachten: Stark wettbewerbsorientierte Sportarten haben nicht denselben Effekt. Viele meiner Patienten treiben jede Menge Sport und leiden trotzdem unter Ängsten und Depressionen – weil ihr Sport mit Druck, Stress und starkem Wettbewerb verbunden ist. Kinder brauchen auch freie Bewegung, wie Gehen, Laufen, Wandern und Radfahren. Nur durch freien Sport können wir uns erholen und entspannen.

Eine günstige Umgebung schaffen

Eltern müssen sich heute mehr anstrengen, um eine günstige Umgebung für körperliche Aktivitäten zu schaffen. Die Requisiten des modernen Lebens (Auto, Fahrstuhl, Rolltreppe und vor allem Fernseher, Computer & Co.) verlocken zu einem passiven Lebensstil. Gehen Sie öfter zu Fuß oder nehmen Sie das Fahrrad, steigen Sie Treppen und achten Sie darauf, dass einfache Dinge, wie Gartenarbeit und Hausarbeit, von der ganzen Familie erledigt werden. Ein aktives Haustier, wie beispielsweise ein Hund, zwingt uns ins Freie. Probieren Sie »bewegte« Hobbys aus, wie Wandern, Radfahren, Schwimmen, Camping – was immer Ihnen Spaß macht. Und: Begrenzen Sie die Bildschirmzeit Ihrer Kinder (und am besten auch gleich Ihre eigene)!

Bildschirmzeit einschränken. Wenn ich mit Eltern über Sport spreche, höre ich oft: »Meine Kinder wollen einfach nur fernsehen, im Internet surfen und Computerspiele machen.« Aber diese Wünsche haben mit der Umgebung zu tun, in der Kinder leben, nicht mit einem natürlichen Wunsch, inaktiv zu sein. Insbesondere jüngere Kinder hätten gar keinen Zugang zu Bildschirmen, wenn Eltern ihn nicht ermöglichen würden.

Junge Amerikaner verbringen im Schnitt unglaubliche sieben Stunden und 38 Minuten pro Tag mit dem Konsum von Unterhaltungsmedien.[11] Der durchschnittliche amerikanische Jugendliche sitzt 900 Stunden pro Jahr in der Schule und 1500 Stunden vor dem Bildschirm. In Deutschland widmet sich ein gutes Fünftel der 16- bis 18-jährigen mehr als sechs Stunden täglich der Unterhaltung über Fernseher, Computer und Smartphone.

Exzessives Fernsehen in der Kindheit und Jugend wird mit zahlreichen negativen Entwicklungen in Verbindung gebracht. Eine Studie zeigte, dass frühes Fernsehen zu Aufmerksamkeitsstörungen in der Pubertät führen kann. Die Ergebnisse blieben auch bei Berücksichtigung von Geschlecht, Aufmerksamkeitsproblemen in der frühen Kindheit, kognitiven Fähigkeiten im Alter von fünf Jahren und soziökonomischem Status signifikant. Sie waren auch unabhängig vom Fernsehkonsum in der Pubertät.[12]

Auch wenn der Fernseher nur im Hintergrund läuft, schadet er unseren Kindern: In einer Studie beschäftigten sich 12 bis 36 Monate alte Kinder, während ihre Eltern im selben Raum Erwachsenenprogramme im Fernsehen sahen, kürzer mit ihrem Spielzeug, als wenn das Fernsehgerät nicht lief. Außerdem gingen die Kinder einer weniger komplexen Art von Spiel nach.[13] Offensichtlich beanspruchte das Fernsehprogramm, obwohl es für die Kinder größtenteils unverständlich und wahrscheinlich langweilig gewesen sein dürfte, doch so stark ihre Aufmerksamkeit, dass sie immer wieder vom Spielen abgelenkt wurden. Natürlich sprechen Erwachsene auch weniger mit ihren Kindern, wenn der Fernseher läuft.

Wir können das Fernsehprogramm und den Inhalt von Computerspielen nicht beeinflussen, aber wir entscheiden, was wir kaufen, und wir können und müssen die Bildschirmzeit kontrollieren. In 67 Prozent aller amerikanischen Haushalte werden Computerspiele gespielt. In etwa einem Drittel der Haushalte mit kleinen Kindern läuft der Fernseher die meiste Zeit oder ständig.[14] Die Anzahl der Fernsehgeräte im amerikanischen Durchschnittshaushalt steigt (von 2,86 pro Haushalt 2009 auf 2,93 im Jahr 2010)[15]. 2010 hatten 55 Prozent der Haushalte drei oder mehr Fernsehgeräte, und derzeit gibt es mehr Fernseher pro Haushalt als Personen![16]

Ich habe, wie viele andere Eltern auch, das Fernsehen schon als Babysitter, als Belohnung für das Erledigen der Hausaufgaben und als Ablenkung beim Füttern der Kleinsten (meine Kinder waren die wählerischsten Esser weit und breit!) eingesetzt.

Aber letztlich ist es so, dass *wir* bei uns zu Hause die Kontrolle haben, auch wenn das Quengeln und Jammern der Kinder anstrengend sein mag.

Wir haben verschiedene Möglichkeiten beim Umgang mit Unterhaltungsmedien. (1) die einfache Option: die Kinder in Bezug auf Fernsehen und andere Medien tun lassen, was sie wollen; (2) die hoch wirksame Option: überhaupt keine Bildschirme zu Hause haben, weil Kinder anderswo genug davon zu sehen bekommen (einfach, aber definitiv nicht leicht); (3) die Option dazwischen (für die ich mich entschieden habe): klare Grenzen für die Bildschirmnutzung festlegen, die unter allen Umständen eingehalten werden. Falls Sie sich für Option 2 oder 3 entscheiden, erklären Sie Ihren Kindern mit aufrichtigem Mitgefühl und Freundlichkeit Ihre Beweggründe. Zum Beispiel so: »Ich weiß, dass es nicht leicht für euch ist. Als Kind habe ich auch gern ferngesehen. Es soll keine Strafe sein. Aber die Zeit, die ihr vor dem Fernseher verbringt, ist mit den übrigen wichtigen Dingen im Leben nicht im Gleichgewicht. Deshalb gibt es jetzt Grenzen, damit wir unser Gleichgewicht wiederfinden können ...«

Natürlich werden Ihre Kinder zunächst alles versuchen, um Sie umzustimmen, aber wenn klar ist, dass Nein auch wirklich Nein bedeutet, hören sie damit auf. Die Rückeroberung der Kontrolle über Ihre häusliche Umgebung kann ungefähr eine Woche dauern – manchmal mehr, manchmal weniger –, das ist von Ihren Kindern und von Ihrer Stärke abhängig. Stellen Sie sich auf ein paar schwierige Tage ein, und planen Sie während dieser Übergangszeit keine besonderen Termine ein, denn Ihre Kinder werden sofort die Gelegenheit ergreifen, die Grenzen aufzuweichen, sobald sie merken, dass Sie im Stress sind. Denken Sie daran, dass es in Ihrem Leben mehr Balance geben wird, wenn Sie sich an Ihren inneren Delfin halten.

Vorbild sein

Leben Sie vor, dass Bewegung, Aktivität, Dehnübungen und Sport Ihnen wichtig sind. Das bedeutet nicht, dass Sie sich bei Kursen anmelden oder ins Fitnessstudio gehen müssen – obwohl auch das gut ist, wenn es für Sie keinen zusätzlichen Stress bedeutet. Noch bis vor wenigen Jahrzehnten bekam der Mensch nur durch seine Alltagsaktivitäten genügend Bewegung. Deshalb genügen oft schon einige einfache Veränderungen, um aktiver zu sein. Ich gehe nach Möglichkeit zu Fuß, statt mit dem Auto zu fahren. Ich nehme die Treppe statt den Aufzug. Ich stehe einmal pro Stunde vom Computer auf und dehne meinen Rücken. Ich sage meinen Kindern, wie unangenehm es ist, den ganzen Tag zu sitzen. Ich habe sogar angefangen, meine Kinder zu einigen meiner Behandlungstermine mitzunehmen. Wenn sie sehen, wie der Chiropraktiker meinen Rücken einrenkt oder die Akupunkteurin Nadeln in meinen Körper steckt, wird ihnen deutlich vor Augen geführt, was mit mir passiert ist, weil ich mich nicht früher um meinen Körper gekümmert habe. Seit Kurzem gehe ich mit meinem Ältesten zum Yoga, und es ist fantastisch, sich zusammen mit seinem Kind zu bewegen, zu dehnen, zu atmen und Achtsamkeit zu üben.

Ihr Kind zum Erfolg führen

Konsequente Botschaften, Vorbildsein und eine günstige Umgebung sind die Eckpunkte einer Erziehung zu mehr Aktivität. Die wirkungsvollste Möglichkeit, Kinder zu mehr Bewegung anzuregen, besteht darin, ihnen freundlich und mitfühlend zu erklären, warum sie es tun sollen – und am besten gleich mitzumachen. Seien Sie bestimmt, liebevoll und konsequent – es lohnt sich.

REZEPT

Erholsam schlafen

Auch Delfine müssen schlafen. Andererseits müssen sie aber regelmäßig an die Wasseroberfläche kommen, um zu atmen, und ständig auf der Hut vor Räubern sein. Deshalb schlafen sie mit nur einer Gehirnhälfte und buchstäblich mit einem Auge offen! Eine Hälfte des Delfingehirns bleibt aktiv, damit die andere schlafen kann. Die Tiere kommen so auf etwa acht Stunden Schlaf pro Tag. Angesichts all dessen, worüber sich Delfine Sorgen machen müssen, und angesichts der Tatsache, dass sie es trotzdem schaffen, über längere Zeit tief zu schlafen, haben wir wirklich keine Ausrede mehr für schlechten Schlaf!

In meiner mehr als zehnjährigen Berufspraxis bestand die wirksamste Einzelmaßnahme immer darin, die heilende und lebenserhaltende Wirkung des Schlafs zu betonen. Ich habe mit Hunderten, wenn nicht Tausenden von Menschen über die Bedeutung des Schlafs gesprochen. Und ich habe Dutzende von Einweisungen in psychiatrische Kliniken verhindert, indem ich meine Patienten zu besserem Schlaf angeleitet habe.

Eine optimale Gehirnfunktion erfordert Organisation und Stabilisierung der Neuronen und zugehörigen Strukturen. Schlaf und Träume (REM-Schlaf) scheinen diesem Zweck zu dienen. Forschungsergebnisse haben gezeigt, dass Schlaf und Träume das Gedächtnis verbessern und neuronale Prozesse stabilisieren.[17] Insbesondere REM-Schlaf trägt zum Testen und Stärken von Schaltkreisen im Gehirn bei und tritt dementsprechend in Zeiten der Gehirnentwicklung, wie Kindheit und Jugend, am häufigsten auf.

Bei einer Studie der Harvard Medical School sollten Studenten vor dem Einschlafen an ein Problem denken, das sie gerade zu lösen versuchten. Dabei stellte sich heraus, dass eine signifikante Zahl der Probanden im Traum neue Lösungen fand![18] In einer deutschen Studie an der Universität Lübeck wurde den Teilnehmern gezeigt, wie sie ein langwieriges mathematisches Problem lösen konnten. Anschließend hatten sie eine Pause von acht Stunden, in der einige von ihnen schliefen, andere nicht. Beim erneuten Test war die Wahrscheinlichkeit, eine einfachere Lösung zu finden, bei denen, die geschlafen hatten, doppelt so hoch.[19] Aber natürlich brauchen wir keine Studie, um zu wissen, dass wir alle nach einem erholsamen Nachtschlaf besser funktionieren!

Das Gefühl des Wohlbefindens, das aus ausreichendem Schlaf resultiert, ist ein intuitives Signal für uns, diesen Vorgang zu wiederholen. Aber viele von uns scheinen vergessen zu haben, dass es ein biologisches Bedürfnis nach Schlaf gibt, Erschöpfung und Schlafmangel sind fast schon eine Art bizarres Statussymbol. Wenn wir nicht ruhig und ausreichend schlafen, schickt Mutter Natur uns Warnsignale wie Erschöpfung, schlechte Konzentration und Ängste. Beachten wir die Warnungen nicht, treten Funktionsstörungen auf, und wir können auch dann nicht mehr richtig schlafen, wenn wir Gelegenheit dazu hätten.

Im menschlichen Körper reguliert der Schlaf … alles. Schlafmangel führt zu einer Reihe kurz- und langfristiger Probleme:

- **Hormonelle Veränderungen, die zur Gewichtszunahme führen können.** Schlafmangel ist mit einer Fehlregulierung von Ghrelin (dem Hormon, das den Appetit stimuliert und die Insulinausschüttung erhöht und zum Teil für die Umwandlung von Nahrung in Körperfett verantwortlich ist) in Verbindung gebracht worden.[20]
- **Verminderte Leistungsfähigkeit und Wachheit.** Es hat seinen Grund, dass wir Leuten vor wichtigen Ereignissen empfehlen, sich auszuschlafen. Eine einzige Nacht, in der wir

schlecht schlafen (dabei genügt schon eine Verkürzung des Schlafs um 90 Minuten) wird mit einer 33-prozentigen Verminderung der Wachheit am Tag in Verbindung gebracht.

- **Beeinträchtigung des Gedächtnisses und der kognitiven Fähigkeiten.** Nach 24 Stunden Schlafentzug sind die Reaktionszeiten bei Aufgaben, die Gedächtnis- und feinmotorische Fähigkeiten erfordern, deutlich länger als nach einem normalen Nachtschlaf.[21]
- **Schlechte Lebensqualität.** Schlafmangel kann zu langfristigen Problemen, wie hohem Blutdruck, Herzinfarkt, Herzinsuffizienz, Schlaganfall, Übergewicht, psychiatrischen Problemen (einschließlich Depression und anderen Stimmungsstörungen), Aufmerksamkeitsdefizitsyndrom (ADS), geistiger Beeinträchtigung, fötalen und kindlichen Wachstumsstörungen und Schlaflosigkeit, führen.[22]

Schüler, die nicht genug Schlaf bekommen, sind erheblich benachteiligt. Schlaf hat deutliche Auswirkungen auf schulische Leistungen. Bei einer Studie zeigte sich, dass Schüler mit guten Noten vierzig Minuten früher zu Bett gingen und etwa 25 Minuten mehr Schlaf bekamen als Schüler, die schlechte Noten bekamen.[23] Außerdem waren die Noten der Schüler um so schlechter, je länger sie am Wochenende aufblieben. Bei der Studie wurde auch der Zusammenhang zwischen Verhalten, Stimmungen und Gefühlen tagsüber mit »adäquaten« oder »nicht adäquaten« Schlafmustern untersucht. Schüler, die pro Nacht weniger als sechs Stunden und 45 Minuten schliefen, und Schüler, die mehr als zwei Stunden später als Gleichaltrige aufstanden, litten tagsüber unter Müdigkeit, Problemen mit dem Schlaf-Wach-Verhalten und depressiven Stimmungen.

Die gute Nachricht für Menschen, die unter Schlaflosigkeit und anderen Problemen im Zusammenhang mit Schlafentzug leiden, ist, dass Gedächtnisprobleme und kognitive Defizite durch Training und Behandlung besser werden und gesundheitliche Probleme wieder zurückgehen.

Früher wunderte ich mich darüber, wie überrascht die Menschen waren, wenn ich sie über dieses biologische Grundbedürfnis aufklärte. Einmal erklärte ich einem Kardiologen, dessen Frau unter schweren Wochenbettdepressionen litt und Verwirrungszustände zeigte, dass sie einfach nur genügend Schlaf brauche – sie hatte seit vier Monaten nicht mehr als vier Stunden pro Nacht geschlafen. Diese Art des Schlafentzugs führt dazu, dass wir den Kontakt zur Realität verlieren. Nachdem sie vier Tage lang gut geschlafen hatte, war sie zwar immer noch depressiv und brauchte eine Behandlung, aber sie war nicht mehr verwirrt und psychotisch. Nun sollte man meinen, dass ein Kardiologe die überlebenswichtige Bedeutung des Schlafs kennen sollte, aber so weit sind wir als Gesellschaft vom richtigen Weg abgekommen – sogar ich selbst muss manchmal daran erinnert werden!

Junge Menschen leiden oft unter Schlafmangel. Kinder zwischen zehn und siebzehn Jahren sollten pro Nacht mindestens achteinhalb bis neuneinhalb Stunden schlafen.[24] Grundschulkinder brauchen elf Stunden Schlaf pro Nacht. Alles darunter ist Schlafentzug.

Ohne ausreichenden Schlaf ist unser Geist weder ausgeruht noch wach. Und wenn wir müde sind und unter Schlafmangel leiden, können wir kaum kreativ, fürsorglich, respektvoll, verantwortungsvoll, selstbständig und an Problemlösungen interessiert sein.

Eine günstige Umgebung schaffen

Mit einer zuverlässigen, aber flexiblen Routine lässt sich eine günstige Umgebung für erholsamen Schlaf schaffen. Versuchen Sie dafür zu sorgen, dass Ihr Kind jeden Abend ungefähr um dieselbe Zeit zu Bett geht und jeden Morgen ungefähr um dieselbe Zeit aufsteht. Aber seien Sie flexibel. Menschen haben einen 25-Stunden-Rhythmus, und der Zeitpunkt, zu dem das Ruhebedürfnis auftritt, kann leicht variieren. Wenn Ihr Kind beispielsweise gern am Tag ein Nickerchen macht, lassen Sie es schlafen (allerdings nicht länger als zwei Stunden und nicht später als sechs Stunden vor dem Zubettgehen). Wenn Ihr Kind eine Nachteule ist, lassen Sie es am Wochenende länger aufbleiben, solange sein Schlaf nicht gestört ist.

Vorbild sein

Schaffen Sie in Ihrem eigenen Leben gesunde Schlafrituale und eine günstige Schlafumgebung, auch wenn das bedeutet, viele Dinge einzuschränken, die Sie auf Trab halten.

Eine häufige Ursache für Schlafentzug bei den vielen Wöchnerinnen, mit denen ich gearbeitet habe, waren nicht die Babys, sondern die vielen Dinge, die sie glaubten, tun zu müssen. Besuche, Dankeskarten, Facebook-Einträge, der Haushalt, all das beansprucht wertvolle Zeit, die vom Schlaf abgeht. Doch nach der Geburt eines Kindes befinden wir uns im Überlebensmodus und müssen den Wunsch nach Perfektion loslassen! Es ist völlig in Ordnung, wenn eine junge Mutter (und ihre Wohnung) aussehen, als ob sie gerade ein Baby bekommen hat. Schlaf ist im Wochenbett am allerwichtigsten.

Wenn Ihre Kinder älter werden, können Sie ihnen erklären, dass Sie müde sind, weil Sie nicht genug Schlaf hatten. Und an Tagen, an denen Sie gut geschlafen haben, können Sie ihnen sagen, wie gut Sie sich fühlen.

Ihr Kind zum Erfolg führen

Erklären Sie Ihren Kindern die Vorteile erholsamen Schlafs und die Nachteile schlechten Schlafs. Bringen Sie gute Erfahrungen im Alltag mit gutem Schlaf in Verbindung, schlechte – beispielsweise einen Wutanfall oder eine schlechte Leistung – mit Schlafmangel.

Entfernen Sie Fernsehgeräte, Computer und andere elektronische Geräte aus dem Schlafzimmer. Diese Forderung ist nicht verhandelbar. Bildschirme im Schlafzimmer führen zu lebenslangen schlechten Schlafgewohnheiten. Außerdem kann das weiße Licht der Bildschirme unsere Netzhaut überstimulieren und die Freisetzung von Melatonin verzögern, das für guten Schlaf erforderlich ist. Einige neue Geräte verwenden blaues Licht, um diesen Effekt abzumildern, aber das ist keine Lösung. Verzicht auf Bildschirme im Schlafzimmer, das ist eine.

Beim Thema Schlafen bin ich sehr strikt. Unser Familienleben funktioniert einfach nicht, wenn auch nur einer von uns zu wenig geschlafen hat. Ich habe klare Regeln und Konsequenzen festgelegt und viel Zeit darauf verwendet, meinen Kindern die Bedeutung von Schlaf zu erklären. Wenn es um Schlaf geht, kann ich definitiv autoritär werden – aber immer auf eine kooperative Weise. Vor Kurzem habe ich meinen Kindern Folgendes gesagt (warum müssen sie immer ausgerechnet vor dem Zubettgehen so viel Spaß haben und so süß dabei aussehen?):

»Ich sehe, dass ihr gerade viel Spaß habt, aber wenn ihr *jemals* wieder bei Freunden übernachten wollt, müsst ihr mir zeigen, dass ihr begreift, wie wichtig Schlaf ist. Ich bin sicher, dass ihr das versteht und jetzt schnell ins Bett geht.«

Teenager und Schlafen. Im Teenageralter scheinen sich die Schlafrhythmen zu verschieben. Vielleicht trat diese Verschiebung ursprünglich auf, um Teenager auf das Erwachsenenalter vorzubereiten, wo sie im Dunkeln jagen, sammeln oder für ihre eigene Sicherheit sorgen mussten. Jugendliche tun sich schwer damit, um 21 Uhr oder auch um 22 Uhr einzuschlafen. Handeln Sie eine vernünftige Schlafenszeit aus. Die meisten Jugendlichen werden 23 Uhr oder 24 Uhr angeben. Helfen Sie ihnen, sich daran zu halten. Wenn diese Schlafenszeit ihnen nicht die neun oder zehn Stunden Schlaf ermöglicht, die sie brauchen, finden Sie eine Möglichkeit, es auszugleichen – vielleicht mit einem Mittagsschlaf.

Wenn Ihr Teenager morgens todmüde ist, versuchen Sie ihn zu einem Mittagsschlaf anzuregen, der allerdings nicht länger als eine Stunde dauern sollte und mindestens sechs Stunden vor dem Zubettgehen enden sollte. Lassen Sie Teenager am Wochenende ausschlafen, und ja, das kann bis mittags bedeuten. Wenn ein Kind im Tiefschlaf ist, brauchen Körper und Geist offensichtlich die Erholung.

Wie können wir erfolgreich leben?

Tiefes Atmen, Achtsamkeit, ausreichende Wasserzufuhr, gesunde Ernährung, Bewegung und erholsamer Schlaf sind also für unser Überleben notwendig – darum hat die Natur positive und negative Rückkopplungsschleifen für diese Überlebensaktivitäten in unsere Biologie einprogrammiert. Wenn wir mit diesen Aktivitäten im Gleichgewicht sind, können wir überleben. Aber geht es nicht um mehr als um bloßes Überleben? Ja! Wir können erfolgreich sein und ein Leben voller Vitalität und Freude führen. Nicht nur unsere Kinder sind dazu fähig, sondern auch wir selbst. Wenden wir uns also jetzt den anderen Dingen des Lebens zu, für die wir in hohem Maße belohnt werden. Entdecken Sie Ihren inneren Delfin!

Spielen liegt in unserer Natur

In den 1920er-Jahren studierte der britische Anthropologe Gregory Bateson das Volk der Baining in Papua-Neuguinea. Nachdem er 14 Monate lang unter ihnen gelebt hatte, war er von seinem Projekt gelangweilt und frustriert. Bateson fand die Kultur der Baining sehr profan, mit wenigen Pubertätsriten, Mythen, Geschichten, Festen oder religiösen Traditionen. Die Aktivitäten der Baining waren stark strukturiert. Beispielsweise folgten ihre Tänze strikten Regeln, die präzise einzuhalten waren. Am Ende erklärte Bateson enttäuscht, die Baining seien »nicht studierbar«, weil es in ihrem Leben nichts Interessantes gebe. Er wies auch darauf hin, dass sie »kaum irgendwelchen Aktivitäten jenseits der Alltagsroutine nachgingen und ... dass ihr Dasein trist und farblos ist«.[1]

Vierzig Jahre später traf der Anthropologe Jeremy Pool frustriert exakt dieselbe Aussage, nachdem er ein Jahr lang mit den Baining gelebt hatte. Erst eine weitere Anthropologin, Jane Fajans, konnte in Erfahrung bringen, warum die Baining ein so freudloses Leben führten.[2] Fajans fand heraus, dass die Baining Spiel und »kindisches« Verhalten mit dem Verhalten von Tieren in Verbindung bringen. Sie sind der Meinung, dass Menschen keine tierischen Verhaltensweisen zeigen dürfen und versuchen sie daher sowohl bei Kindern als auch bei Erwachsenen zu unterbinden. Ihre »sehr profane Kultur« und »ihr tristes und farbloses Dasein« lassen sich unmittelbar auf das fehlende Spiel zurückführen.

Ich kann die Frustration dieser Anthropologen bei ihrer Beschäftigung mit den Baining verstehen. Sie ähnelt wahrscheinlich meiner eigenen Erfahrung mit Kindern aus extremen Tiger-Familien. Ich finde es schwierig, eine Interaktion mit ausgeprägten Tiger-Jugendlichen aufrechtzuerhalten, weil der Kommunikationsfluss so eingeschränkt ist. Stuart Brown, dem Gründer des National Institute for Play, fiel etwas Ähnliches bei Studenten der Stanford University auf. Er führte zwölf Jahre lang mit Studenten im zweiten Studienjahr ein Herbstseminar zum Thema Spielen durch, auf das jeweils ein zweiwöchiges Training zur Förderung von Führungsqualitäten folgte. Stuart sagte über diese Studenten Folgendes:

Mir ist aufgefallen, wie intelligent alle Stanford-Studenten sind. Aber je anspruchsvoller das Zulassungsverfahren für Stanford wurde, desto weniger eigenständig waren die Studenten, die es schafften. Ich hatte den Eindruck, dass von ihnen nur selten spontane Freude ausging. Sie verfügten über ein enormes Faktenwissen und waren ständig darauf aus, die Professoren zufriedenzustellen. Mit wenigen Ausnahmen leiden sie meiner Meinung nach unter chronischem niederschwelligen Spielentzug und sind so an ihr hektisches, unter Druck stehendes, auf Hochleistung gedrilltes Leben gewöhnt, dass sie (obwohl sie eigentlich fast noch Kinder sind) nicht merken, was ihnen bei ihrem Streben nach herausragenden schulischen Leistungen und Erfolg entgangen ist.[3]

Die Entwicklung des kognitiven Quotienten durch Spiel

Für Menschen jeden Alters ist das Spielen direkt mit der Entwicklung des präfrontalen Kortex verbunden[4] – der Gehirnregion, die für die Unterscheidung zwischen relevanten und irrelevanten Informationen, für Zielausrichtung, abstrakte Konzepte, Entscheidungsfindung, Überwachung und Strukturierung unserer Gedanken und Gefühle, für Belohnungsaufschub und Zukunftsplanung zuständig ist. Der präfrontale Kortex steuert unsere höchsten Denkvorgänge und Funktionen. Er ist der Teil des menschlichen Gehirns, der sich zuletzt entwickelt hat und sich auch bei jedem einzelnen Menschen zuletzt ausprägt. Seine volle Reife erreicht er erst in der Mitte unserer Zwanziger.

Bei allen Jungtieren korreliert die Zeit, die mit Spielen verbracht wird, mit der Wachstumsrate und Größe des Kleinhirns, das mehr Neuronen als der Rest des Gehirns enthält. Neben der Motoriksteuerung, Koordination und Balance ist es für wichtige kognitive Funktionen wie Aufmerksamkeit und Sprachverarbeitung zuständig. Aktives Spiel stimuliert den Wachstumsfaktor BDNF, der wiederum das Nervenwachstum anregt. Es fördert auch die Entstehung neuer Nervenverbindungen zwischen zuvor nicht verbundenen Bereichen. Unser Bedürfnis zu spielen ist für unser Überleben so wichtig, dass der Spielimpuls ebenso grundlegend wie der Schlaf- oder Essimpuls ist. Spielen ist für die Entwicklung der vier KQ-Kompetenzen – Kreativität, kritisches Denken, Kommunikation und Kooperation – enorm wichtig.

Aber nicht alle Arten von Spiel sind gleichwertig. Mein Sohn spielt in einer Fußballmannschaft und ist dort fast das ganze Jahr über jede Woche aktiv. Er trägt ein Trikot, Schienbeinschützer und Stollenschuhe und spielt auf einem völlig symmetrischen Feld mit abgemessenen, sorgfältig gezogenen Grenzlinien. Die Regeln sind klar, Trainer und Schiedsrichter sorgen für ihre Einhaltung. Wenn es Unstimmigkeiten gibt, findet der Trainer eine Lösung. In einer Fußballmannschaft aktiv zu sein, macht meinen Sohn zu einem immer besseren Fußballspieler. Es ist jedoch nicht die Art von Spiel, das die KQ-Kompetenzen fördert.

Eines Tages spielten meine Söhne und vier andere Kinder aus der Nachbarschaft auf der Straße Hockey. Nach einer Weile hatten sie keine Lust mehr. Einige der Jungen wollten nach Hause, andere lieber noch im Garten Fußball spielen. Sie diskutierten darüber, und die Mehrheit, die für Fußball plädiert hatte, setzte sich durch. Sie hatten kein Fußballfeld; also verwendeten sie als Begrenzung die Hockeyschläger und andere Dinge aus dem Garten: Ein altes Fahrrad und ein Gartenstuhl dienten als ein Tor, zwei Bäume als das andere. Bald erkannten sie einige Probleme: Sie waren nicht gleich alt und hatten unterschiedliche sportliche Fähigkeiten. Außerdem hatte der Garten ein Gefälle – alles Dinge, die es schwierig machten, »fair« zu bleiben. Also mussten sie sich etwas überlegen. Da das Gefälle der Mannschaft am oberen Ende einen Vorteil gab, bekam die Mannschaft am unteren Ende einen zusätzlichen Spieler. Die Jungen handelten weitere Regeln aus und passten sie während des Spiels an. Ab und zu gab es Streit, aber alle wussten, dass das Spiel vorbei sein würde, wenn sie sich nicht vertrugen – also fanden sie Lösungen. Sie räumten sogar nach dem Spiel auf. Ich bin nicht sicher, ob die Jungs an diesem Nachmittag ihre Fußballfähigkeiten verbesserten, aber auf jeden Fall lernten sie eine Menge über Kreativität, kritisches Denken, Kommunikation und Kooperation.

Einige der ältesten Formen des Spielens ermöglichen die intensivsten Erfahrungen. Beispielsweise lernen Kinder beim Versteckspielen die Freude am Erforschen der Gegend und an autonomem Verhalten und den Spaß am Gesucht- und Gefundenwerden kennen. Wenn Kinder zum ersten Mal weglaufen und sich verstecken, sind sie aufgeregt und glücklich über ihre Selbstständigkeit, aber nach einer Weile lässt die Aufregung nach und die Sehnsucht nach dem Zusammensein mit den anderen wächst. Die Anspannung baut sich während der Wartezeit auf und löst sich, wenn sie gefunden werden. In diesem Augenblick fühlen sie sich gewollt und geliebt. Im Wesentlichen lernen sie dabei, dass Beziehungen stark sind und dass wir, auch wenn wir vorübergehend voneinander getrennt sind, immer wieder zusammenkommen.

Selbst ein Spiel, das keinen Spaß mehr zu machen scheint, kann wertvoll sein. Nehmen wir einmal den so häufig von Kindern beim Spielen ausgesprochenen Satz: Das ist nicht fair. Beim Spielen erleben Kinder aus erster Hand, was fair und was unfair ist. Außerdem finden sie heraus, wem sie vertrauen können und wem nicht, und sie erleben die natürlichen Konsequenzen ihres eigenen nicht vertrauenswürdigen oder unfairen Verhaltens.

Stuart Brown erzählt eine Geschichte von den Managern in dem der NASA angeschlossenen Jet Propulsion Laboratory (JPS), die zeigt, wie wichtig das Spielen für den zukünftigen Erfolg unserer Kinder ist.[5] Die Führungskräfte bemerkten, dass die jüngeren Ingenieure zwar Spitzennoten von Spitzenuniversitäten hatten, aber nicht die Problemlösungskompetenz und Kreativität der älteren Ingenieure besaßen. Als sie herauszufinden versuchten, woran das lag, stellten sie fest, dass die älteren Techniker als Kinder mehr gespielt und erforscht hatten. Sie waren als Kinder intensiven praktischen

Aktivitäten nachgegangen. Sie hatten Uhren auseinandergenommen und wieder zusammengesetzt, Seifenkisten gebaut und Geräte repariert. Die neue Generation hingegen hatte tolle Lebensläufe, aber wenig Erfahrung mit dieser Art von Spiel. In der Folge wurde bei den Einstellungsgesprächen nicht mehr so viel nach der Ausbildung, sondern verstärkt nach dem »spielerischen«, kreativen Hintergrund der Bewerber gefragt. Wie schon Albert Einstein sagte: »Spielen ist die höchste Form der Forschung.«

Wenn Ihre Kinder intelligent werden sollen, lassen Sie sie spielen. Wenn sie emotionale Regulation lernen sollen, lassen Sie sie spielen. Wenn sie innovativ sein sollen, lassen Sie sie spielen. Und wenn sie in der Lage sein sollen, in einem Team zu arbeiten und mit anderen erfolgreich zu kommunizieren – lassen Sie sie spielen. Die Betonung liegt hier auf *lassen!* Wenn Sie Ihren Kindern Zugang zu etwas geben wollen, das zu den stärksten Indikatoren für zukünftige Intelligenz und gesunde Entwicklung zählt, dann müssen Sie lediglich darauf achten, ihnen nicht im Weg zu stehen!

»Dem Spiel unserer Fantasie schulden wir unermesslich viel«, hat Carl Jung gesagt. Dem kann ich nur zustimmen. Spielen liegt in unserer Natur. Alle Säugetiere verwenden am Tag einige Zeit auf das Spielen, obwohl sie dem Stress des Lebens in der Natur ausgesetzt sind, wo sie jeden Augenblick von einem Raubtier gefressen werden könnten.

Man weiß, dass Delfine mit Seetang und Luftblasen spielen, akrobatische Kunststücke machen, spielerisch pfeifen und quieken und sogar mit Menschen spielen. Delfine fühlen sich oft zu »besten Freunden« hingezogen, das heißt, zu anderen Delfinen mit ähnlichen Spielinteressen. Anscheinend lernen Delfine durch das Spiel, miteinander und mit der Welt zu interagieren. Mithilfe des Spielens lernen und üben sie die Fähigkeiten, die sie brauchen, um in den weiten, wechselhaften und oft gefährlichen Gewässern der Weltmeere und großen Flüsse erfolgreich zu überleben. Delfinspiele können Strategie, Wettbewerb und viel Zeit zur Entwicklung von Jagd- und Kampffähigkeiten umfassen. Beim Spielen scheinen Delfine auch eine Bindung zueinander herzustellen, Schwimmen zu üben und ihre Navigationsfähigkeiten zu verfeinern.

Delfine und Menschen gehören zu den verspieltesten Arten auf dem Planeten. Tatsächlich besteht eine starke positive Korrelation zwischen der Zeit, die ein Tier für das Spielen aufwendet, und seiner relativen Gehirngröße. Delfine, die nach dem Menschen das zweitgrößte Gehirn haben, liegen in Bezug auf die Spielzeit vielleicht sogar vorn.

Was bedeutet Spielen?

Allgemein ausgedrückt, kommen beim Spielen zwei Arten von Denken zum Tragen: das divergente und das konvergente Denken. Divergentes Spiel ist unstrukturiert, frei und hat das Erforschen verschiedener Möglichkeiten, etwas zu tun, zum Gegenstand – im Gegensatz zum Erlernen der »richtigen« Vorgehensweise. Es erfordert Kreativität, weil es Erkundung zulässt. Beim divergenten Spiel gibt es keine absoluten, richtigen Antworten. Konvergentes Spiel dagegen ist weniger kreativ, weil es Strukturen, Regeln oder – wie beispielsweise einige (nicht alle) Computerspiele oder moderne LEGO-Kästen (s. S. 8) – »korrekte« Antworten und Lösungen erfordert. Wenn ich in diesem Kapitel von »Spielen« spreche, meine ich unstrukturiertes, divergentes Spielen.

Spielen hat zahlreiche Vorteile:

- **Es erfordert Ausprobieren.** Spielen bietet Kindern die erste Gelegenheit, Fehler zu machen und Fehlschläge hinzunehmen. Fehler und Niederlagen geben Kindern die Möglichkeit, es erneut zu versuchen und Dinge herauszufinden. »Versuch und Irrtum« ist eine wichtige Voraussetzung für Erfolg.
- **Es ermöglicht uns, Neues zu entdecken.** Weshalb freuen sich Kinder und Erwachsene über neue Spielsachen, ein neues Buch, einen neuen Film, eine neue Erfahrung, einen neuen Freund, eine neue Art, etwas zu tun? Ganz einfach – das menschliche Gehirn setzt Dopamin frei, wenn es etwas Neues lernt, wodurch wir mit Wohlbefinden oder Freude belohnt werden. In der Übergangsphase (zwischen 12 und 24 Jahren) ist das Gehirn am empfänglichsten für Dopamin und setzt am meisten frei – weshalb man Jugendliche dieser Altersgruppe als »Neuheiten-Junkies« bezeichnen könnte (wenn sich ihnen nicht der Tiger in den Weg stellt). Die Liebe zum Neuen treibt Jugendliche dazu, Neues auszuprobieren (zu spielen) und ihre Welt zu erkunden. Und die Erforschung der Welt ist eine Voraussetzung für das Verlassen des Nestes und ein selbstständiges Leben.
- **Es macht Spaß.** Spaß ist der Schlüssel zum Erkunden der eigenen Leidenschaften und zum Abbau von Stress, was beides wichtig für die Zufriedenheit ist.
- **Es hilft, Teamfähigkeit zu entwickeln.** Beim Spielen lernen Kinder, soziale Bindungen einzugehen und die Werte Vertrauen, Teilen und Fairness zu entwickeln, die für die Entwicklung von Persönlichkeit und Führungsqualitäten wichtig sind.
- **Es verbessert unsere Innovationsfähigkeit und Kreativität.** Spielen umfasst Beobachten, Infragestellen, Expe-

rimentieren, Geselligkeit und Aufbau von Netzwerken – wichtige Aktivitäten bei der Entwicklung des KQ.

- **Es hilft uns, mit neuen Herausforderungen umzugehen.** Da das Spiel es uns ermöglicht, Fantasie zu entwickeln, zu kommunizieren, Probleme zu lösen, zu experimentieren, zu kooperieren, Dinge auszuprobieren und zu scheitern, neue Wege zu beschreiten und Dinge zu erschaffen, liefert es uns die kognitiven Fähigkeiten, die wir zum Überleben und für den Erfolg im 21. Jahrhundert brauchen.

Formen des Spiels

Spielen ermöglicht uns, all die oben genannten Dinge zu tun, unser Leben nicht zu ernst zu nehmen sowie unsere innere und äußere Welt achtsam zu erkunden. Das Spielen nimmt uns so in Anspruch, dass Stunden unbemerkt vergehen können. Diese tiefe Konzentration, das völlige Aufgehen in einer Tätigkeit nennt man auch Flow. Spiel ist Achtsamkeit in ihrer faszinierendsten Form.

Das amerikanische National Institute for Play beschreibt verschiedene Formen des Spiels.[6]

Bewegungsspiel

Als Jäger und Sammler haben wir Menschen unsere Fähigkeit zu kritischem Denken und zum Lösen von Problemen erheblich weiterentwickelt. Wir haben gelernt, in Bewegung zu denken und dabei große Mengen von Informationen über die Umgebung aufzunehmen und zu verarbeiten und angemessen darauf zu reagieren.[7]

Die Verbindung zwischen Bewegung und Lernen ist heute immer noch stark. Indem wir unseren Köper bewegen, bewegen wir unseren Geist. Kinder, die beim Spielen springen, rennen, herumwirbeln, werfen und fangen, denken in Bewegung. Wissenschaftler am National Institute of Play glauben, dass »Innovation, Flexibilität, Anpassungsfähigkeit [und] Resilienz ihre Wurzeln in Bewegung haben«.[8] Sie glauben auch, dass Spielen mit Körpereinsatz uns etwas über die Welt um uns herum lehrt und uns auf das »Unerwartete und Ungewöhnliche« vorbereitet. Ich sehe Kinder, die Fangen spielen, inzwischen mit ganz anderen Augen!

Spiel mit Gegenständen

Es gibt kaum ein Kind, das nicht gern mit Sand spielt. Der Spielspaß im Sandkasten ermöglicht gleichzeitig vielfältige Lernprozesse: Durch das Manipulieren von Gegenständen (zum Beispiel auf Eimer schlagen, Steine in Gefäße werfen und Sand durch die Finger rieseln lassen) entwickeln sich komplexe Schaltkreise im Gehirn, die zum Erkunden der Umgebung, Einschätzen unserer Sicherheit und Entdecken der Nutzbarkeit von Gegenständen anregen.

Das Spielen mit verschiedenen Arten von Gegenständen hilft dem Gehirn, mehr als nur motorische Fähigkeiten zu entwickeln. Beispielsweise haben Studien gezeigt, dass »Jugendliche, die selten oder kaum etwas manuell gebaut oder repariert haben, häufig Defizite bei der Lösung komplexer Probleme in schwierigen Arbeitskontexten aufweisen«.[9] So kann das Bauen von Modellen und Reparieren von Fahrrädern dazu beitragen, dass aus einem jungen Menschen ein guter Forschungsingenieur wird. Der Zusammenhang zwischen dem Handhaben von Gegenständen in der Kindheit und höheren kognitiven Fähigkeiten, wie beispielsweise Problemlösefähigkeiten, ist das Thema des wunderbaren Buches *Die Hand, Geniestreich der Evolution* von dem Neurowissenschaftler Frank R. Wilson.[10] Darin vertritt Wilson die Auffassung, dass sich das menschliche Gehirn in enger Verbindung zur Hand entwickelt hat und dass beim freien Erforschen unserer physischen Umgebung anspruchsvolle Denkprozesse in Kraft gesetzt werden.

Fantasievolles Spiel und Rollenspiel

Durch fantasievolles Spiel und Rollenspiel lernen wir die Macht unserer eigenen Gedanken kennen. Fantasievolles Spielen ist äußerst stimulierend für das Gehirn, was schon rein intuitiv nachvollziehbar ist – natürlich muss das Gehirn dann am intensivsten arbeiten, wenn es nichts anderes als sich selbst als »Material« hat! Wenn Kinder fantasievollen Spielen nachgehen, sind ihrem Erforschungsdrang keine Grenzen gesetzt – sie probieren aus, was immer ihnen an Ideen, Rollen und Szenarien in den Sinn kommt. Fantasie- und Rollenspiele sind nicht nur für die normale Entwicklung wichtig, sondern auch für kognitive Flexibilität und Kreativität.[11] Studien untermauern die These, dass Kinder mit imaginären Freunden als Erwachsene einen höheren IQ und mehr Kreativität haben.[12] Kinder mit blühender Fantasie können mit kognitiver Unsicherheit umgehen. Sie können Dinge erfinden, die nicht existieren, und über das Unbekannte hinaus denken. Wie bei jeder Form von Spiel fördert das fantasievolle Spiel wichtige emotionale und soziale Kompetenzen. Einfühlungsvermögen lässt sich als »die Fähigkeit, sich vorzustellen, wie es ist, eine andere Person zu sein« definieren.[13]

Fantasievolles Spiel kann eine wirklich transformierende Wirkung haben. Wenn wir uns Fantasiewelten ausdenken, verändern wir die Realität unseres eigenen Lebens und lassen uns zu neuen Ideen führen. Was wäre geschehen, wenn Einstein sich nicht vorgestellt hätte, mit Lichtgeschwindigkeit zu fliegen! Fantasie ist bei Weitem die wichtigste unter den Eigenschaften, die im 21. Jahrhundert gefragt sind. Ohne sie sind wir weder innovations- noch anpassungsfähig.

Sozialspiel

Menschen spielen nicht nur deshalb mit anderen, weil es Spaß macht, sondern weil sie von dem Wunsch getrieben sind, akzeptiert zu werden und dazuzugehören. Sozialspiel ist sogar eine wesentliche Voraussetzung für das Gefühl des Dazugehörens. Sozialspiel umfasst Einstimmungsspiel, wildes Toben und Feier- oder Ritualspiele.

Einstimmungsspiel

Wenn ein Säugling zum ersten Mal seine Eltern anlächelt, hat das Sozialspiel begonnen. Blickkontakt erleben Kind (und Eltern) als erfreulich und aufregend. Vater oder Mutter beginnen, mit dem Kind zu gurren und zu plappern und es anzulächeln, und das Baby tut dasselbe. Studien, bei denen EEGs und andere bildgebende Verfahren eingesetzt wurden, haben gezeigt, dass der rechte zerebrale Kortex, der Gefühle steuert, bei solchen Interaktionen sowohl beim Säugling als auch beim Erwachsenen angesprochen wird.[14]

Tobespiel

Beim Toben lernen wir die Grenzen des Ziehens und Schubsens, das Gleichgewicht zwischen Vorwärts- und Rückwärtsbewegung und soziale Interaktion kennen. Kätzchen, die zu früh aus ihrem Wurf herausgenommen werden, beißen zu fest zu und fahren beim Spielen ihre Krallen voll aus, weil sie nie das wichtige Feedback zu Grenzen von ihren Geschwistern bekommen haben. Man geht davon aus, dass Kinder im

Vorschulalter genau wie Kätzchen beim Schubsen, Zerren, Raufen und anderen physischen Spielen emotionale Regulation und Wahrnehmung anderer lernen. Wildes Toben ist nachweislich »für die Entwicklung und Aufrechterhaltung von sozialem Bewusstsein, Kooperation, Fairness und Altruismus erforderlich«.[15] Tatsächlich ist die Hauptwirkung von Tobespielen im sozialen Bereich zu sehen – man glaubt, dass es Kindern hilft, soziale Signale zu ver- und entschlüsseln.[16]

Fehlende Spannungskontrolle bei manchen Kindern, die nicht an Sportarten oder Spielen teilnehmen, die mit Anspannung verbunden sind, führt im späteren Leben zu schlechterer Kontrolle über Gewaltimpulse.[17] »Insbesondere für Jungen bieten Tobespiele in der frühen Kindheit ein Gerüst für das Erlernen von Gefühlsregulationsfähigkeiten in Bezug auf die Kontrolle von Zorn und Aggression.«[18]

Also lassen Sie Ihre Kinder ruhig raufen. Solange es dabei nicht zu Blutvergießen kommt, ist es gut für sie. Angesichts all dieser wissenschaftlichen Belege habe ich meine Kinder, einschließlich meiner kleinen Tochter, sogar dazu ermutigt, spielerisch miteinander zu kämpfen! Es fiel mir schwer, mit anzusehen, wie mein Mann mit ihnen raufte, aber geradezu unerträglich war für mich, wie sie untereinander kämpften. Ich holte tief Luft und ließ sie gewähren und bald konnte ich feststellen, dass sie sich kaum jemals wehtaten. Mir fiel auch auf, dass meine Kinder nur mit ihnen nahestehenden Kindern raufen und spielerisch kämpften – mit Geschwistern, Cousins und ein paar engen Freunden. Ein paar Mal habe ich sogar selbst mitgemacht, und ich finde es mittlerweile fantastisch, wie wir alle zerren, schubsen, treten und toben und dabei vor Freude quieken (das bedeutet jede Menge Dopamin!).

Feier- oder Ritualspiel

Beim Feier- oder Ritualspiel lernen wir, soziale Muster zu erhalten. Geburtstagsfeiern, weihnachtliche Festlichkeiten oder Sportgalas sind Anlässe, bei denen Kinder und Erwachsene Feier- oder Ritualspielen nachgehen. Ich habe an einigen indischen Hochzeiten teilgenommen. Diese können bis zu einem Monat dauern und Hunderte von Menschen einbeziehen. Auch wenn das für Menschen aus anderen Kulturen etwas übertrieben wirken mag, ist es doch eine Chance für die ganze (wirklich die ganze!) Familie und Gemeinschaft, miteinander zu spielen.

Geschichten erzählen

Gibt es irgendetwas, das in allen menschlichen Kulturen so verbreitet ist wie das Geschichtenerzählen? Wenn ein Kind Geschichten erzählt, entdeckt es eines der mächtigsten menschlichen Motivierungswerkzeuge und übt den Umgang mit ihm. In der westlichen Medizin werden wir darin geschult, das Geschichtenerzählen zugunsten der Wissenschaft zu eliminieren, aber wenn es um das Motivieren geht, ist das Geschichtenerzählen weitaus wirkungsvoller als wissenschaftliche Studien – und deshalb wird es immer öfter in der Werbung eingesetzt. Geschichtenerzählen hilft uns, die Welt und die Lektionen des Lebens zu verstehen und – auf magische Weise – nie wieder zu vergessen! Unsere Kinder müssen in der Lage sein, ihre eigenen Geschichten zu schreiben, statt darauf zu warten, dass Werbetexter und Drehbuchautoren sie für sie schreiben.

Spiel oder stirb!

Beim Spielen fühlen wir uns großartig – ob als Kind, das in den Wellen spielt, oder als Erwachsener, der eine neue Stadt erkundet. Mutter Natur ist so darauf versessen, uns spielen zu sehen, dass sie uns großzügig mit Dopamin belohnt, wenn wir es tun. Warum ist das so? Warum werden wir für das Spielen und Erforschen so stark honoriert?

Wenn eine Aktivität so stark mit Dopamin belohnt wird und überall im Tierreich verbreitet ist, heißt das, dass sie absolut überlebenswichtig ist. Ich hatte schon die Idee, meinen Patienten T-Shirts mit dem Aufdruck »Spiel oder stirb« zu verkaufen ...

Ich möchte Ihnen den Grund dafür anhand eines Beispiels aus der Welt der Ratten erklären. Wissenschaftler arbeiteten mit zwei Gruppen von Ratten und erlaubten nur einer Gruppe zu spielen (was bei Ratten Quieken, Raufen und Schubsen bedeutet).[19] Ratten, die am Spielen gehindert wurden, konnten unmittelbare soziale Signale nicht verarbeiten und waren im Umgang miteinander entweder zu aggressiv oder zu passiv. Wenn die Forscher ihnen etwas Neues und Vorteilhaftes vorsetzten, dauerte es eine Weile, bis sie davon Gebrauch machten. Wenn die Forscher sie mit etwas Gefährlichem konfrontierten, wie beispielsweise einem Halsband, das nach Katze roch, zogen sich die Ratten in ein Loch zurück und kamen nie wieder heraus. Ja, tatsächlich *nie* wieder. Sie starben in diesem Loch! Auch die Ratten, die spielen durften, verkrochen sich in dem Loch, als sie die Katze rochen. Aber dann untersuchten sie vorsichtig und achtsam ihre Umgebung, fingen an, Dinge auszuprobieren und kamen schließlich wieder aus dem Loch heraus, um ein glückliches Rattenleben zu führen.

Im Spiel entwickeln junge Menschen die Bewältigungskompetenz und die Kreativität, die sie im Erwachsenenleben unbedingt brauchen. Leider verhalten sich heutzutage viele Kinder wie die Ratten, die nicht spielen durften und im Loch starben. Sie wissen einfach nicht, was sie tun sollen oder wie man etwas herausfindet.

Viele Wissenschaftler sind der Meinung, dass die Menschheit sich wahrscheinlich nicht über den Globus ausgebreitet oder überhaupt als Art überlebt hätte, wenn das Gehirn Jugendlicher bei neuen Erfahrungen nicht so empfindlich auf Dopamin reagieren würde. Das Verlassen des Elternhauses ist der schwierigste Entwicklungsschritt, den ein Mensch unternehmen kann – und der wichtigste. Darum werden die Werkzeuge für erfolgreiche Selbstständigkeit – Spiel (einschließlich Erforschung) und die Beschäftigung mit Neuem (ein integraler Bestandteil des Spiels) – von unserer Biologie so nachhaltig belohnt.

Beim Spielen lernen wir Anpassungsfähigkeit. Das Spiel bietet uns den kognitiven Rahmen und das flexible Denken, das wir brauchen, um uns jeder Situation anpassen zu können. Anpassung ist nicht nur der physische Prozess der Weiterentwicklung zu etwas Nützlicherem. Anpassung bedeutet schlicht, dafür gerüstet zu sein, mit den speziellen Bedingungen einer Umgebung umzugehen. Während physische Anpassung viele Generationen erfordert, können wir intellektuelle Anpassung im Hier und Jetzt steuern – es ist ein Prozess der ständigen Kalibrierung. Ein Schlüssel dazu ist das Spiel.

Therapeuten nutzen seit Jahrzehnten das Spiel, um Kinder zu verstehen und ihnen zu helfen. Das Gebiet der Spieltherapie hat sich als effektives Werkzeug zur Behandlung kindlicher Störungen wie Trauma, ADHS (Aufmerksamkeitsdefizit-Hyperaktivitätsstörung), Angst und Depression erwiesen.

Das Ziel der Spieltherapie besteht darin, Kindern dabei zu helfen, ihre Probleme frei zu lösen und Lösungen zu erarbeiten, die am besten zu ihrer Persönlichkeit passen. Die Therapie funktioniert erstaunlich gut. Es ist unglaublich, was Kinder beim therapeutischen Spielen erzählen – Dinge, die sie in der Gesprächstherapie nie sagen würden, die tief in ihrem Innern vergraben sind.

Wir brauchen alle das Spiel – Erwachsene ebenso wie Kinder. Ich habe im Lauf der Jahre viele Erwachsene gesehen, die scheinbar alles haben. Sie führen ein komfortables Leben, sind gesund und finanziell abgesichert und haben soziale Kontakte. Und dennoch klagen sie darüber, dass etwas fehlt. Wenn diese Erwachsenen Spiel in ihrem Leben zulassen – eine Musikgruppe, ein interessantes Projekt bei der Arbeit, einen Tanzkurs, Golfspielen, Reisen, Gartenarbeit, Wandern oder Erkunden einer neuen Umgebung – dann erhöht das ihr Wohlbefinden. Im Spiel finden wir auch unsere Interessen und Leidenschaften.

Spielpersönlichkeiten

Doch wir spielen nicht alle auf dieselbe Weise. Laut Stuart Brown lässt sich eine grobe Einteilung in acht Spielpersönlichkeiten vornehmen: Geschichtenerzähler, Künstler/Kreativer, Sammler, Wettstreiter, Regisseur, Forscher, Spaßmacher und Beweger.[20] Diese Spielpersönlichkeiten sind weder absolute Größen noch schließen sie sich gegenseitig aus. Bei vielen Menschen sind Aspekte mehrerer oder aller dieser Typen zu beobachten. Das Spiel in der frühen Kindheit gibt wichtige Hinweise auf unsere natürlichen Stärken und Interessen. Wenn wir im Einklang mit diesen Stärken und Interessen spielen oder wachsen, werden wir durch die Freisetzung von Dopamin belohnt. Warum verschafft uns unsere Biologie Glücksgefühle, wenn wir unseren natürlichen Interessen folgen? Viele Menschen vergessen den zweiten Teil des Überlebens der Art: Der erste Teil ist das *Überleben des Anpassungsfähigsten,* der zweite Teil die *Artenvielfalt.*

Um als Art zu überleben, brauchen wir alle diese Spielpersönlichkeiten. Wer weiß schon, ob angesichts einer Bedrohung unseres Überlebens in einer sich ständig verändernden Umgebung der Künstler/Kreative oder der Sammler die Lösung findet? Bei komplexen Problemen müssen verschiedene Spielpersönlichkeiten zusammenarbeiten. Wer würde die Welt von der Beulenpest befreien, wenn wir alle Ingenieure wären? Wer könnte ein Feuer löschen, wenn wir alle Ärzte wären? Wie würden wir Wissen weitergeben, wenn es keine Geschichtenerzähler gäbe? Wie würden wir Geselligkeit pflegen, wenn es keine Musiker gäbe? Wir sind für die Vielfalt vorgesehen, weil wir unterschiedliche Denkweisen brauchen, um die sich ständig verändernden Probleme zu lösen, mit denen wir konfrontiert sind. Das Spiel schenkt uns die Gefühle der Freude und des Wohlbefindens, die uns dazu bewegen, unsere Interessen zu verfolgen und letztlich diese Vielfalt zu erzeugen. Ohne Spiel gibt es keine Vielfalt, ohne Vielfalt keine Anpassung, ohne Anpassung kein Überleben.

Wie Sie sehen, sind wir auf das Spielen und auf das Entdecken und Ausleben unserer natürlichen Interessen programmiert. Jeder, der schon einmal gezwungen war, etwas zu tun, das ihn nicht interessiert, weiß, dass es eine Qual ist. Der Traum des einen vom Bühnenauftritt ist für den anderen der schlimmste Alptraum. Es hat seinen Grund, dass manche Leute sich zu einer künstlerischen Tätigkeit hingezogen fühlen und andere Unternehmer, Lehrer oder Ingenieure werden. Gleichheit ist unnatürlich. Es ist natürlich, ein breites Spektrum von Interessen und Talenten zu haben.

Wir entdecken unsere Leidenschaften und Begabungen oft ganz unerwartet durch das Spielen und unseren eigenen Antrieb. Niemand kann sie uns anerziehen oder aufzwingen – auch nicht unsere Eltern. Eltern können ihre Kinder zu ihren Passionen hinführen, aber sie können sie nicht für ihre Kinder entdecken oder kultivieren.

Damit will ich nicht sagen, dass wir alle unseren Beruf auf der Grundlage unserer Spielpersönlichkeit auswählen müssen. Aber wer das *kann,* gehört oft zu den Glücklichen, die sagen, dass sie ihre Arbeit genug lieben, um sie nicht nur als Pflicht zu empfinden. Wenn wir unser Bestes tun, um unsere Interessen in unsere Arbeit und andere Bereiche unseres Lebens einfließen zu lassen, dann werden wir diesem Teil unserer Biologie gerecht. Wenn wir hingegen – als Kinder oder Erwachsene – die Bedeutung des Spiels in unserem Leben ignorieren, werden wir unserer Natur und unserer Biologie untreu. Dann geraten wir aus dem Gleichgewicht und verlieren unsere Vitalität.

Tiger zerstören das Spiel

Die Kinderrechtskommission der Vereinten Nationen hat das Spiel als Grundrecht jedes Kindes anerkannt. Aber im Lauf der letzten zwanzig Jahre haben »Kinder pro Woche acht Stunden freien, unstrukturierten und spontanen Spiels verloren«.[21] Das lässt sich auf eine Reihe von Faktoren zurückführen, unter anderem auf »einen hektischen Lebensstil, veränderte Familienstrukturen und ein verstärktes Interesse an schulischen Leistungen und Förderaktivitäten auf Kosten von Pausen oder freiem, kindzentriertem Spiel«.[22] Schulen auf der ganzen Welt verkürzen Pausen, um mehr Zeit für strukturierte Aktivitäten zu schaffen. Die Zeit, die Kinder mit organisiertem Sport verbringen, hat sich verdoppelt. Kinder spielen nur noch halb so lange im Freien, und die Zeit, die für passive Aktivitäten wie Computerspiele aufgewendet wird, ist zwischen 1997 und 2003 von 30 Minuten auf drei Stunden angestiegen.[23]

Ich bin der Meinung, dass Spielentzug mit Schlafentzug gleichzusetzen ist. Beides ist auch für Erwachsene schädlich, aber wir können es eine Zeit lang tolerieren, weil unser Gehirn (größtenteils) schon ausgereift ist. Für Kinder und Jugendliche hingegen kann Schlaf- und Spielentzug in der Phase der schnellsten Gehirnentwicklung verheerend sein.

ADHS (Aufmerksamkeitsdefizit-/Hyperaktivitätsstörung) ist in aller Munde und unter Kindern und Jugendlichen so verbreitet wie nie zuvor. Jaak Pansepp und seine Kollegen, die an der Bowling Green University in Ohio das Spielverhalten von Ratten untersuchen, haben einen Zusammenhang zwischen fehlendem Tobe- und Raufspiel und ADHS nachgewiesen.[24] Durch Spielen verringert sich die bei Ratten mit einer Schädigung der Frontallappen normalerweise auftretende Impulsivität. Diese Art der Gehirnschädigung wird als Modell für ADHS beim Menschen gesehen. Pansepp und seine Kollegen zogen die Schlussfolgerung, dass die »ausgiebige Möglichkeit zu spielerischem Kämpfen zu einer Reduzierung der unangemessenen, übertriebenen Verspieltheit und Impulsivität von Ratten mit einer Schädigung der Frontallappen führt, ... [und] dass ein Bewegungsprogramm in Form von ausgelassenem Sozialspiel eine Möglichkeit sein könnte, Kindern mit einer milden oder gemäßigten Form von ADHS zu helfen, ihre Impulsivität unter Kontrolle zu bringen (wobei auch Kinder, die nicht notwendigerweise für ADHS anfällig sind, davon profitieren)«.[25]

Durch meine Erfahrungen mit ADHS-Kindern stimme ich dieser Theorie in vielerlei Hinsicht zu. Kinder, die nicht die Möglichkeit zum Spielen (insbesondere zum Herumtoben) haben, entwickeln oft ein widerspenstiges Verhalten und erhalten das Etikett »schwierig«, »Verhaltensstörung« oder »oppositionelles Trotzverhalten«. Eltern oder Schulen reagieren auf dieses Verhalten manchmal mit noch mehr Spielentzug als Strafe. Als Folge davon wird das Gehirn dieser Kinder unabsichtlich zu einer unausgewogenen Entwicklung gezwungen. In der Pubertät kann dieses fehlende Gleichgewicht zu den verschiedensten Arten von schlecht angepasstem Verhalten führen, einschließlich Selbstverletzung, Depression, Angstzuständen und Drogenmissbrauch.

Es hat sich gezeigt, dass Spielentzug zu den verstörendsten Verhaltensweisen führen kann. 1966 stieg Charles Whitman, Student der Ingenieurwissenschaften an der University of Texas und ehemaliger Marinesoldat, mit einem Koffer voller Waffen und Munition auf den Glockenturm der Universität Austin, tötete 14 Menschen und verletzte 31 weitere.[26] Später stellte sich heraus, dass Whitman, bevor er auf dem Campus auftauchte, schon seine Frau und seine Mutter getötet hatte. Whitman hatte nie zuvor Anzeichen von Gewalttätigkeit gezeigt, hatte nie eine Straftat begangen, war ehemaliger Ministrant und als jüngster Amerikaner Pfadfinder geworden.

Stuart Brown, der bereits erwähnte Psychiater und Spielbefürworter, begann sich mit Whitmans Persönlichkeit zu beschäftigen, als er in einen Ausschuss berufen wurde, der den Auftrag hatte, die Hintergründe dieses Massenmordes zu untersuchen. Es stellte sich heraus, dass Whitmans Vater autoritär und gewalttätig gewesen war und den natürlichen Spieltrieb seines Sohnes völlig unterdrückt hatte. Brown und sein Team konstatierten:

Ein lebenslanger Spielentzug gab Whitman keine Chance, das Leben optimistisch zu sehen, Alternativen auszuprobieren oder die sozialen Kompetenzen zu erwerben, die im Rahmen spontanen Spiels Menschen darauf vorbereiten, mit Stress umzugehen. Der Ausschuss kam zu dem Schluss, dass Spielentzug wesentlich zu Whitmans mörderischem Handeln beitrug. Wenn er in seinem Leben regelmäßig Augenblicke spontanen Spiels erlebt hätte, hätte er wahrscheinlich die Fähigkeiten, die Flexibilität und Stärke erworben, mit Stresssituationen umzugehen, ohne gewalttätig zu werden.[27]

Brown begann, sich mit anderen Mördern in Texas zu beschäftigen. Je mehr Fälle er sich ansah, desto deutlicher wurde ein Trend: Die Spielvorgeschichte der Mörder unterschied sich deutlich von der anderer Menschen, die unter ähnlichen Verhältnissen aufwuchsen, aber in der Lage waren, Stress zu bewältigen und als vollwertige Mitglieder der Gesellschaft zu fungieren. Die Mörder litten unter schwerem Spielentzug, der in der Kindheit begonnen hatte und im Erwachsenenalter fortdauerte.

Brown trug im Lauf der Zeit mehr als 6000 Spielvorgeschichten der unterschiedlichsten Menschen zusammen und stellte fest, dass Spielentzug zu vielen langfristigen Konsequenzen führen kann, wie geringerer Produktivität oder Kreativität und leichter Depression. Browns Ergebnisse wurden durch viele andere Studien gestützt, die auch zeigten, dass Depression, stressbedingte Störungen, Gewalttätigkeit, Sucht und andere Formen der Beeinträchtigung von Gesundheit und Wohlbefinden quasi wie eine Mangelerkrankung mit lang andauerndem Spielentzug in Verbindung gebracht werden können. Im Gegensatz dazu hatten erfolgreiche Menschen während ihres ganzen Lebens eine umfassende Spielerfahrung. Es zeigte sich auch, dass Menschen emotionale, soziale und kognitive Kompetenzen verlieren können, wenn das Spielen nicht im Erwachsenenalter fortgeführt wird.

Wenn ich daran denke, dass es Kinder gibt, die ihren Spieltrieb nicht ausleben dürfen, werde ich – um bei der Delfinmetapher zu bleiben – zum Orca! Ich hatte noch nie mehr Grund, von mir enttäuscht zu sein, als in der Rückschau auf mein eigenes spielbezogenes Verhalten in meinen ersten Jahren als Mutter. Obwohl ich intuitiv wusste, dass Spielen wichtig ist, ließ ich den Tiger in mir dazwischentreten. Da ich drei Kinder kurz nacheinander bekam, während ich Vollzeit arbeitete, war ich wenigstens ein sehr abgelenkter Tiger, sodass meine Kinder trotz meiner Einstellung viel spielen konnten. Außerdem wurde ich von den Großeltern der Kinder immer wieder daran erinnert, »sie einfach spielen zu lassen«. Ich dachte auch naiverweise, dass alles in Ordnung sei, weil meine Kinder im Vergleich zu anderen immer noch deutlich mehr spielten. Damals war mir noch nicht bewusst, dass wir als Gesellschaft im Hinblick auf das Spielen so weit vom richtigen Kurs abgekommen sind, dass meine Kinder unter Spielentzug litten, obwohl sie mehr als andere spielten. Inzwischen vertrete ich in Bezug auf das Spielen eine so leidenschaftliche Position, dass mein innerer Orca hervorkommt, wenn jemand meine (oder andere) Kinder am Spielen zu hindern versucht.

Glücklicherweise ist Mutter Natur großzügig und bereit zu verzeihen, sodass es nie zu spät zu einer Veränderung ist. Laborstudien haben gezeigt, dass ein Spielentzug dem Schlafentzug ähnelt. So wie wir Schlaf nachholen können, holen auch Tiere, die am Spielen gehindert wurden, es nach, sobald man sie lässt.[28] Forschungsergebnisse zeigen auch, dass Kinder sich in der Schule wieder besser benehmen, wenn sie wieder längere Pausen haben.[29] Wenn wir dann wieder spielen, fühlt sich unser Gehirn optimistisch und kreativ, wir können wieder besser mit Neuem umgehen und wollen die Grenzen unserer Fähigkeiten austesten und verschieben.[30]

Lassen Sie mich jetzt meinen Rezeptblock zücken und Ihnen und Ihren Kindern mehr Spiel verordnen. Natürlich besteht die erste Verordnung darin, wieder ins Gleichgewicht zu kommen.

REZEPT

Den überbehütenden Tiger zähmen

Überbehütende Tiger lassen ihren Kindern keinen Freiraum für selbstständiges Erkunden. Indem sie ständig in der Nähe lauern und Anweisungen geben, blockieren sie den natürlichen Impuls der Kinder, frei zu spielen und zu erforschen. Überbehütung verhindert Gesundheit, Glück und Erfolg der Kinder im 21. Jahrhundert.

Den überbehütenden Tiger zu zähmen bedeutet einfach nur, Ihrem Kind (und sich selbst) etwas Freiheit zu geben. Spielen erfordert die Freiheit, auch mal unordentlich und schmutzig zu sein und zu entdecken, was hinter der nächsten Ecke wartet. Es beinhaltet Ausprobieren und Scheitern, Albernsein und das Falsche zu tun oder zu sagen. Wenn man Perfektion anstrebt, hat man diese Art von Freiheit nicht und kann die Freude und die Vorteile freien Spielens nicht erleben. Perfektionismus ist etwas Schreckliches, das dem Fortschritt und der Freude im Weg steht. Das »Perfekte« ist unerreichbar und deshalb deprimierend und kontraproduktiv. Perfektionismus beraubt uns der Möglichkeit, Risiken einzugehen, Fehler zu machen und zu spielen – alles notwendige Schritte zum Erfolg. Perfektionismus wurzelt in Angst – der Angst, dass wir durch Unvollkommenheit das Recht auf Akzeptanz und Liebe verlieren. Dabei trifft das Gegenteil zu: Erst Unvollkommenheit macht uns authentisch und zu einem vollständigen Ganzen.

REZEPT

Eine spielfreundliche Umgebung schaffen (Aus dem Weg, liebe Eltern!)

Früher mussten Eltern oft einfach nur die Tür öffnen, um für ihre Kinder eine spielfördernde Umgebung zu schaffen. Heute wachsen Kinder umgeben von sprechenden Puppen, batteriebetriebenen Autos und hyperrealistischen Computerspielen auf. Dabei muss Spielen nichts kosten. Man braucht dafür nur wenige Dinge und Anleitungen sind nicht nötig. Generell gilt: Je einfacher das Spielzeug, desto divergenter das Spiel. Haushaltsgegenstände, alte Tücher und Kleider und was immer Kinder im Freien finden, eignen sich ideal.

Interessanterweise erfordert freies Spiel mehr Konzentration von den Kindern und mehr Präsenz von teilnehmenden Erwachsenen. Und das bedeutet *echte* Präsenz – nicht bloß dabeisitzen und nebenbei E-Mails checken. Bei einer unstrukturierten Aktivität müssen Kinder (und teilnehmende Erwachsene) intellektuell und emotional beteiligt sein, sonst lässt sich das Spiel nicht aufrechterhalten.

Andere wichtige Faktoren, die zu einer spielfördernden Umgebung beitragen, sind die Begrenzung der Bildschirmzeit (s. S. 138) und die konsequente Durchsetzung von der Spielzeit auch im Angesicht von Hausaufgaben.

REZEPT

Behalten Sie die Hausaufgaben im Blick

In den letzten zwanzig Jahren hat der Umfang der Hausaufgaben für jüngere Schüler stetig zugenommen. Aber gibt es dafür einen guten Grund? In den USA seit 1987 durchgeführte Studien haben gezeigt, dass »es keine eindeutigen Hinweise auf einen Zusammenhang zwischen der Hausaufgaben-Leistungs-Verknüpfung und der Ergebnismessung (Noten im Gegensatz zu standardisierten Tests) oder dem Fach (Lesen im Gegensatz zu Mathematik) gibt«.[31]

Wenn Ihre Intuition Ihnen sagt, dass sinnlose Hausaufgaben gegeben werden, die vielleicht einem Tiger-Lehrer ein gutes Gefühl geben oder die PISA-Ergebnisse der Schule verbessern sollen, dann haben Sie wahrscheinlich recht. Fragen Sie sich, ob all diese Hausaufgaben die Entwicklung Ihres Kindes fördern oder hemmen. Versuchen Sie, eine Möglichkeit zu finden, die Hausaufgaben sinnvoller, interessanter oder anregender zu gestalten. Wie können wir eine Verbindung zwischen einer Hausaufgabe und dem KQ herstellen? Können Sie Ihrem Kind anhand einer Hausaufgabe zeigen, dass scheinbar abstrakte Konzepte konkrete Auswirkungen auf das Leben der Menschen haben? Beispielsweise lassen sich anhand mathematischer Konzepte alle möglichen Dinge, von der Haushaltskasse Ihrer Familie bis hin zu den Arbeitslosenzahlen, erklären.

Die Hausaufgaben, die ich zu Gesicht bekomme, sind größtenteils Relikte aus dem Schulsystem des 19. Jahrhunderts. Diese Art von Hausaufgaben ist nicht nur lästig und langweilig und verleidet Kindern das Lernen, sondern verschwendet auch wertvolle Zeit, die für gehirnanregende Aktivitäten wie Spielen genutzt werden könnte. Vertrauen Sie Ihrer Intuition und Ihren Beobachtungen. Wie sieht Ihr Kind aus und wie verhält es sich, während es Hausaufgaben macht? Ist es überlastet und wird ihm das Lernen verleidet? Oder ist es unterfordert? Kinder leisten am meisten, wenn sich das Lernen in der »Zone der Herausforderung« bewegt, also nicht zu einfach, aber auch nicht zu schwierig, sondern gerade so herausfordernd ist, dass es Problemlösefähigkeiten und Lernen fördert. Hausaufgaben können sehr nützlich sein, aber sie stellen nur eine von vielen Lernmöglichkeiten von Kindern dar. Idealerweise macht Lernen Spaß, hat mit dem realen Leben zu tun, geht mit Ausprobieren und Scheitern einher und beinhaltet praktisches Tun – genau wie Spielen!

REZEPT

Beim Spielen Vorbild sein

Laut vielen Anthropologen ist der Mensch die Spezies, bei der mit größter Wahrscheinlichkeit kindliche Eigenschaften bis ins Erwachsenenalter erhalten bleiben – und das ist gut so![32] Das bedeutet, dass wir weiter spielen können. Und spielen sollten wir, insbesondere vor unseren Kindern. Wenn es in Ihrem Leben nicht genug Raum für Spiel gibt, sorgen Sie dafür, dass sich das ändert. Holen Sie Ihre alte Gitarre aus dem Keller, besuchen Sie einen Tanzkurs, spielen Sie regelmäßig ein Spiel, das Ihnen Spaß macht, arbeiten Sie im Garten, wandern Sie oder probieren Sie einfach etwas Neues aus. Worauf es ankommt, ist, Ihrem Kind zu zeigen, dass auch Sie dem Erforschen, der Kreativität, dem Ausprobieren und Spaß haben einen Wert beimessen!

REZEPT

Draußen spielen

Als Kind erlebte ich Achtsamkeit durch meine Neugier und mein Spiel in der Natur. Wir wohnten nicht in einer schönen Umgebung, hatten aber einen kleinen Garten mit Erde, vielen Insekten im Sommer, viel Schnee im Winter, ein paar kleineren Bäumen, Krähen, einem weiten Himmel über der Prärie und ganzjährigem Wind. Diese natürliche Umgebung war alles, was ich brauchte. Fast alle Kinder haben eine intuitive Neugier auf die Natur. Warum wohl hören fast alle Babys auf zu schreien, wenn man mit ihnen ins Freie geht? Die meisten Kinder lieben die Natur und alles in ihr.

Da mir keine Tiger-Eltern im Weg standen, trieb mich meine natürliche Neugier dazu, viele Stunden im Freien zu verbringen und das, was ich in meiner Umgebung fand, zu sehen, zu hören, zu riechen, zu schmecken (ja, ich aß ziemlich viel Schnee) und zu berühren. Vielleicht haben viele von Ihnen ähnliche Kindheitserinnerungen. Echtes Spiel, im Sinne von »die Zeit ist wie im Flug vergangen«, ist eine Form der Achtsamkeit. Wenn wir ins Spiel vertieft sind, besonders in der freien Natur, geraten wir in einen meditativen Zustand. Gras, Erde, Insekten, Schnee, frische Luft, Bäume und Vögel verhalfen mir zu einem Stundenlangen »Flow«. Natürlich hielt dieses Verhalten nicht ewig an. Was mir aber blieb, ist der Impuls, ins Freie zu gehen. Es zieht mich nach draußen, besonders wenn ich mich aus dem Gleichgewicht oder dereguliert fühle. Deshalb versuche ich, einmal am Tag ohne irgendwelche Ablenkungen (also mit ausgeschaltetem Handy) einen Spaziergang zu machen. Manchmal reichen schon fünf oder zehn Minuten. Das (und Yoga) ist meine Form von Achtsamkeit.

Mit Kindern ins Freie zu gehen ist eine tolle Möglichkeit, sie zum Spielen und zur Achtsamkeit anzuregen und Gesundheit, Zufriedenheit und Motivation zu fördern. Ich bin fest davon überzeugt, dass man unter dem leiden kann, was Richard Louv 2005 in seinem Buch *Das letzte Kind im Wald* als »Naturdefizitstörung« bezeichnet hat.[33] Sie ist zwar (noch) nicht offiziell als Krankheit anerkannt, aber meine eigenen Erfahrungen und die Erfahrungen mit meinen Patienten haben mir gezeigt, dass zu wenig Zeit in der Natur alle möglichen Probleme bei Kindern verursachen kann. Forschungen zeigen einen Zusammenhang zwischen der im Freien verbrachten Zeit und unserer körperlichen, kognitiven und emotionalen Entwicklung.[34] Der Aufenthalt in der Natur kann zur Senkung des Blutdrucks sowie zur Linderung von Angstzuständen und Stress beitragen, guten Schlaf fördern und das Immunsystem stärken.[35]

Wenn Sport schon gut für uns ist, dann ist es Sport im Freien umso mehr. Das wurde 2008 von Forschern an der Universität Glasgow wissenschaftlich untermauert.[36] Die Wissenschaftler untersuchten die Wirkung von Sport in natürlichen und nicht-natürlichen Umgebungen auf die psychische Gesundheit. Bei Menschen, die im Freien Sport trieben, fanden sich niedrigere Stresspegel im Gehirn. Auch verbesserte sich die psychische Gesundheit der Outdoor-Sportler um fast 50 Prozent gegenüber denen, die drinnen Sport trieben (hierbei ging es um Probleme wie leichte Depression oder Schlaflosigkeit).[37]

Ich fragte meine Patientin Jasmine, eine Balletttänzerin, die unter der Angst litt, »nie zu wissen, was sie tun sollte«, und das Gefühl hatte zu ersticken, wie viel Zeit sie pro Woche im Freien verbrachte. Zuerst sah sie mich ungläubig an. Ich forderte sie auf, einfach die Gelegenheiten aufzuzählen, bei denen sie sich im Freien aufhielt. Sie rechnete ein paar Minuten nach, sah ein bisschen verzweifelt aus und fragte dann, ob »bei offenem Fenster im Auto sitzen« auch zähle. »Nein«, antwortete ich. »Na gut«, sagte Jasmine dann, »unter der Woche etwa sechzig Minuten und dann vielleicht am Wochenende noch mal eine Stunde, das macht dann pro Woche insgesamt zwei Stunden.« Jasmine lebt in einem Vorort und wird jeden Tag mit dem Auto zur Schule gefahren. Ihre Zeit im Freien umfasst im Wesentlichen den fünfminütigen Gang vom Auto ihrer Mutter zur Schule (und zurück, wenn sie abgeholt wird) sowie das Betreten und Verlassen des Hauses. Alle ihre sportlichen Aktivitäten finden in geschlossenen Räumen statt, und mit Ballett und Schule ist sie so beschäftigt, dass sie oft im Auto ihre Mahlzeiten einnimmt und die Hausaufgaben macht. Jasmines Leben ist viel zu hektisch und strukturiert und beinhaltet zu wenig Achtsamkeit. Sie hatte kaum Gelegenheit gehabt, Zeit im Freien zu verbringen, Dinge zu erforschen, ihre Intuition zu entwickeln, ihrer Neugier zu folgen und alle fünf Sinne zu nutzen – alles Dinge, die man braucht, um »zu wissen, was man tun soll« und sich anzupassen.

Einfach spielen – ohne Termin

Sie müssen das Spielen nicht gezielt einplanen. Das Spielen lässt sich leicht in den Alltag integrieren. Beispielsweise kann das morgendliche Zähneputzen zum Kampf zwischen den »Bösen«, deren Waffe die Bakterien sind, und den »guten« Zahnpasta-Kämpfern werden. Das Anziehen gerät zur olympischen Disziplin mit Gold-, Silber- und Bronzemedaillen für die besten Zeiten. Wenn wir in einer Schlange oder an der Ampel warten, spielen meine Kinder und ich oft »Verbinden«, ein Spiel, bei dem wir drei beliebige Gegenstände nennen und dann eine Verbindung zwischen ihnen erfinden. Selbst die Überwachung der Hausaufgaben kann spielerisch sein. Manchmal setze ich meine Lehrerbrille auf und verwandle mich in »Frau Boshaft«. Wenn meine Kinder etwas falsch machen, lacht Frau Boshaft schrill. Wenn sie eine Frage richtig beantworten, bekommt Frau Boshaft einen Wutanfall. Beides sorgt zuverlässig für Lachsalven.

Neben dieser Art von Alltagsspiel können Sie Ihre Kinder auch zum Spielen anregen, um herauszufinden, wo ihre Interessen liegen. Wie schon Platon sagte: »Man kann in einer Stunde Spiel mehr über einen Menschen erfahren als in einem Jahr Konversation.« Ich frage meine Kinder gern, ob sie etwas ausprobieren wollen, das sie noch nicht kennen: »Als ich so alt war wie ihr, fuhr ich mit dem Fahrrad zum Einkaufen, half beim Pfannkuchenbacken, verwaltete mein Taschengeld und spielte mit Holz oder Ton. Was würde euch Spaß machen?« Ich war durchaus überrascht, als mein älterer Sohn mir sagte, er wolle ein Ei aufschlagen, und der jüngere gern Nachos mit Käse zubereiten mochte!

Da viele Menschen Freizeit mittlerweile für Zeitverschwendung halten, fordere ich Eltern auch auf, darauf zu achten, dass ihre Kinder Zeit haben, um nichts, wirklich gar nichts zu tun. Einer meiner jungen Patienten litt unter Depressionen, und da er mir gesagt hatte, dass er sich im Freien besser entspannen könne, schlug ich seiner Mutter vor, ihn einige unstrukturierte Zeit im Freien verbringen zu lassen. Ihre Reaktion? »Was wird mein Sohn im Freien machen? Rumstehen und Wolken anstarren? In der Zeit soll er doch lieber etwas lernen!« Im selben Monat wurde mir eine weitere Patientin zur ADHS-Diagnostik überwiesen. Sie berichtete: »Meiner Lehrerin ist aufgefallen, dass ich im Unterricht oft abgelenkt bin, aus dem Fenster schaue und die Wolken anstarre.« Nach der Untersuchung war ich davon überzeugt, dass dieses Mädchen keineswegs ADHS hatte. Es brauchte einfach nur Zeit, um rausgehen und die Wolken anstarren zu können!

KQ-Entwickler beim Spiel

In ihrem bahnbrechenden Buch *The Innovator's DNA* definierten Jeff Dyer, Hal Gregersen und Clayton Christensen fünf Verhaltensweisen der weltbesten Innovatoren. Glücklicherweise sind diese fünf Attribute, die ich als *KQ-Entwickler* bezeichne, genau die Dinge, die Kinder gern tun, wenn man ihnen Gelegenheit dazu gibt.

KQ-Entwickler Nr. 1: Beobachten lassen

Kinder können viel Zeit damit zubringen, einfache und scheinbar profane Dinge zu beobachten. Wenn sie Sand von einem Haufen zum anderen schaufeln, zuschauen, wie Wasser in einen Abfluss läuft oder Ameisen in einer Kolonne unterwegs sind, beobachten sie. Wenn sie aufmerksam die Welt um sich herum beobachten, gewinnen sie Erkenntnisse, die zu neuen Ideen, neuen Vorgehensweisen und einer neuen Art, Dinge und Ideen miteinander zu verknüpfen, führen können. Um zu beobachten, auszuprobieren und herauszufinden, was sie interessiert, was sie verblüfft und wie sie ihre Neugier stillen können, brauchen Kinder eigentlich nur eins: genug unstrukturierte Zeit.

KQ-Entwickler Nr. 2: Zum Fragen ermutigen

Eine der besten Möglichkeiten, kritisches Denken zu entwickeln, besteht darin, viele Fragen zu stellen. Man denke nur an Leonardo da Vinci – wohl einer der kritischsten und kreativsten Denker der Menschheitsgeschichte – und seinen unstillbaren Wissensdurst:

Ich streifte durch die Gegend auf der Suche nach den Antworten auf Dinge, die ich nicht verstand. Warum es auf Bergen Muscheln und Abdrücke von Korallen und Pflanzen und Seetang aus dem Meer gab. Warum der Donner länger dauert als das, was ihn verursacht, und warum der Blitz sofort bei seinem Entstehen sichtbar ist, während der Donner Zeit braucht, um sich fortzubewegen. Wie sich an der Stelle, an der ein Stein ins Wasser geworfen wurde, die verschiedenen Kreise bilden, und wie sich ein Vogel in der Luft hält. Diese Fragen und andere seltsame Phänomene beschäftigten mich mein Leben lang.[38]

Fragen ist etwas, das Kinder von Natur aus und sehr fachkundig tun, und sie tun es vor allem dann, wenn sie Zeit zum Spielen und Erforschen haben. »Warum ist der Himmel blau? Warum ist das Gras grün? Warum geht die Sonne auf dieser Seite auf und auf der anderen Seite unter? Warum musst du arbeiten gehen? Warum müssen Leute sterben? Warum, warum, warum …?«

Kindern, die alles hinterfragen, macht es Spaß, den Status quo in Frage zu stellen und Grenzen zu verschieben. Bei Innovatoren findet man einen hohen F/A-Wert, was bedeutet, dass bei ihnen »Fragen (F) in einer normalen Unterhaltung nicht nur deutlich häufiger vorkommen als Antworten (A), sondern auch als mindestens so wertvoll wie gute Antworten eingestuft werden«.[39] Ich würde behaupten, dass das auch auf kritische Denker zutrifft. Ja, ich glaube sogar, dass man kein Innovator sein kann, wenn man kein kritischer Denker ist.

Terminstress, Auswendiglernen und endloses Üben sind Fragenkiller. Ebenso die Angst vor Fehlern. Wenn man Angst davor hat, Fehler zu machen oder wegen einer Frage für dumm gehalten zu werden, stellt man lieber keine.

Sowohl Forschungsergebnisse als auch praktische Erfahrung zeigen, dass das Stellen der richtigen Fragen zu einigen der größten Durchbrüche in Wissenschaft, Wirtschaft und Technik sowie im Hinblick auf globale Lösungen geführt hat. Doch was kann in einer Welt entdeckt werden, in der Testergebnisse und Faktenwissen als Hauptindikatoren für Intelligenz gelten? Ich habe einmal einen Professor sagen hören: »Heutzutage ist es leicht, Professor zu sein – die Studenten stellen keine Fragen mehr!«

KQ-Entwickler Nr. 3: Experimentieren fördern

Alle Tiere lernen durch Ausprobieren. Der erste Delfin, der mit einem Schwamm über der Schnauze am Meeresboden nach Nahrung suchte, hatte sicher nicht gleich beim ersten Mal Erfolg, war aber letztendlich bestimmt von seiner Erfindung begeistert. Auch für Kinder ist Ausprobieren wichtig: Dadurch lernen sie, (1) ob sie zu der betreffenden Handlung in der Lage sind, (2) wie man die Fähigkeit dazu erwirbt und (3) ob es ihnen genug Spaß macht, um es wieder tun zu wollen.

Das Wort Experiment kommt vom lateinischen *experimentum* – Versuch, Beweis, Probe –, und Experimentieren bedeutet, dass man ohne Anweisungen oder Vorgaben versucht, etwas herauszufinden. Fehlschläge sind dabei vorprogrammiert. Doch durch Fehler wird Kindern klar, dass nicht alles gleich beim ersten oder auch beim zehnten Mal funktioniert. Sie geben Gelegenheit innezuhalten und zu analysieren, was man ändern muss, um beim nächsten Mal erfolgreich zu sein. Beispielsweise scheiterte Edison bei dem Versuch, die Glühbirne zu erfinden, 9000 Mal. Er selbst sagte dazu: »Ich bin nicht gescheitert ... ich habe 9000 Methoden kennengelernt, keine Glühbirne herzustellen.«

Kinder, die verstehen, dass Scheitern ein notwendiger Aspekt des Lernens ist, bringen sogar bessere Leistungen. Wer hingegen für Fehler kritisiert oder gar bestraft wird, schreckt davor zurück, welche zu machen. Kinder, die nur belohnt werden, wenn sie »das Richtige« tun, lernen den Wert von Fehlern nicht zu schätzen, wodurch sich die Wahrscheinlichkeit verringert, dass sie Risiken eingehen und Neues ausprobieren werden.

KQ-Entwickler Nr. 4: Zum Assoziieren anregen

Assoziieren beinhaltet Verbinden, Umstrukturieren und das Präsentieren bekannter Gedanken in einer neuen Form. Tiger-Kinder tun sich damit schwer, weil es ihnen oft an ausreichender praktischer Erfahrung und der Freiheit, über Anweisungen hinauszudenken, fehlt. In einem Interview sprach Steve Jobs 1996 darüber, wie wichtig es ist, Verbindungen herzustellen, und warum es nicht öfter passiert: »Viele Menschen in unserer Branche haben nicht sehr vielfältige Erfahrungen gemacht. Sie haben nicht genug Punkte, die sie verbinden könnten, und landen schließlich bei linearen Lösungen, ohne einen umfassenderen Blick auf das Problem zu haben.«[40]

In einer Rede an der Stanford University im Jahr 2005 sagte Jobs: »Man kann die Punkte nicht verbinden, während man nach vorn schaut, sondern nur in der Rückschau. Darum müsst ihr darauf vertrauen, dass sich die Punkte in eurer Zukunft irgendwie verknüpfen werden.«[41]

Und so hat Steve Jobs seine Punkte verbunden: Nachdem er nach nur einem Semester sein Studium am Reed College abgebrochen hatte, nahm er als Gasthörer an einem Kalligraphiekurs teil. Wie Jobs es ausdrückte, hatte »Kalligraphie keinerlei Aussicht auf irgendeine praktische Anwendung in meinem Leben. Sie war in einer Weise schön, historisch und künstlerisch subtil, wie die Wissenschaft es nicht sein kann, und ich fand sie faszinierend.« Doch Jahre später stellte Jobs eine Verbindung zur Kalligraphie her und integrierte ihre elegante Ästhetik in das Produktdesign von Apple.

KQ-Entwickler Nr. 5:
Den Aufbau von Netzwerken fördern

Das Aufbauen von Netzwerken beinhaltet das Herstellen von Verbindungen zu den unterschiedlichsten Menschen. Auch wenn die Menschen in unseren Netzwerken oft Gleichgesinnte sind, so entstehen doch oft die stärksten Verbindungen, wenn wir uns mit denen zusammentun, die ganz anders denken als wir.

Wenn Menschen mit unterschiedlichem Hintergrund und unterschiedlichen Ansichten in Kontakt kommen, werden Ideen getestet und neue Möglichkeiten entwickelt. Sie wissen selbst, dass man bei verzwickten Problemen oft einen Durchbruch erzielt, wenn man sie anderen Leuten präsentiert.

Manche Kinder sind geborene »Netzwerker«. Sie gehen auf dem Spielplatz von einem zum nächsten, spielen mit und schlagen neue Spiele vor. Andere halten sich lieber an immer dieselben wenigen Freunde. Wir wissen, dass es zum Ideenaustausch und zur Wertschätzung neuer Ideen führt, wenn wir Kindern das Aufbauen von Netzwerken erlauben.

Doch wie viel Gelegenheit zum Aufbau von Netzwerken und zur Pflege von Freundschaften haben Schüler, deren Nachmittage mit Instrumentenunterricht, Sport oder Nachhilfe durchterminiert sind? Durch stark strukturierte Aktivitäten werden »Networking« und Kooperation im realen Leben eingeschränkt.

Nicht nur führende Wirtschaftsexperten werden Ihnen sagen, dass ausgeprägte soziale Kompetenzen der Schlüssel zu starken Netzwerken und zu guter Kooperation sind. Im nächsten Kapitel geht es genau darum: um unser grundlegendes Bedürfnis und unseren Wunsch, soziale Wesen zu sein.

Menschen sind soziale Wesen

Ich durfte die schmerzliche und doch inspirierende Erfahrung machen, in den letzten Augenblicken seines Lebens bei meinem Schwiegervater zu sein. Er hatte jahrelang an einem Prostatakarzinom gelitten. Als ich ihm bei seinen letzten Atemzügen in die Augen schaute, spürte ich das Erbe, das er hinterließ. Er war Stahlarbeiter gewesen und hatte nicht im großen Stil die Welt verändert. Aber er war ein integrer Mensch gewesen, mit einer starken Moral, starken Prinzipien und Werten. Darum war er in seinem kleinen Gemeinwesen eine Führungspersönlichkeit, die moralische Autorität hatte und weitreichende Wirkung erzielte. Hunderte von Menschen kamen zu seiner Beerdigung – weit mehr, als wir erwartet hatten. In seinem nur sechzigjährigen Leben hatte mein Schwiegervater es geschafft, alle diese Menschen zu berühren. Manche erwähnten, was er für sie getan hatte: »Er half mir, Arbeit zu finden«, »Er stand bei der Arbeit für mich ein« oder »Er lieh mir Geld, als ich es brauchte«. Andere, von denen uns viele völlig unbekannt waren, sagten: »Er tat immer das, was richtig war«, »Andere Menschen lagen ihm am Herzen« und »Er war ein Mann mit Charakter«. Bei seiner Beerdigung sah ich aus erster Hand und aus nächster Nähe das Wichtigste, wodurch ein Leben in Erinnerung bleiben kann:

durch den Beitrag eines Menschen zu seiner Welt und zur Gesellschaft.

Meine Kinder sind ihrem Großvater zwar nie begegnet (er starb nur vier Monate nach unserer Hochzeit), aber jedes Mal, wenn wir jemanden treffen, der ihn kannte, hören sie etwas über die Qualitäten, um derentwillen er in Erinnerung bleibt. Ich glaube, dass die Geschichten meinen Kindern dabei helfen, die Bedeutung sozialen Engagements zu erkennen.

Wir wünschen uns fast alle (auch wenn wir uns dessen jetzt noch nicht bewusst sein mögen), dass wir nach unserem Tod wegen unserer Bindungen zu anderen und wegen der guten Dinge, die wir in unserem Leben getan haben, in Erinnerung bleiben. Das ist der tiefste menschliche Wunsch: mit anderen verbunden zu sein und einen Lebenszweck zu haben. Dieses Bedürfnis wird oft als Hauptgrund dafür genannt, dass Menschen Kinder bekommen. Wir wollen alle die Botschaft hinterlassen, dass »wir hier waren«, und diese Botschaft ist an unsere nächsten Angehörigen, unsere Gemeinschaft und die Welt um uns herum gerichtet. Ich vermute, dass sich die meisten Menschen in den letzten Augenblicken ihres Lebens fragen, ob sie die Welt vielleicht ein kleines bisschen besser gemacht haben.

Delfine sind, wie Menschen, sehr soziale Wesen und haben einen starken Gemeinschaftssinn. Das Herzstück im Leben eines Delfins ist die sogenannte Schule – eine Gemeinschaft von Delfinen, die zusammen leben, arbeiten und spielen. Wenn ein Mitglied der Schule krank oder verletzt ist, bleiben die anderen Delfine bei ihm; sie schwimmen unter ihm und schieben es zum Atmen an die Wasseroberfläche.

Manchmal verbinden sich mehrere Delfinschulen zu einer Superschule, in der bis zu 1000 Delfine zusammen wandern.

Sie gehen Bindungen ein, spielen und jagen miteinander, sie beschützen andere Delfinarten und kommen ihnen zu Hilfe. Das tun sie auch dann, wenn diese anderen Delfinarten anders aussehen und nicht auf dieselbe Weise kommunizieren. Auch bei ihren Essgewohnheiten zeigen Delfine Gemeinschaftssinn: Sie nehmen nicht mehr, als sie brauchen, und teilen ihre Mahlzeiten mit anderen Delfinen in ihrer Schule, mit anderen Schulen und sogar mit Nicht-Säugetieren wie Thunfischen.

Einander zu helfen und komplexe Allianzen innerhalb ihrer Art und darüber hinaus zu bilden, ist Teil der Lebensweise des Delfins. 2008 war in Neuseeland eine Gruppe von Walen gestrandet. Viele Anwohner eilten zu Hilfe und schafften es, die Riesen ins Meer zurückzubugsieren. Aber da die Wale mit dieser Umgebung nicht vertraut waren, landeten sie bald wieder am Strand, wo sie hilflos und in ernster Gefahr waren. Die Menschen versuchten immer wieder zu helfen, die Wale kehrten immer wieder zum Strand zurück. Schließlich waren Wale und Helfer erschöpft und kurz vor dem Aufgeben. Da tauchte der Delfin Moko auf, der in der Stadt dafür bekannt war, dass er hin und wieder mit Schwimmern spielte. Moko schwamm direkt zu den Walen hin, ein Signal dafür, dass er zu helfen bereit war. Dieses Mal formierten sich die Wale, nachdem sie erneut ins Wasser geschoben worden waren, direkt hinter Moko, der sie (stolz, wie es schien) ins offene Meer zurückführte, während die erstaunten Menschen am Strand in Jubel ausbrachen.

Es sind auch Fälle bekannt, in denen Delfine Menschen halfen. Ein Vierzehnjähriger, der nicht schwimmen konnte, fiel vom Boot seines Vaters und wäre ertrunken, wenn nicht plötzlich ein Delfin aufgetaucht wäre. Der Delfin schob den Jungen an die Wasseroberfläche und nahe genug an das Boot heran, dass der Vater ihn wieder an Bord ziehen konnte. In einem anderen Fall bildeten Delfine einen schützenden Ring um einen Mann, der von einem Hai bedroht wurde. Sie blieben bei ihm, bis der Hai davonschwamm und menschliche Hilfe eintraf.[1]

In den ersten Lebensjahren eines jungen Delfins geben die Eltern dem Gemeinschaftssinn und der Jagd Priorität. Weshalb hat die Verbindung zur Gemeinschaft denselben Stellenwert wie Jagdfähigkeiten? Der Ozean ist groß, und Delfine haben gelernt, dass ihre beste Überlebenschance in der Zusammenarbeit liegt. Es deutet einiges darauf hin, dass Delfine bei der Aufzucht ihrer Jungen erfolgreicher sind (weniger Jungtiere an Räuber oder durch andere Unglücksfälle verlieren), wenn sie eine starke Beziehung zu anderen Mitgliedern der Schule haben.[2] Schon vor der Geburt eines jungen Delfins helfen sogenannte »Tanten« schwangeren Tieren, gesund zu bleiben, indem sie Nahrung mit ihnen teilen und sie beim Geburtsvorgang unterstützen.

Was bedeutet Gemeinschaft?

Wir werden in die Welt unserer Eltern hineingeboren, aber den größten Teil unseres Lebens müssen wir in unserer eigenen Welt verbringen. Beide Welten, die der Kindheit und die des Erwachsenenalters, sind von sozialen Interaktionen beherrscht.

Eine Gemeinschaft ist eine »soziale, religiöse, berufliche oder andere Gruppe mit gemeinsamen Merkmalen oder Interessen, die in einer bestimmten Hinsicht als von der größeren Gesellschaft, innerhalb derer sie existiert, getrennt wahrgenommen wird oder sich selbst als getrennt wahrnimmt«.[3]

Eine Gemeinschaft kann auch einfach »unsere Leute« oder »unser Clan« sein – diejenigen, die uns nahestehen und mit denen wir unser Leben teilen.

Kinder lernen von ihrer Gemeinschaft, wie andere Menschen mit Schwierigkeiten und Enttäuschungen umgehen. Sie lernen auch den Wert von Bescheidenheit, Resilienz und Problemlösungskompetenz kennen. Sie sehen, wie Mitglieder der Gemeinschaft anderen helfen können, die nicht weiterwissen oder Fehler gemacht haben. Sie erleben, wie man in der Gruppe gemeinsam Spaß hat. Sie erfahren die Freude, die es bereitet, seine Erfolge zu teilen, und den Trost, der darin liegt, Unterstützung bei Rückschlägen zu erhalten.

Eine Gemeinschaft bietet eine Umgebung, in der reiche soziale Bindungen entstehen können – zu Freunden, Mentoren und Vorbildern. Die einzige Möglichkeit, wichtige soziale Kompetenzen zu erlernen, besteht darin, sie auszuprobieren. In einer Gemeinschaft begreifen junge Menschen durch »Versuch und Irrtum« schnell, welche Nachteile es hat, wenn man zu wettbewerbsorientiert, perfektionistisch und selbstgerecht auftritt oder ein zu ausgeprägtes Anspruchsdenken hat. Sie lernen zu kommunizieren, zu kooperieren und Konflikte zu lösen, die Verantwortung für ihr Handeln zu übernehmen sowie anderen zu vertrauen, sie zu respektieren und fair zu behandeln. Über sich selbst hinauszudenken ist das Wesen einer Gemeinschaft, die Definition eines gesellschaftlichen Beitrags.

Auch wenn es paradox erscheinen mag – die für Unabhängigkeit und individuellen Erfolg erforderlichen Kompetenzen entwickeln sich innerhalb der Struktur und Sicherheit der Gemeinschaft. Durch das Aufwachsen in einer Gemeinschaft lernen Kinder, schließlich (unabhängig von ihrer Lebensphase, ihrem Beruf oder ihrem Wohnsitz) ihre eigenen

Gemeinschaften zu finden, zu gründen und zu erhalten. Wir bauen unsere Identität in unserer Gemeinschaft auf. Sie ist der Ort, an dem wir die ersten Antworten auf Fragen wie »Wer bin ich?«, »Wo ist mein Platz in dieser Welt?«, »Wozu bin ich da?« oder »Was will ich mit meinem Leben anfangen?« finden. Wenn aus Kindern Teenager oder junge Erwachsene werden, probieren sie verschiedene Identitäten aus, gehen zu ihrer Gemeinschaft auf Distanz und suchen dann wieder die Nähe. Sie testen aus, was es bedeutet, ein Rebell, ein Skater, ein Snob, ein Athlet, ein Akademiker oder ein Nerd zu sein, bis sie am Ende ihre eigene Identität finden. Sie mögen behaupten, dass es ihnen egal sei, was andere von ihnen denken, aber es wäre ein Fehler, ihnen das zu glauben. Unsere Rolle in der Gesellschaft und unsere Beziehung zu anderen zu definieren hat nur den einen Sinn: eine soziale Identität aufzubauen.

Familien müssen eigentlich Gemeinschaften sein, sind es aber nicht immer. Cara, eine fünfzehnjährige Patientin, wurde von ihrem Onkel sexuell missbraucht. Nach langem Zögern beschloss sie, ihrer Familie von diesem Trauma zu berichten, was anfangs nur zur Folge hatte, dass die Sache unter Verschluss gehalten wurde. Verzweifelt suchte sie Zuflucht in Drogen und lief von zu Hause weg. Mir ging die Sache sehr zu Herzen. Als es nach zwei Wochen, in denen ich die Polizei bei der Suche nach ihr unterstützt hatte, immer noch keine Nachricht gab, fürchtete ich das Schlimmste. Aber während der Zeit, in der Cara als vermisst galt, hatte sie ein Zugehörigkeitsgefühl zu einer wahrhaft außergewöhnlichen Gemeinschaft entwickelt. Es hatte sie nach Downtown Eastside, einen für Verbrechen, Drogensucht und Prostitution bekannten Teil von Vancouver verschlagen. Aber dort gibt es auch unglaublich starke Gemeinschaften. Cara traf eine junge Frau, die eine ähnliche Geschichte wie sie selbst hatte und sie anderen

Frauen vorstellte, die auf einigen Ebenen eine Beziehung zu Cara aufbauen konnten (viele von ihnen waren Prostituierte, die sich ebenfalls mit Drogensucht herumschlugen). Diese Frauen kümmerten sich um Cara. Sie beschützten sie, gaben ihr zu essen und ein Dach über dem Kopf. Sie hörten ihr zu und verurteilten sie nicht, und sie führten Cara von ihren eigenen Fehlern weg und zurück nach Hause. Als Cara wieder zu mir in die Therapie kam, berichtete sie, dass sie sich bei diesen Frauen wohlgefühlt habe. Die Zeit mit ihnen hatte sie stark genug gemacht, ihrem Leben eine Wendung zu geben und nach vorn zu schauen. Sie ging wieder zur Schule und ist heute eine leidenschaftliche Frauenrechtlerin, die in Downtown Eastside lebt. Nach ihrer eigenen Aussage ist sie heute trotz ihrer traumatischen Vergangenheit glücklich.

Was bedeutet soziales Engagement?

Soziales Engagement wird schnell abgestempelt als Hobby für unausgelastete Hausfrauen oder selbstlose Kirchgänger. Aber nichts könnte weiter von der Wahrheit entfernt sein! Wir sind alle auf das Geben programmiert. Wenn wir uns sozial engagieren, werden wir mit einem Gefühl des Wohlbefindens und der Freude belohnt. Aus biologischer Sicht ist soziales Engagement überlebenswichtig. Wenn es nicht Teil unseres Lebens ist, geraten wir aus dem Gleichgewicht, fühlen uns unwohl und ungesund. Es ist wie beim Spielen: Wenn wir nicht geben, sterben wir.

Laut Studien misst die heutige Jugend Geld und Status mehr Wert bei als jede andere Generation vor ihr.[4] Gleichzeitig gelten heutige Jugendliche als am wenigsten motiviert; sie haben ein hohes Anspruchsdenken und ihre Bereitschaft zu harter Arbeit ist geringer denn je. Angesichts dieser Tatsachen sind Geld und Status sicher keine ausreichenden Motivationshilfen. Aber was dann?

Engagement. Ich bin davon überzeugt, dass das Arbeiten für einen höheren Zweck als menschlicher Motivator deutlich unterschätzt wird – insbesondere von Eltern. Man denke nur an die Botschaften auf Glückwunschkarten und die Ansprachen bei Familienfesten. Als »nett«, »klug« oder »lustig« bezeichnet zu werden ist schön, aber wirklich berührend sind Komplimente wie »fürsorglich«, »für andere da« oder »immer hilfsbereit«. »Du machst die Welt ein bisschen besser«, ist eine der schönsten Wertschätzungen, die man bekommen kann.

Auch Werbeexperten wissen, dass Menschen soziales Engagement wertschätzen und stimmen deshalb immer öfter ihre Kampagnen darauf ab. So beinhalten Werbebotschaften und Unternehmensdarstellungen heute oft Wörter und Wendungen wie beitragen, schützen, kümmern, hüten oder am Herzen liegen.

Laura, die Tochter einer meiner Freundinnen, ist eine begabte Sängerin. Aber trotz ihres großen Talents hatte sie Motivationsprobleme und übte nicht genug. Obwohl sie es liebte, andere zu unterhalten und glücklich zu machen, schienen ihr ihre Auftritte plötzlich egal zu sein. Lauras Vater erzählte mir von ihrem erfolgreichsten Auftritt, bei dem es keiner Überredungskunst bedurft hatte, sie zu einer guten Vorbereitung zu motivieren. Das Stück hatte ein Thema, das Laura persönlich berührte – es ging um ein Mädchen, das gegen alle Widerstände um das Recht auf Schulbildung kämpfte. Laura war von dem Stück so beeindruckt, dass sie sogar die Autorin besuchte – eine alte Frau, die in einem Pflegeheim lebte –, um sich zu bedanken, dass sie etwas so Positives, weit über den

Auftritt Hinausreichendes in ihr ausgelöst hatte. Offenbar genügte es Laura nicht, die Menschen einfach nur zu unterhalten – sie wollte sie so berühren, wie die Autorin sie selbst berührt hatte. Sie wollte mit ihrer Kunst Leben verändern; sie wollte etwas bewirken.

Mithilfe unserer speziellen Begabungen einen Beitrag zu leisten liefert uns die ultimative Motivation. Ich verordne allen meinen Patienten soziales Engagement, weil ich weiß, dass es zur Freisetzung des dringend benötigten Dopamins führt. Schon Spenden ist befriedigend. Aber noch befriedigender ist es, unsere ureigenen Talente einzusetzen, um einen gesellschaftlichen Beitrag zu leisten. Deshalb waren (und sind) Geschichten von Superhelden zu jeder Zeit erfolgreich. Jeder Superheld will die Welt retten und hat eine spezielle Fähigkeit, die ihm einen ganz besonderen Beitrag ermöglicht. Doch wie wir alle haben auch Superhelden Schwächen, die sie oft daran hindern, ihren Beitrag zu leisten. Dass viele von ihnen ein Alter Ego haben, das ein ganz normales Leben führt, sagt uns, dass jeder Großes leisten und Superheldenqualitäten zeigen kann. Superhelden verkörpern unsere besten Werte wie Gerechtigkeit, Tugend und Fürsorglichkeit. Wer wünscht sich nicht, über seine Alltagssorgen hinauszuwachsen und etwas wirklich Gutes für andere zu tun?

Menschen leisten oft durch ihre Arbeit einen Beitrag für ihr Gemeinwesen. Ärzte tun es, indem sie Menschen helfen, gesund zu werden, Lehrer, indem sie die nächste Generation ausbilden, und Journalisten, indem sie wahrheitsgetreu vom Weltgeschehen berichten. Oft haben Menschen, die ihre Arbeit lieben, weil sie ihnen die Möglichkeit gibt, etwas zurückzugeben, in der Vergangenheit sinnvolle Hilfe von anderen bekommen, die zu ihrem eigenen Wachstum und Erfolg beigetragen hat.

Eltern sagen oft: »Es kommt nicht darauf an, was du tust, Hauptsache, du gibst dein Bestes.« Wenn man versucht, in einer Sache sein Bestes zu geben, kann diese bloße Tatsache andere dazu inspirieren, ebenfalls ihr Bestes zu geben – und das ist schon ein sozialer Beitrag. Und das trifft auch zu, wenn wir etwas bewirken, etwas Sinnvolles tun und die Welt ein klein wenig besser machen.

Soziales Engagement als Überlebensfaktor

Sowohl soziale Interaktion als auch soziale Bindungen fördern die Dopaminausschüttung in unserem Gehirn und lösen damit Wohlbefinden und Freude aus. Doch soziale Bindungen werden deutlich stärker belohnt. Aus biologischer Sicht ist soziale Interaktion ein Schritt in die richtige Richtung, aber erst tiefe soziale Bindungen tragen zum Aufbau gesunder Gemeinschaften bei, die wiederum unerlässlich für unser Überleben sind. Man könnte es mit dem Unterschied zwischen Flirten und Verlieben vergleichen. Wenn wir flirten, wird ein wenig Dopamin freigesetzt und wir fühlen uns gut. Aber wenn wir uns verlieben (was zur Fortpflanzung und damit zum Fortbestand der Gemeinschaft führen könnte), wird eine große Menge Dopamin freigesetzt. Kommt noch Oxytocin (ein Wohlfühlhormon, das beim Kuscheln, Umarmen und Küssen freigesetzt wird) hinzu, entsteht daraus ein tiefes Gefühl der Zufriedenheit und des Wohlbehagens.

Falls Sie noch nicht ganz überzeugt sind, dass Menschen absolut soziale Wesen sind, sollten Sie einmal Teenager beobachten. Dann werden Sie feststellen, wie stark soziale Verhaltensweisen in ihrem in der Entwicklung begriffenen Gehirn einprogrammiert sind. Für das junge Gehirn ist soziale Interaktion ein mächtiger Belohnungsverstärker, und Interaktionen unter Gleichaltrigen steigern die Dopaminausschüttung. Man denke nur daran, wie begeistert Teenager sind, wenn sie zu einer Party eingeladen werden und wie niedergeschlagen, wenn sie übergangen werden. Einige Gehirnscanstudien deuten darauf hin, dass das Gehirn Jugendlicher auf den Ausschluss aus der Gruppe so reagiert, wie es auf die Bedrohung durch körperliche Verletzung oder Hunger reagieren würde.[5] Mit anderen Worten: Jugendliche können soziale Ausgrenzung als existenzielle Bedrohung erleben. Dies macht verständlich, weshalb Teenager auf soziale Höhen und Tiefen, ob bei der persönlichen Interaktion, bei der Online-Interaktion oder in ihrer Fantasie, oft reagieren, als ob ihr Leben davon abhinge.

Soziale Bindungen sind so wichtig für unsere Zufriedenheit, dass sie laut wissenschaftlicher Studien sogar eine größere Bedeutung als die Grundbedürfnisse des Lebens zu haben scheinen. In einer zwischen 2005 und 2010 in 155 Ländern durchgeführten Studie stellten Forscher der University of Illinois fest, dass Menschen sich selbst dann wohlfühlten und selbst verwirklichen konnten, wenn ihre Grundbedürfnisse nicht erfüllt waren, sie aber starke, positive Beziehungen zu anderen Menschen hatten.[6] Sogar in Kriegszeiten, wenn Grundbedürfnisse nur begrenzt und Sicherheitsbedürfnisse gar nicht erfüllt wurden, berichteten Menschen über ein Gefühl der Zufriedenheit, solange sie positive soziale Bindungen aufrechterhalten konnten. Bei der Studie zeigte sich sogar, dass extreme Situationen, in denen Menschen auf lebensnotwendige Dinge verzichten müssen und ständiger Gefahr ausgesetzt sind, soziale Bindungen stärken können. Darum bewerten manche Menschen, die ein schreckliches Trauma wie beispielsweise Krieg erlebt haben, diese Zeit rückblickend als eine der besten ihres Lebens.

Dieselbe Studie ergab, dass die Menschen glücklicher waren, wenn die Bedürfnisse anderer in ihrer Gesellschaft ebenfalls erfüllt wurden.[7] Mit anderen Worten: Die Zufriedenheit eines Menschen hängt nicht nur von seiner eigenen Lebensqualität ab, sondern auch von der anderer. Die alte Volksweisheit »Je mehr man gibt, desto mehr bekommt man zurück« ist auch wissenschaftlich untermauert. Eine 2008 durchgeführte Studie zeigte, dass es den Teilnehmern mehr Befriedigung bereitete, anderen Menschen Geld zu geben, als es für sich selbst auszugeben.[8] Und durch eine Studie aus dem Jahr 2006 wurde nachgewiesen, dass schon der Gedanke daran, anderen etwas zu geben, dieselben Gehirnregionen aktiviert wie die Freuden des Essens und sexueller Aktivität.[9] MRI-Aufnahmen des Gehirns zeigten, dass das Spenden für wohltätige Zwecke das Belohnungszentrum des Gehirns aktiviert.[10]

Soziales Engagement kann sogar unser Leben verlängern. Bei einer Untersuchung über ältere Menschen wurde festgestellt, dass diejenigen, die ihren Ehepartner emotional unterstützten oder anderen Menschen wie Freunden, Verwandten oder Nachbarn praktische Hilfe leisteten, in einem Zeitraum von fünf Jahren ein geringeres Sterberisiko hatten als diejenigen, die das nicht taten.[11] Eine Seniorenstudie der Universität Berkeley ergab, dass jene, die sich ehrenamtlich bei zwei oder mehr Organisationen engagierten, innerhalb eines Zeitraums von fünf Jahren ein um 44 Prozent niedrigeres Sterberisiko hatten (Faktoren wie Alter, Rauchen, gesundheitlich nachteilige Lebensgewohnheiten und allgemeiner Gesundheitszustand wurden ebenfalls berücksichtigt).[12] Es bringt uns nicht um, anderen zur Hand zu gehen, aber es kann uns umbringen, es nicht zu tun!

Auswirkungen von sozialem Engagement auf den KQ

James Watson und Francis Crick waren nur zwei von vielen Wissenschaftlern, die in den 1950er Jahren versuchten, die Struktur der menschlichen DNA zu entschlüsseln. 1953 schrieben sie durch die bahnbrechende Entdeckung der berühmten Doppelhelix Wissenschaftsgeschichte. Was diese Entdeckung so interessant macht, ist die Tatsache, dass Molekularbiologie und Genetik nicht die Fachgebiete der Forscher waren – Crick war Physiker und Watson Zoologe. Aber die beiden forderten sich heraus, diskutierten, stritten, versuchten sich gegenseitig zu überzeugen und gelangten schließlich zu einem bemerkenswerten Ergebnis.

Für jemanden, der allein arbeitet, ist es viel schwerer, neue Lösungen zu finden oder auch nur die zu testen, die er schon hat. Im Team führt die Diskussion zwischen Menschen mit unterschiedlichem Hintergrund zu den besten Ideen. In seinen Memoiren schrieb Crick, dass er im Alleingang die Doppelhelixstruktur wohl nie entdeckt hätte.[13]

Zwei Komponenten des KQ sind Kooperation und Kommunikation. Um kooperieren und kommunizieren zu können, braucht man soziale Kompetenzen – die Fähigkeit, mit anderen zurechtzukommen, sich effektiv auszudrücken, andere zu beeinflussen und mit Menschen zusammenzuarbeiten (auch mit solchen, die man nicht mag). Soziale Kompetenzen können – sowohl in der Schule als auch im gesamten weiteren Leben – über Erfolg oder Misserfolg entscheiden. Wer in der Schule beliebt ist, wird langfristig meistens gut zurechtkommen. Ein Kind, das sich im Umgang mit anderen schwertut, wird viel mehr Probleme damit haben, Freunde zu finden und zu halten und bei Projekten mit anderen Schülern oder Studenten zusammenzuarbeiten. Studien haben gezeigt, dass schon die Fähigkeit von Kindergartenkindern, Freundschaften zu schließen und von Gleichaltrigen akzeptiert zu werden, eine Prognose in Bezug auf ihre spätere Beteiligung am Unterricht und sogar ihre Fähigkeit zur unabhängigen Bearbeitung schulischer Aufgaben zulässt.[14] Anders ausgedrückt: Je mehr soziale Kompetenzen ein Kind besitzt, desto besser ist es in der Lage, unabhängig zu lernen.

In sozial schwierigen Situationen lernen Kinder, spontan zu sein, zu verhandeln, sich durchzusetzen, verschiedene Dinge auszuprobieren und sich anzupassen. Soziale Interaktionen eröffnen Möglichkeiten zur Diskussion und Bewältigung schwieriger emotionaler Situationen. Alle diese Kompetenzen fördern Kreativität und kritisches Denken, die anderen beiden Ks in KQ. Wenn Kinder immer nur dieselben begrenzten Fähigkeiten trainieren oder zu strukturierten Aktivitäten gebracht und von dort wieder abgeholt werden, können sie nicht die Kompetenzen erwerben, die nur im realen Leben zum Einsatz kommen. Ich hörte einmal eine Mutter darüber klagen, dass viele der Kinder in ihrer Nachbarschaft jünger als ihr zehnjähriger Sohn seien. »Er hat keine andere Wahl, als mit jüngeren Kindern zu spielen, und das macht mir Sorgen, weil er dabei nichts lernt. Es wäre mir lieber, wenn er mit gleichaltrigen oder älteren Kindern spielen würde, dann könnte er weiterkommen«, meinte sie. Aber da irrte sie sich gewaltig. Es stimmt zwar, dass ein Kind, das mit Älteren spielt, neue Fähigkeiten erwerben kann, beispielsweise wie man einen Ball geschickter wirft. Aber Kinder, die mit jüngeren Kindern spielen, schulen in hohem Maße ihre sozialen Kompetenzen. Sie lernen viel über Mitgefühl und

Einfühlungsvermögen, Eigenschaften, die eine wichtige Voraussetzung für emotionale Intelligenz und Erfolg im Leben sind. Das ältere Kind muss lernen, die nonverbalen Signale der jüngeren Kinder zu verstehen, und ihnen helfen, Hindernisse zu überwinden. Und was genauso wichtig ist: Es muss Kindern mit geringerem verbalen Verständnis neue Ideen wirkungsvoll erklären. Es gibt nichts, was das eigene Wissen so verfestigt oder so deutlich Bereiche offenlegt, in denen noch eine Weiterentwicklung erforderlich ist, wie eine Situation, in der man einem jüngeren Kind etwas erklären muss.

Die Interaktion mit Menschen jeden Alters fördert den KQ. Den vier Ks liegen Werte wie Verantwortung, Einhaltung von Zusagen und Verpflichtungen sowie Erwerb von Respekt, Ansehen und Bewunderung zugrunde (und die Erfahrung, wie schnell man durch unmoralisches oder prinzipienloses Verhalten Respekt, Ansehen und Bewunderung anderer Menschen verlieren kann). Kinder mit hohem KQ wertschätzen verantwortungsvolles, am Gemeinwohl orientiertes Verhalten und verstehen die Bedeutung der Zugehörigkeit zu einer Gemeinschaft und des sozialen Engagements.

Wenn es je eine Zeit gegeben hat, in der es angezeigt war, gemeinschaftlich die Probleme der Menschheit anzugehen, dann jetzt. Die Herausforderungen für die nächste Generation sind beängstigend, und die Entscheidungen, die sie treffen wird, von großer Tragweite. Glücklicherweise sind wir darauf programmiert zu schützen, zu teilen und zu kooperieren. Und gerade jetzt müssen wir diesen natürlichen Impulsen folgen.

Tiger sind unsoziale Einzelgänger

Tiger sehen ihre Umgebungen nicht als Gemeinwesen, sondern als kleine und große Arenen, in denen es um die Darbietung von Einzelleistungen geht. In einer Arena konkurrieren alle miteinander und nur diejenigen, die einem helfen können zu gewinnen (also ein unmittelbares Ziel wie das Bestehen einer Prüfung oder Gewinnen eines Wettbewerbs zu erreichen), haben einen Wert. Diese Denkweise führt bei Tiger-Kindern oft zu übertriebenem Wettbewerbsstreben und einem Mangel an wichtigen sozialen Kompetenzen wie Kooperations- und Kommunikationsfähigkeit.

Tiger-Junge sind so daran gewöhnt, sich in einer Arena aufzuhalten, dass sie andere – Mitschüler, Mannschaftskameraden oder sogar die eigenen Geschwister – als Konkurrenz sehen. Statt sich mit einem Geschwisterkind, einem Freund oder Cousin über dessen Erfolge zu freuen, werden Tiger-Kinder nervös und neidisch, weil ihr Leben von der ständigen Angst geprägt ist, nicht der oder die Beste zu sein. Da sie in einer Umgebung aufwachsen, in der sie für das, was sie tun, belohnt werden und nicht für das, was sie sind, verinnerlichen sie die Überzeugung, dass sie sich über ihre Leistungen definieren und entwickeln kein echtes Identitätsgefühl.

Ob sie es wollen oder nicht – Tiger-Eltern isolieren ihre Kinder. Tiger-Kinder sind oft so beschäftigt, dass sie kaum Zeit für Freunde oder die Familie haben. Dadurch verpassen sie Gelegenheiten, sich an Vorbildern zu orientieren, Anleitung und Unterstützung zu erhalten und andere, generationsübergreifende Interaktionen zu erfahren. Tiger-Kindern fehlt es an Zugang zu unterschiedlichen Perspektiven. Sie lernen oft allein oder umgeben von wenigen Menschen, die meist fürs Unterrichten bezahlt werden und wahrscheinlich eine ähnliche Weltsicht wie die Eltern haben.

Ein Leben ohne echte soziale Bindungen ist sehr einsam. Aber ist es wirklich so schlimm, mit einem sechsstelligen Einkommen allein in einem schicken Penthouse zu sitzen? An der Spitze ist es nun mal einsam, nicht wahr?

Tatsache ist, dass Einsamkeit Menschen umbringen kann. Beginnen wir bei der extremsten Form der Einsamkeit, der Einzelhaft.

Die Einzelhaft stellt eine der großen Paradoxien in der Geschichte menschlicher Grausamkeit dar. Das erste Gefängnis mit Einzelzellen wurde in den 1820er Jahren gebaut – mit der eigentlich ehrenwerten Absicht, eine humanere Unterbringung von Straftätern zu ermöglichen. Zuvor saßen Sträflinge in überfüllten Gefängnissen, in denen Banden herrschten und Demütigungen und Gewalt an der Tagesordnung waren. Doch so brutal die Zustände in diesen Anstalten auch sein mochten – es stellte sich bald heraus, dass das Alleinsein noch schlimmer war. Gefangene in Einzelhaft entwickelten alle möglichen psychischen Störungen. Heute sind die schädlichen Folgen der Einzelhaft sehr gut dokumentiert. Dazu gehören Schlafstörungen, Ängste, Depression, Panik, Wut, Kontrollverlust, Paranoia, Halluzinationen, Selbstverstümmelung, kognitive Störungen und völliger psychischer Zusammenbruch.

Es hat sich gezeigt, dass emotionale Isolation als ebenso hoher Risikofaktor in puncto Sterblichkeit einzustufen ist wie das Rauchen.[15] In den 1950er Jahren betrieb die Therapeutin Frieda Fromm-Reichmann Grundlagenforschung in der Frage, wie sich Einsamkeit auf einen Menschen auswirkt – ein so komplexes Thema, dass es immer noch nicht endgültig erschlossen ist. Einsamkeit ist nicht einfach nur ein Gefühl.

Sie zerstört den ganzen Körper, wie eine Krankheit. Sie verändert hormonelle Signale und Pfade, die die von ihnen kontrollierten Systeme, wie beispielsweise Genregulation, schädigen können. Lang andauernde Einsamkeit kann zu einer Verschlimmerung vieler Erkrankungen, wie Alzheimer, Fettleibigkeit, Krebs und Herzerkrankungen, führen. Beispielsweise haben Studien gezeigt, dass Tumoren bei einsamen Menschen schneller metastasieren.[16]

Einsamkeit ist mehr als physische Isolation. Fromm-Reichmann definierte Einsamkeit als den lang anhaltenden Wunsch nach Intimität.[17] Selbst jemand, der den ganzen Tag von Menschen umgeben ist, kann echte Einsamkeit erleben. Forschungen zum Thema Einsamkeit ergaben, dass 30 Prozent der Amerikaner sich keinem Menschen in ihrem Leben wirklich nahe fühlen.[18] Eine Studie aus dem Jahr 2010 unter Erwachsenen ab 45 Jahren zeigte, das einer von dreien sich über längere Zeiträume hinweg einsam fühlte (Anfang der 2000er Jahre war es noch einer von fünf gewesen).[19]

Eine Untersuchung aus dem Jahr 2006 ergab, dass sich die durch körperlichen Schmerz und soziale Ausgrenzung aktivierten neuronalen Systeme überschneiden.[20] Bei der Studie spielten drei Teilnehmer (ein Mensch und zwei Computerprogramme) »Cyberball«, indem sie einander virtuell einen Ball zuwarfen. (Der menschliche Proband ging davon aus, dass es sich bei den anderen beiden Spielern ebenfalls um Menschen handelte.) Nachdem der Ball eine Weile zwischen den drei Spielern hin- und hergegangen war, fingen die beiden Computerprogramme an, den Menschen zu ignorieren und sich nur noch gegenseitig den Ball zuzuspielen. Dabei zeigte ein Gehirnscan des Probanden, dass diese Ausgrenzung denselben Teil des Gehirns aktivierte wie körperlicher Schmerz.

Die »Viertellebenskrise« des Tigers

Ava, eine Anwältin und hervorragende Pianistin, war 29 und Mutter eines drei Monate alten Säuglings, als sie in meine Praxis kam. »Mein Baby ist nicht hübsch und weint mehr als andere«, klagte sie. Wer Ava nicht kennt, könnte sich fragen, ob sie unter Realitätsverlust litt. Aber leider war das Gefühl, dass ihr Baby nicht perfekt sei, für Ava sehr real.

Nachdem ich zehn Jahre lang mit frischgebackenen Müttern gearbeitet habe, weiß ich sehr genau, dass die Umstellung nach der Geburt gerade für Tiger-Frauen sehr schwierig ist. Nichts erfordert mehr Demut, Toleranz, flexibles Denken und Hilfe von nahestehenden Menschen als die Zeit nach der Geburt eines Kindes. Ava erlebte eine sehr schwere Zeit. »Ich war bei allem immer die Beste«, erklärte sie mir. »Ich weiß wirklich nicht, wie man etwas nicht perfekt macht.« Dann gestand sie, dass nach der Geburt niemand zu Besuch gekommen sei, um für sie zu kochen, auf das Baby aufzupassen oder ihr weitere Unterstützung anzubieten.

Es wurde bald klar, dass viele von Avas Problemen von der Tatsache herrührten, dass sie das Siegen gewohnt war. Sie konnte sich nicht auf das normale Leben einstellen. Natürlich hatte Ava in ihrer Kindheit viel Zeit dafür aufgewendet, mit Prüfungs- und Auftrittsstress umzugehen, aber mit Stresssituationen des täglichen Lebens hatte sie sich nicht befasst – mit den anstrengenden und oft nicht klar definierten Dingen, wie beispielsweise der Hausarbeit, dem Koordinieren verschiedener Aufgaben und dem Arbeiten in einem Team. In ihrem Erwachsenendasein summierten sich diese Alltagsaufgaben rasch und wuchsen ihr über den Kopf.

Tragischerweise konnte Ava nicht einmal ihr eigenes Kind annehmen, ohne es mit anderen zu vergleichen. Selbst ihre wenigen Freunde fanden diese Ablehnung ernüchternd. Aber Ava wusste einfach nicht, wie man enge Bindungen zu anderen eingeht und nicht konkurriert, besonders wenn es um Erwachsene ihres Alters ging – ihren Ehemann eingeschlossen. Man kann sich leicht vorstellen, dass Menschen, die mit ihr zu tun hatten, sie einfach nicht sympathisch fanden.

Ihr Perfektionismus und ihr Bedürfnis, die Beste zu sein, führten auch zu strenger Selbstkritik. Besonders kritisch beurteilte sie ihr Aussehen und ihre Figur nach der Entbindung. Aber was Ava am meisten belastete, war ihre nicht erfüllte Erwartung, dass all die harte Arbeit und die Opfer, die sie in ihrer Jugend gebracht hatte, sich auszahlen würden, als ob jemand bei einem Wettbewerb namens Leben den Punktestand notiert hätte. Ich erlebe dieses Phänomen oft bei Tigern zwischen 25 und 35 und nenne es die »Viertellebenskrise des Tigers«.

Nach monatelanger Therapie und zahlreichen positiven Veränderungen brach Ava eines Tages in meiner Praxis in Tränen aus. Sie erzählte mir, dass sie erkannt habe, dass sie ihre Kindheit mit den falschen Dingen verschwendet habe. Ihr Streben nach persönlichem Erfolg auf Kosten von allem anderen war sie teuer zu stehen gekommen. Glücklicherweise hielt ihre Verzweiflung nicht lange an. Ava war nun entschlossen, ihrer Tochter eine andere, eine Delfin-Kindheit zu ermöglichen. Sie wollte sich darauf konzentrieren, ihre Tochter beim Aufbau sozialer Bindungen und bei der Entwicklung ihrer Persönlichkeit zu unterstützen. Sie wünschte sich, dass ihre Tochter ihr Leben in allen Bereichen erfolgreich bewältigen würde, statt innerhalb einer eng begrenzten Arena zu siegen, und ihr wurde klar, dass ihr Kind dazu eine Gemeinschaft brauchte.

Wenn heute so viele junge Menschen eine ähnliche Einstellung wie Ava zu Anfang ihrer Therapie haben, müssen wir uns fragen: Verlieren wir unseren Sinn für verantwortungsvolles, am Gemeinwohl orientiertes Verhalten, für Engagement und die Bereitschaft zum Teilen, der so wichtig für eine positive Persönlichkeitsentwicklung und die Entwicklung von Führungsqualitäten ist? Wer wird helfen, die Welt zu verbessern? Ist es nicht die Aufgabe von Eltern, ihren Kindern zu helfen, eine positive Persönlichkeit zu entwickeln? Ja, das ist es, und ja, sie können das schaffen!

REZEPT

Grundlagen für Gemeinschaft und Engagement schaffen

Sorgen Sie für eine Gemeinschaft, in der Ihre Kinder aufwachsen können – eine Gemeinschaft, die auf Werten wie Vertrauen, Respekt, Verantwortung, Mitgefühl, Integrität und Bescheidenheit basiert. Ihre Gemeinschaft sollte aus Menschen bestehen, an die Sie sich wenden würden, wenn Sie Hilfe brauchen. Je nach Ihren Lebensumständen könnte sie Ihre gesamte Familie oder nur einige Familienmitglieder, Mentoren, Freunde, Kollegen oder Eltern der Freunde Ihrer Kinder umfassen. Ich habe oft erlebt, dass eine Großmutter, eine Tante, ein Freund oder ein Lehrer zur Hauptbezugsperson eines Jugendlichen wurde, wenn die Eltern-Kind-Beziehung angespannt war. Von einem liebevollen, respektierten Menschen kann ein Kind auch außerhalb der engsten Familie viel Wichtiges lernen.

Eine Gemeinschaft setzt nicht eine bestimmte Zahl von Menschen, sondern gute, innige Beziehungen voraus. Überlegen Sie, wer Sie im Fall des Falles im Krankenhaus besuchen würde – das sind die Menschen, auf die Sie zählen können, von denen Sie unterstützt werden und die Sie selbst auch unterstützen. Das Leben in einer Gemeinschaft bedeutet nicht, ein Leben für andere zu führen, denn das wäre eine einseitige Beziehung. Es geht um Geben und Nehmen.

Viele Kinder von Tiger-Eltern haben nicht die Zeit, Beziehungen aufzubauen. Wenn Sie sich bewusst entschließen, Ihr Kind von einer bestimmten Person fernzuhalten, um eine Einflussnahme zu verhindern, ist das Ihre elterliche Entscheidung. Aber wenn Kinder nur deshalb nicht an ihrer Gemeinschaft teilhaben und sich in ihr entwickeln können, weil sie zu wenig Zeit haben, dann sollten Sie einmal über das Ausmaß dieser Problematik nachdenken. Geben Sie Ihrem Nachwuchs Zeit für Interaktion in der Gemeinschaft! Das hat auch einen zusätzlichen Vorteil für Sie: In einer Gemeinschaft kümmern sich auch andere Leute um Ihren Nachwuchs, und so haben Sie wahrscheinlich öfter ein paar Stunden für sich.

REZEPT

Vorbild für soziales Denken und Handeln sein

Mit dem Engagement für andere zeigen Sie Führungsqualitäten, und das nehmen andere Menschen, insbesondere Ihre Kinder, zur Kenntnis und erinnern sich daran. Wenn wir gute Beziehungen pflegen, verinnerlichen unsere Kinder dieses Wissen und werden dadurch besser befähigt, in ihrem eigenen Leben solche

Beziehungen aufzubauen. Wenn wir wollen, dass unsere Kinder sich aus oberflächlichen Beziehungen lösen und sich mit authentischen, unterstützenden Menschen umgeben, dann müssen wir ihnen genau das vorleben. Unser Tun beeinflusst unsere Identität, und dasselbe gilt auch für die Menschen, mit denen wir Zeit verbringen.

Insofern ist sicher leicht nachzuvollziehen, dass das Zusammensein mit positiven Menschen uns dazu inspiriert, selbst positiv zu sein. Diese Wirkung beruht nicht nur auf dem, was jemand sagt, sondern auch darauf, wie er es sagt und welche Energie zu diesem Zeitpunkt im Raum vorherrscht. Das elektromagnetische Feld des menschlichen Herzens kann noch in einem Meter Entfernung vom Körper gemessen und von anderen gespürt werden. Darum spielt dieses Energiesystem eine wichtige Rolle bei der Übermittlung physischer, emotionaler und zwischenmenschlicher Informationen.[21] Manche Menschen können eine beruhigende und motivierende Wirkung ausüben, indem sie ihr stabiles und strukturiertes elektromagnetisches Feld näher zu jemandem bringen, dessen Feld weniger stabil ist. Stabile Felder führen zu stabilen Herzrhythmen, die dem Gehirn helfen, kreativ zu sein und Probleme zu lösen. Das klingt vielleicht ein bisschen nach der Jedi-»Macht«, aber es ist wissenschaftlich untermauert!

REZEPT

Werte vermitteln

Bei einer Dinnerparty, zu der ich kürzlich eingeladen war, sprachen die Gäste über die üblichen Elternthemen. Plötzlich erzählte jemand von einem jungen Mann, der ein kleines Vermögen damit verdient hatte, Senioren veraltete technische Geräte zu verkaufen. Zu meiner Überraschung lobten einige der Eltern am Tisch den Geschäftssinn dieses jungen Mannes. Ich widersprach: »Meiner Ansicht nach ist das unmoralisch.« Da meldete sich ein weiterer Gast zu Wort: »Es gibt zwei Arten von Menschen auf der Welt«, erklärte er, »diejenigen, die andere bescheißen, und diejenigen, die beschissen werden. Zu welcher Gruppe soll Ihr Kind gehören?«

Die Frage überraschte mich. Ich hatte die Welt noch nie in dieser Weise aufgeteilt wahrgenommen. Vor meinem geistigen Auge blitzte eine Fantasie auf, in der ich meine Kinder so wie viele meiner finanziell erfolgreichen Patienten sah: unglücklich, hinter dem nächsten Sieg herjagend, ohne echte Freunde, mit unterdrückten Gedanken und Gefühlen und unfähig, sich selbst ins Auge zu sehen. Darum sagte ich: »Nein, Bescheißen oder Beschissenwerden ist nicht die einzige Wahl. Es nützt niemandem, keine Prinzipien zu haben. Andere zu betrügen ist mit *wahrem* Erfolg völlig unvereinbar.«

Natürlich basierte diese Bemerkung nur auf meiner persönlichen Erfahrung. Darum nahm ich mir vor zu beweisen, dass es möglich ist, gleichzeitig glücklich zu sein (nicht betrogen zu werden) und moralisch zu sein (andere nicht zu betrügen) und trotzdem Erfolg zu haben. Für mich ist das die Bedeutung von Erfolg im 21. Jahrhundert – die Fähigkeit, mit der Moral einer echten Führungspersönlichkeit gesund, glücklich und erfolgreich zu sein.

Ich fand jede Menge Informationen, Forschungsarbeiten und Fallstudien, die meine These untermauerten. Es deutet vieles darauf hin, dass ein starker, moralisch gefestigter Charakter nicht nur ein wichtiger Teil des Lebens, sondern auch eine absolute Grundvoraussetzung für Erfolg im 21. Jahrhundert ist.[22] Man kann ohne einen starken moralischen Kompass, der Integrität, Verantwortung und Wertschätzung für andere umfasst, keinen dauerhaften Erfolg haben.

Diese Auffassung teilen zwar viele Eltern, aber sie verhalten sich nicht unbedingt entsprechend. Aus irgendeinem Grund wird eine gute Moral für eine Selbstverständlichkeit gehalten. Eltern sagen: »Natürlich muss mein Kind sich moralisch verhalten« oder »Wenn ein Kind keine Werte hat, haben die Eltern völlig versagt«. Doch ist es nicht oft so, dass wir sehr viel Zeit dafür aufwenden, unseren Kindern beizubringen, wie man ein Instrument spielt, im Sport siegt und die Hausaufgaben macht, aber sehr wenig Zeit damit zubringen, ihnen die Bedeutung von sozialen Werten und Moral zu vermitteln? Wenn sich das Selbstwertgefühl Ihres Kindes über die Position des Klassenbesten oder Spitzenleistungen beim Sport definiert, ist es am Boden zerstört, wenn es diese Position verliert. Werte aber bleiben für immer. Durch strukturierte Aktivitäten lernen Kinder die Bedeutung von Disziplin und harter Arbeit. Aber noch dringender müssen wir ihnen beibringen, diejenigen zu respektieren, die anders sind oder uns nichts geben können; das Richtige zu tun, auch wenn keiner hinschaut und es sich nicht auszahlt; und in der eigenen Gemeinschaft und der Welt, in der man lebt, verantwortlich zu handeln.

Werte gehören tatsächlich zu den stärksten Erziehungswerkzeugen. Werte geben unserem Leben einen Sinn und formen unsere Zukunftsvision, was unser Wohlbefinden fördert.[23] Starke Werte sind mit den verschiedensten erfolgsorientierten Ergebnissen verknüpft. Wenn wir an Werte denken, denken wir über den Sinn des Lebens nach und darüber, ob unser Verhalten mit dem, was zählt, in Einklang steht oder ihm widerspricht. Durch diese Kontemplation erfolgt eine Verschiebung von einer durch niedere Gehirnanteile gesteuerten achtlosen Reaktion auf unsere Umgebung hin zu einer durch höhere Gehirnanteile gesteuerten achtsamen Interaktion. Bei einer 2005 durchgeführten Studie zum Thema Stress wurden Gruppen von Probanden Stress auslösenden Aufgaben unterzogen. Vor den Stresstests wurde eine Gruppe aufgefordert, über persönliche Werte nachzudenken, die für sie von Bedeutung waren, die andere nicht. Bei den Teilnehmern, die über wichtige persönliche Werte nachgedacht hatten, wurden weniger Stresshormone, wie zum Beispiel Cortisol, freigesetzt.[24]

Ich habe die positiven Wirkungen einer Wertebekräftigung in meiner eigenen Praxis erlebt. Jaden hatte mit Mobbing an seiner Schule zu kämpfen. Er selbst wurde nicht schikaniert, aber sein Nachbar Ravi. Die Jungen waren keine engen Freunde, aber Jaden mochte Ravi. Es belastete Jaden so sehr, dass Ravi gehänselt wurde, dass er anfing, den Sportunterricht zu schwänzen, weil er es nicht mehr mit ansehen konnte. Er dachte darüber nach, Ravi zu verteidigen, befürchtete aber, dass er das nächste Mobbingopfer werden könne. In einer unserer Sitzungen bemerkte ich, dass Jaden wirklich gestresst war und nicht mehr weiterwusste. Darum stellten wir das Thema Mobbing erst einmal zurück. Ich nahm ein leeres Blatt Papier und forderte ihn auf, mir seine Werte zu nennen. »Freunde und Frieden«, antwortete er. Da er erst zwölf war, schrieb ich eine Liste von Werten wie Verantwortung, Fairness, Mitgefühl und Mut auf und bat ihn, sie entsprechend ihrer Wichtigkeit für ihn zwischen eins und zehn einzustufen. Er ordnete allen hohe Werte von acht, neun oder zehn zu. Als ich ihn anschließend aufforderte zu bewerten, inwiefern er nach diesen Werten lebte, ordnete er der Verantwortung eine Vier und dem Mut eine Zwei zu. Dies öffnete ihm die Augen: Er überwand seine Unentschlossenheit und beschloss, mit dem Schulleiter über das Mobbing zu sprechen.

In Scrapbooks die wichtigen Momente des Lebens festhalten

Ich gehöre zu den Eltern, die es nie geschafft haben, ein Scrapbook anzulegen. Dabei war ich immer neidisch auf die schönen Alben mit Fotos, Zeichnungen und Texten, die viele Mütter aus meinem Bekanntenkreis für ihre Kinder gestalteten. Als ich eine Freundin fragte, warum sie so viel Zeit und Mühe auf diese Alben verwende, antwortete sie, dass sie besondere Augenblicke festhalten wolle. »Ich möchte, dass meine Kinder sehen, was im Leben wichtig ist«, sagte sie. Aha! Das verstand ich, und sie auch. Wir schauten uns an und erlebten einen dieser Augenblicke, in denen man gemeinsam eine gute Idee entwickelt. Sie änderte daraufhin ihre Albentitel von »Disneyland« und »Geburtstagsfeier« in »Vertrauen«, »Fairness«, »Verantwortung«, »Respekt« und »Fürsorge«.

Da ich keine Materialien zur Gestaltung eines Albums zu Hause hatte, beschloss ich, mit meinen Kindern ein nicht-materielles Album – im Sinne einer kontinuierlichen Diskussion über die wichtigen Dinge im Leben – zu erstellen. Hin und wieder fügen wir eine »Seite« hinzu – meist in Form einer kurzen Unterhaltung über einen Wert, der in unserer Familie wichtig ist. Beispielsweise kommt mein Sohn nach Hause und erzählt: »Mama, ich habe heute beim Fußball drei Tore geschossen.« Darauf antworte ich: »Gut! Wie haben dir deine Mannschaftskameraden gezeigt, dass sie dir vertrauen? Und wie hast du heute deine Fairness unter Beweis gestellt?« Nach dem kurzen Gespräch fordere ich meinen Sohn auf, ein bildhaftes Symbol für Vertrauen und Fairness zu finden, und dieses Bild heften wir in unser »Album« ein.

Unser Album enthält auch eine Kategorie »bessere Welt«. Als mich beispielsweise mein Fünfjähriger fragte, warum er in die Vorschule gehen müsse, fragte ich zurück, was seiner Meinung nach der Grund dafür sein könne. Er bot mir eine Reihe von Antworten an: »...um etwas zu lernen und schlau zu werden ... um Freunde zu finden ... um später Arbeit zu finden«. Worauf ich jeweils antwortete: »Und was dann?« Schließlich sagte er: »Um die Welt besser zu machen.« »Ja, mein Schatz«, sagte ich, »du gehst in die Vorschule, damit du schlau und glücklich wirst und eines Tages die Welt besser machst ... aber jetzt gehst du bitte zuallererst mal auf die Toilette!«

Ein Dankbarkeitstagebuch

Ein Dankbarkeitstagebuch ist eine wunderbare Möglichkeit, Ihr Kind zur Wertschätzung von Gemeinschaft und Engagement zu führen und gleichzeitig Gesundheit und Zufriedenheit zu fördern. Ich verordne manchen meiner Patienten (sogar den harten jungen Rebellen auf Bewährung) ein solches Tagebuch und es zeigt eine tief greifende Wirkung.

In ein Dankbarkeitstagebuch schreibt man Dinge, für die man dankbar ist. Meistens enthält es auch Gedanken zur Gemeinschaft und zum Engagement für andere. Ein solches Tagebuch regt den Autor dazu an, sehr genau auf die positiven Dinge in seinem Leben zu achten – vielleicht funktioniert es deshalb so gut. Es gibt zahllose Studien zu den positiven Wirkungen von Dankbarkeit, wie beispielsweise mehr Zufriedenheit, persönliches Wachstum, bessere Beziehungen, besserer Schlaf, weniger Depressionen, weniger Stress und eine bessere Problembewältigung.[25] Die Zeitschrift *Time* gelangte in einer umfassenden Untersuchung zum Thema Dankbarkeit zu der Schlussfolgerung, dass »Menschen, die sich als dankbar beschreiben … im Allgemeinen vitaler und optimistischer sind, weniger Stress empfinden und seltener unter klinischer Depression leiden als der Bevölkerungsdurchschnitt«.[26]

Das Handwerkszeug für Delfin-Eltern

Wenn ein Orca-Baby zur Welt kommt, wird es für seinen ersten Atemzug nicht etwa an die Wasseroberfläche gehoben, sondern von der Mutter sanft in die richtige Richtung geschubst, wobei sie Schwimmbewegungen vormacht, um das Kalb praktisch von Anfang an zur Selbstständigkeit zu ermuntern. Trotz dieser frühen Aufforderung zur Unabhängigkeit bleibt die Orca-Mutter ihren Kälbern, die immer an ihrer Seite sind, eng verbunden.

Orcas bringen ihre Jungen auch dazu zu stranden und lassen sie dann allein herausfinden, wie sie wieder ins offene Wasser zurückgelangen können. Dabei bleiben sie aber stets in der Nähe, um unterstützend eingreifen zu können. Jagen lernen die Kälber, indem die Mütter dafür sorgen, dass die Beute eingekreist wird und somit greifbar ist; die Jungen üben, die Beute zu fassen und zu fressen.

Orca-Kälber und andere junge Delfine sind eng mit ihren Müttern verbunden, aber doch unabhängig. Alle Fähigkeiten, die junge Delfine erlernen, während ihre Eltern auf sie aufpassen, helfen ihnen, zu eigenständigen Mitgliedern der Schule heranzuwachsen. Es gibt keine dreißigjährigen Delfine, die wieder zu ihrer Mutter zurückkehren, die von ihr gefangenen Fische fressen und Motivationsprobleme haben.

Sanftes »Anstupsen«, Vorbild sein, Unterstützen, Anleiten und Ermutigen zur Selbstständigkeit und Unabhängigkeit sind wirkungsvolle Mittel, um Kindern zu helfen, Eigenmotivation im Hinblick auf Gesundheit, Glück und Erfolg zu entwickeln. Studien haben gezeigt, dass Kinder im Leben viel besser zurechtkommen, wenn ihre Eltern während der Teenagerjahre konsequent involviert bleiben, aber ihnen zunehmend mehr Freiheit gewähren.[1] Genau das tun Delfine, und Menscheneltern sollten sich ein Beispiel daran nehmen, was natürlich leichter gesagt als getan ist. Aber wenn Delfine es können, können wir es auch!

Bindungen aufbauen, Vorbild sein und Anleiten

Das Haupthandwerkszeug von Delfin-Eltern besteht im Aufbauen von Bindungen, im Vorbildsein und im Anleiten. Alle Eltern lieben ihre Kinder, aber nicht alle Eltern haben eine Bindung zu ihren Kindern. Eine Bindung zu seinem Kind zu haben bedeutet, es als den Menschen zu kennen, der es ist, nicht als jenen, den man in ihm sehen will. Es heißt, sein Kind vorbehaltlos anzunehmen (auch wenn man an ihm Dinge entdeckt, die einem nicht gefallen), es zu lieben und eine Verbindung zu ihm herzustellen, und zwar zu ihm als Individuum, nicht nur als Schutzbefohlener.

Beim Vorbildsein geht es darum, wer man innerlich ist *und* was man nach außen hin tut. Kinder merken es, wenn Innen und Außen nicht übereinstimmen. Versuchen Sie darum gar nicht erst, etwas zu predigen, an das Sie nicht wirklich glauben – sonst werden Sie als Heuchler wahrgenommen, und der Schuss geht wahrscheinlich nach hinten los. Mir fällt es beispielsweise schwer, an Dinge wie Handy, Schlüssel, Geldbörse zu denken. Meine Kinder wissen das, und wenn sie etwas verlieren, steht es mir in keiner Weise zu, ihnen eine Predigt über den gewissenhaften Umgang mit den eigenen Sachen zu halten. Allerdings sage ich ihnen, dass das Vergessen von Dingen Stress verursacht, dass ich daran arbeite, besser an meine Sachen zu denken, und dass ich offen für ihre Vorschläge bin! Beim Vorbildsein kommt es also darauf an, mit seiner authentischen Persönlichkeit Lektionen für das Leben zu erteilen. Diese sollten sich sowohl auf Dinge beziehen, in denen wir gut sind, als auch auf Dinge, bei denen wir selber Fehler machen.

Anleiten bedeutet, Wissen und Autorität zu besitzen, aber gleichzeitig die Autonomie des anderen zu respektieren. Eltern, die anleiten, geben ihren Kindern eine Führung durch die Welt, weisen sie auf die Höhen und Tiefen des Lebens hin und gewähren ihnen gleichzeitig Informationen und Unterstützung. Sie sagen Dinge wie: »Hier kann das Leben unfair sein«, »So lösen Menschen Konflikte« und »Das ist ein schöner Augenblick, den wir feiern sollten«. Aber anleitende Eltern machen die Reise durch das Leben nicht für ihre Kinder – sie befinden sich auf ihrer eigenen Reise.

Schulter an Schulter statt Auge in Auge

Wenn Eltern das Kontrollzentrum eines Kindes vollständig besetzen, bleibt dem Kind kein Raum, um sich zu beteiligen und eigene Entscheidungen zu treffen. Um Kinder zu ermutigen, ihre Unabhängigkeit zu entwickeln, müssen Eltern einen Teil der Kontrolle abgeben. Eine andere Möglichkeit gibt es nicht.

Nehmen wir die körperliche Entwicklung von Kindern von der Immobilität zur vollen Mobilität. Am Anfang ihres Lebens sind Kinder völlig von uns abhängig und wir müssen sie mit uns herumtragen. Wenn sie angemessen versorgt werden, findet eine natürliche Entwicklung hin zu physischer Unabhängigkeit statt, auch wenn wir sie noch jahrelang auf den Arm nehmen, wenn sie hinfallen oder müde sind. Oft müssen wir ihnen noch die Nase putzen oder beim Anziehen helfen, aber die meisten Eltern kommen dem körperlichen Wachstum und der körperlichen Unabhängigkeit ihrer Kinder nicht in die Quere. Wir nehmen das linkische Verhalten von Teenagern als etwas Selbstverständliches hin und hoffen, am Ende Schulter an Schulter mit ihnen zu stehen oder gar von ihnen überragt zu werden. Wir akzeptieren es, dass sie ihren eigenen Raum beanspruchen und wollen sie definitiv nicht mehr herumtragen.

Delfin-Eltern akzeptieren auch die Prinzipien der geistigen und seelischen Entwicklung und Unabhängigkeit. Sie bieten Kindern eine sichere Umgebung, in der sie scheitern und unbeholfene Entscheidungen treffen können, und sie helfen ihnen hoch oder wischen das Verschüttete auf, solange die Kinder klein sind. Sie ermutigen sie aber auch so früh wie möglich zur Selbstständigkeit. Wenn die Kinder größer werden, leiten sie sie dazu an, alleine aufzustehen und sich anzuziehen, aufzuräumen und ihre Sachen in Ordnung zu halten. Sie wandeln sich zunehmend von der Auge-in-Auge-Autorität (»Ich weiß, was am besten für dich ist«) zum Schulter-an-Schulter-Begleiter (»Du weißt, was am besten für dich ist, aber ich bin immer hier, um dir zu helfen«). Delfin-Eltern freuen sich darüber, dass ihre Kinder eigene Ideen und Talente entwickeln und tolerieren auch abweichende Meinungen. Wenn Eltern Unabhängigkeit fördern, werden Kinder selbstständiger, können besser Probleme lösen und sind psychisch stabiler.[2]

Der erste Schritt der Delfin-Erziehung besteht darin, seinen Kindern zuzugestehen, dass letztlich sie die Kontrolle haben und für ihren Körper und Geist und für ihr Leben verantwortlich sind. Gleichzeitig ist es wichtig, deutlich zu machen, dass man sie immer unterstützen wird, wenn es nötig ist.

Delfin-Erziehung umfasst zwei getrennte Prozesse. Der erste, für sich allein schon sehr wirksame Schritt besteht darin, Tiger-Verhaltensweisen abzuschütteln, die dem, was Eltern erreichen wollen, im Weg stehen. Der zweite besteht darin, spezifische Delfin-Verhaltensweisen einzuführen, die innere Kontrolle und Eigenmotivation fördern und zur Unabhängigkeit führen.

REZEPT

Den autoritären Tiger loswerden

Tiger erlauben ihren Kindern nicht, eine innere Kontrollinstanz zu entwickeln und unterdrücken daher Eigenmotivation und KQ. Behalten Sie das im Hinterkopf und versuchen Sie, folgende Verhaltensweisen einzuschränken:

- **Unter Druck setzen** (»Dein Vater und ich erwarten, dass du unbedingt weiter Klavier spielst!«)
- **Anweisungen geben** (»Diese Kurse solltest du in der elften Klasse belegen ...«)
- **Engmaschig überwachen** (»Was ist das für ein Rechtschreibfehler in deinen Hausaufgaben? Hast du deinem Trainer gesagt, dass du länger spielen willst? Ich helfe dir bei den Praktikumsbewerbungen.«)
- **Alle Probleme für die Kinder lösen** (»Du hast dich mit deiner besten Freundin gestritten, darum habe ich mit ihrer Mutter geredet, und jetzt ist alles wieder in Ordnung.«)

- **Den Kindern Dinge abnehmen, die sie selbst erledigen können** (»Ich habe Kopien von deiner Gruppenhausaufgabe gemacht.«)
- **In Bezug auf kurzfristige Leistungserbringung den Druck erhöhen** (»Es ist wirklich wichtig, dass du den Tanzwettbewerb an der Schule gewinnst.«)
- **Ohne Einbeziehung der Kinder Ziele für sie festlegen** (»Wir haben Emma eingeladen, damit ihr zwei euch anfreunden könnt.«)

Bitte beachten Sie, dass ich Sie aufgefordert habe, diese Verhaltensweisen *einzuschränken,* nicht, sie ganz zu unterlassen. Wir sollten nicht in die »Alles oder nichts«-Falle tappen. Delfin-Erziehung bedeutet nicht, gar nicht zu überwachen und überhaupt keine Anweisungen zu geben. Natürlich ist dies vor allem in den ersten Jahren unbedingt nötig – beispielsweise in Bezug auf gesunde Ernährung, Körperpflege oder Erledigen der Hausaufgaben.

Delfin-Eltern sind ausgewogen und haben Regeln und hohe Erwartungen, aber trotzdem fördern sie bei ihren Kindern innere Kontrolle und Selbstständigkeit. Sie haben Autorität, ohne autoritär zu sein. Sobald der Tiger in seine Schranken verwiesen wurde, fügen wir zur Förderung der Eigenmotivation einige Delfin-Verhaltensweisen hinzu.

REZEPT

Durch Äußerungen und Verhaltensweisen die innere Kontrolle Ihres Kindes fördern

Mein Fünfjähriger beklagte sich wütend darüber, in die Vorschule gehen zu müssen. Es war nicht leicht, ihm zu vermitteln, dass ich zwar dafür sorgen könne und müsse, dass er hingeht – aber dass er dort auch etwas lernt und Spaß hat, läge bei ihm selbst. Aber während ich ihm das erklärte, sah ich, dass seine Angst und sein Zorn auf mich verflogen. Ich konnte die Mischung aus Unsicherheit und Zuversicht in seinem Gesicht sehen, als er hörte, dass die Verantwortung für seine Bildung auf seinen Schultern lag, nicht auf meinen.

Man kann nie zu viel über persönliche Kontrolle reden, besonders nicht gegenüber Teenagern. Niemand lässt sich gern sagen, was er tun soll, auch nicht Kinder wohlmeinender, intelligenter und liebevoller Eltern. Es weckt Widerstand, wenn jemand das Gefühl hat, dass seine persönliche Freiheit eingeschränkt wird oder bedroht ist. Der tiefe Wunsch nach Autonomie in unserem Leben in Form von Wahlfreiheit ist Teil der menschlichen Natur. Und das gilt auch für unsere Kinder.

Ich plädiere natürlich nicht dafür, dass Sie Ihren Kindern sagen: »Es ist dein Leben, tu, was du willst.« Ich empfehle Ihnen auch nicht, Ihre Kinder alle möglichen Fehler machen zu lassen, die weitreichende Folgen hätten. Vielmehr schlage ich vor, dass Sie sich ganz allmählich – während Ihre Kinder ihre Autonomie entwickeln – in eine Position Schulter an Schulter mit ihnen begeben, und zwar in dem Wissen, dass Sie Vorbild und Wegbegleiter sind, nicht Kontrollinstanz.

Delfin-Eltern jüngerer Kinder können beispielsweise Folgendes sagen: »Ich kann zwar jetzt dafür sorgen, dass du zur Schule gehst, aber immer kann ich das nicht tun. Irgendwann ist es deine Entscheidung.« Oder: »Ich erwarte von dir, dass du das Klavierspielen ernsthaft ausprobierst, aber ich kann dich nicht zwingen, es zu mögen.« Oder: »Ich glaube, dass Ehrlichkeit wirklich wichtig ist, aber du musst selbst entscheiden, ob das tatsächlich stimmt.« Oder: »Ich kann dich zwar zwingen, deine Hausaufgaben zu machen, aber warum das wichtig ist, musst du selbst herausfinden.«

Delfin-Eltern älterer Kinder äußern Sätze wie: »Ich habe keine Kontrolle über deine Gedanken und Gefühle – wie du auf die Welt reagierst, ist deine Entscheidung.«; »Ich kann dich jetzt dazu anleiten, etwas Wichtiges zu tun, aber was du in Zukunft machst, ist deine Sache.«; »Jeder will die Kontrolle über seine eigenen Entscheidungen haben – du auch.« oder »Ich habe keine Kontrolle darüber, wie du denkst – am Ende liegt es an dir, wie sehr du dich bemühst.«

Wir müssen uns natürlich darüber im Klaren sein, dass es Folgen hat, wenn wir die externe Kontrolle über unsere Kinder teilweise aufgeben. Wenn wir sagen, dass wir nur Ratschläge geben können, aber unsere Kinder selbst entscheiden müssen, was sie mit diesen Ratschlägen anfangen, dann müssen wir bereit sein, die Entscheidungen unserer Kinder zu akzeptieren. Und, ja, manchmal bedeutet das, sie vor unseren Augen Fehler machen zu lassen, was für Eltern das Schwierigste, quasi ein Tritt in die Magengrube, ist. Aber das Wissen, dass man da sein wird, um zu helfen, falls und wenn sie scheitern, trägt sicherlich dazu bei, dieses Gefühl abzumildern.

REZEPT

Vor dem Erteilen von Ratschlägen um Erlaubnis fragen

Viele Kinder und fast alle Teenager widersetzen sich Ratschlägen und Empfehlungen. Fragen Sie Ihre Kinder, ob Ihre Ratschläge willkommen sind, bevor Sie sie geben. Mein Mann ist Fußballtrainer und sagt, dass die erste Aufgabe eines Trainers darin bestehe, sich erst einmal zurückzuhalten und die natürlichen Begabungen der einzelnen Spieler zu erkennen. Nachdem er einen meiner Aufsätze über Motivation gelesen hatte, fragte er jeden einzelnen Spieler (und dessen Eltern), ob er wissen wolle, was er beobachtet habe – welche Fähigkeiten gut und welche weniger gut ausgeprägt seien. Indem er eine Erlaubnis einholte, bevor er Ratschläge erteilte, konnte er eine Allianz mit den Spielern und ihren Familien aufbauen und von Auge-in-Auge- zu Schulter-an-Schulter-Beziehungen übergehen. Diese einfache Geste hat für die persönliche Verbindung zu den Spielern Wunder gewirkt, und mein Mann hat festgestellt, dass alle viel motivierter sind, seine Ratschläge und Empfehlungen zu befolgen.

Anthony war 13 und hatte Probleme mit einigen seiner Freunde. Sie hackten auf ihm herum und machten Witze über ihn. Je mehr seine Mutter ihn drängte, für sich selber einzustehen, desto mehr stand er für seine Freunde ein und verteidigte sie. Anthonys Mutter sagte ihm, dass er etwas Besseres verdient habe. Aber das schien Anthony seinen Freunden näher zu bringen und weiter von ihr zu entfernen. Eines Tages posteten seine Freunde ein wenig schmeichelhaftes Bild seiner Akne auf Facebook. Dieses Mal sagte seine Mutter nichts. Sie bemerkte, dass Anthony sehr aufgeregt war und fragte: »Möchtest du wissen, was ich an deiner Stelle tun würde?« Diese Frage gab Anthony die Möglichkeit, weniger defensiv zu sein und letztlich seine Mutter um Rat zu fragen.

Aber wie führt man ein konstruktives Gespräch, sobald man die Erlaubnis hat, Ratschläge zu geben? Man kann versuchen, offene Fragen zu stellen und den Anteil der Rede- und Zuhörzeit zu verändern.

REZEPT

Offene Fragen stellen

Offene Fragen geben die Möglichkeit, Mitgefühl zum Ausdruck zu bringen und Streit zu vermeiden. Sie tragen auch viel dazu bei herauszufinden, was in Ihrem Kind oder Teenager wirklich vor sich geht. Als ich beispielsweise meinem Sohn die geschlossene Frage stellte, warum er nicht zum Fußballtraining gegangen sei, antwortete er: »Weil ich nicht hinwollte.« Nicht allzu informativ. Aber als ich die offene Frage »Was war heute bei dir los?« anschloss, erzählte mein Sohn: »Joey hat mich ohne Grund in den Rücken geboxt, und ich war nach der Schule so müde, dass ich nicht zum Training gehen wollte.« Meine Stimmung wechselte sofort von Verärgerung und Streitlust zu Mitgefühl und Sorge. Offene Fragen fördern auch die Selbstständigkeit des Kindes, indem sie ihm die Möglichkeit geben, den Gesprächsverlauf zu steuern. Wenn Sie Ihrem Kind bei den Hausaufgaben helfen und fragen: »Was fällt dir zu dieser Frage ein?« (anstelle von »Wie lautet die Antwort?«) oder die offene Frage stellen: »Was wäre, wenn du eine andere Möglichkeit ausprobieren würdest?« (anstelle von »Probier's mal so!«), fördern Sie unabhängiges Denken und Problemlösen.

Meine Patientin Kam beklagte sich, dass ihre Tochter Rubi jedes Mal, wenn sie mit ihr zu reden versuchte, dichtmachte, auf den Boden schaute und murmelte: »Ich weiß nicht.« Ich unterstützte Kam dabei, einen anderen Ansatz zu verfolgen. Ich forderte sie auf, erst Rubis Erlaubnis einzuholen, bevor sie eine Diskussion anstieß, zum Beispiel mit der Frage: »Rubi, wäre jetzt ein guter Zeitpunkt für ein Gespräch?« Anschließend sollte sie versuchen, offene Fragen zu stellen wie: »Was geht dir so durch den Kopf?«, »Wie läuft's in der Schule?« oder »Irgendwas Neues bei deinen Freundinnen?« Solche Fragen geben Rubi die Möglichkeit, das Gespräch in die von ihr gewünschte Richtung zu lenken. Ich ließ Kam üben, »Oh, das ist interessant, erzähl mehr!« zu sagen, wenn ihr eigentlich »Du solltest Folgendes tun …« oder auch nur »Was willst du deswegen unternehmen?« auf der Zunge lag. Mit offenen Fragen konnte Kam Rubi beweisen, dass sie nicht immer ein Ziel verfolgte, dass sie nicht nur das Gespräch mit ihr suchte, um sie bei irgendetwas zu ertappen oder etwas für sie in Ordnung zu bringen. Die Fragen sollten zeigen, dass Kam einfach aufrichtig an Rubis Leben interessiert war. Sie ließen Rubi auch Raum dafür, ihre Probleme selbst zu lösen und unabhängig zu werden. Es fiel Kam nicht leicht, Rubi mit bestimmten Problemen kämpfen zu sehen, und es war eine echte Qual für sie, mit anzusehen, wie Rubi unbeholfene und falsche Entscheidungen traf. Aber Kam lernte, sich zurückzuhalten und der natürlichen Unbeholfenheit, die Teil des Erwachsenwerdens ist, nicht in die Quere zu kommen. Das Wissen, dass sie helfend eingreifen konnte, wenn es nötig war, gab Kam Sicherheit. Sie sah ein, dass es besser ist, mit 15 Jahren, wenn man noch bei den Eltern wohnt, unbeholfen zu sein, als mit 24, wenn man auf sich allein gestellt ist.

REZEPT

Auf die Verteilung der Rede- und Zuhörzeit achten

Oft sagen Eltern zu ihren Kindern »Lass uns mal reden« und beanspruchen dann 80 Prozent der Redezeit. So wird aus einem Gespräch eine Predigt. Neuronen in unserem Gehirn verbinden sich aber eher im Zusammenhang mit Dingen, über die man spricht, als mit Dingen, die man hört. Drehen Sie den 80:20-Quotienten um. Oder streben Sie wenigstens einen 70:30-Quotienten an, bei dem Ihr Kind 70 Prozent der Zeit redet, während Sie zuhören und Ihre Redezeit auf maximal 30 Prozent beschränken. Das heißt, dass Sie, statt einen Vortrag über die Gefahren des Alkohols zu halten, Ihr Kind fragen, wie es einem jüngeren Geschwisterkind oder Freund oder Nachbarn die Risiken des Alkoholkonsums erklären würde. Es bedeutet, dass Sie nicht über die Bedeutung der Hausaufgaben dozieren, sondern Ihr Kind bitten, Ihnen zu sagen, warum die Aufgaben wichtig sein könnten. Mit dieser Gesprächstechnik können Sie Ihr Kind möglicherweise dazu bewegen, das zu sagen, was Sie ihm zu dem Thema ohnehin gesagt hätten.

Trudy musste feststellen, dass aus Gesprächen mit ihrem 12-jährigen Sohn Max schnell lautstarke Streitereien wurden. Sie versuchte daraufhin, den Rede-Zuhör-Anteil zugunsten von Max zu verändern. Und die bloße Verkürzung ihrer eigenen Redezeit führte oft dazu, dass Max seine eigenen Argumente widerlegte! Beispielsweise meinte er eines Abends, dass er seine Hausaufgaben nicht machen wolle. Statt einen Vortrag über die Wichtigkeit von Hausaufgaben vom Stapel zu lassen, fragte sie einfach, was los sei. Max erklärte, dass er seine Lehrerin nicht möge, weil sie zu viele Hausaufgaben aufgebe. Aber wenn er sie nicht mache, gebe sie noch mehr auf und er bekäme eine schlechte Note, was unfair sei. Dann sagte er, dass die Hausaufgabe gar nicht schwierig und eigentlich eine Zeitverschwendung sei. Als er keine andere Reaktion von seiner Mutter bekam als: »Stimmt, das klingt unfair, aber was hast du sonst für Möglichkeiten?«, gingen ihm die Argumente aus. Er trödelte noch ein bisschen herum und erledigte schließlich seine Hausaufgaben.

REZEPT

Vor- und Nachteile besprechen

Die Vor- und Nachteile einer Verhaltensweise zu besprechen, ist eine großartige, offene Möglichkeit, Ihr Kind dazu anzuhalten, nicht nur über die positiven, sondern auch über die negativen Seiten eines Verhaltens nachzudenken (und zu reden). Wenn die Gespräche mit Ihren Kindern gut verlaufen sollen, ist es wichtig, dass Sie offen für Themen sind, die Ihre Kinder nicht von Ihnen erwarten. Nehmen wir das Problem des Trinkens. Sie haben sich damit abgefunden, dass Ihr Teenager bei Partys Alkohol trinkt und haben Ihren klaren Wunsch zum Ausdruck gebracht, dass er es nicht außer Kontrolle geraten lassen soll. Überraschen Sie Ihren Sprössling nun damit, dass Sie ihn bitten, Ihnen die Vorteile des Alkoholtrinkens zu nennen. Vielleicht kommen Argument wie mehr Energie zum Tanzen oder leichteres Anbandeln mit dem anderen Geschlecht. Wenn Sie dann anschließend nach den Nachteilen des Alkoholgenusses bei Partys fragen, werden Sie staunen, wie viel Ihr Kind zu sagen hat! Diese Art von Gespräch ist der erste Schritt zu echtem Verständnis für Ihr Kind, und nur wenn wir verstehen, können wir wirklich anleiten.

REZEPT

Vor- und Nachteile bewerten

Wenn sie ein Gespräch nach dem obigen Muster geführt haben, bitten Sie Ihr Kind, nach dem Aufzählen der Vor- und Nachteile diese auf einer Skala von eins (unwichtig) bis zehn (sehr wichtig) einzustufen. Nehmen wir an, dass es Ihrem Kind schwerfällt, einen Ausgleich zwischen Facebook-Zeit und Sport zu finden. Ein Vorteil der Facebook-Zeit ist vielleicht die Kommunikation mit Freunden – für Ihr Kind wahrscheinlich eine Zehn. Ein Nachteil ist, dass zu viel Facebook-Zeit Eltern wütend macht – für Ihr Kind vielleicht eine Sieben. Sehr nachteilig könnte beispielsweise sein, dass Ihr Kind bei Facebook in alle möglichen Dramen im Freundeskreis verwickelt wird, sich aufregt, einmischt und Dinge postet, die es hinterher bedauert – wahrscheinlich eine Zehn. Bei der Zehn könnte die Eigenmotivation des Kindes zur Veränderung ansetzen. Wenn Sie wissen, wo die Motivation ansetzt, können Sie helfen, Lösungen zu finden, beispielsweise andere Möglichkeiten der Kommunikation mit Freunden zu nutzen, die keine Nachteile haben – und gleichzeitig mehr Zeit für Sport lassen!

REZEPT

Ihr Kind mit bestimmten Aussagen und Verhaltensweisen unterstützen

Trotz des hohen Stellenwerts der persönlichen Autonomie machen Delfin-Eltern deutlich, dass sie sich für ihr Kind einsetzen und jederzeit verfügbar sind. Kinder von Delfin-Eltern wissen, dass sie Priorität haben und dass ihre Eltern immer für sie da sein werden. Delfin-Eltern sagen Dinge wie: »Ich werde immer für dich da sein.«; »Wenn du mich brauchst, komme ich.«; »Ich werde dich immer lieben, egal was passiert.« oder »Du kannst mich immer um Rat oder Hilfe bitten.« Delfin-Eltern halten ihr Versprechen und sind in Zeiten, in denen ihre Kinder sie brauchen, da, um sie zu unterstützen und zu ermutigen. Dadurch stärken sie gleichzeitig auch die Bindung zu ihren Kindern und üben eine Vorbildfunktion im Hinblick auf eine liebevolle, unterstützende Beziehung aus. Man könnte zwar meinen, dass dies ganz natürliche Aussagen und Verhaltensweisen von Eltern seien, aber sie sind keineswegs selbstverständlich. Ich habe oft erlebt, dass Tiger-Eltern Zuwendung an Bedingungen geknüpft haben: »Ich spiele mit dir, wenn du in den Geigenunterricht gehst.«

REZEPT

Zur Motivationsförderung auf Wichtigkeit und Selbstvertrauen konzentrieren

Das ist alles gut und schön, aber wie bewegt man sein Kind dazu, pünktlich in der Schule zu sein oder seine Hausaufgaben zu machen, wenn es herumjammert? Wichtigkeit und Selbstvertrauen sind starke Motivatoren. Wenn eine Aufgabe wichtig ist, versteht man, was sie einem bringt oder weshalb sie erledigt werden muss. Wenn jemand Selbstvertrauen hat, ist er davon überzeugt, dass er die Aufgabe erledigen kann. Damit ein Kind (oder auch ein Erwachsener) zum Handeln motiviert ist, müssen diese beiden Kriterien erfüllt sein.

Erklären (oder herausfinden), warum eine Aufgabe wichtig ist

Das Wissen, warum eine Aufgabe wichtig ist, hilft, Motivation dafür aufzubauen. In einer Studie wurden Kinder in zwei Gruppen eingeteilt und aufgefordert, LEGO-Figuren zu bauen. Die von der einen Gruppe gebauten Figuren wurden unter dem Tisch verstaut, während die Figuren der anderen Gruppe sofort wieder auseinandergenommen wurden. Die Gruppe, deren Arbeit direkt zerstört wurde, baute fünf Figuren weniger, obwohl es sogar Geld dafür gab (3 Dollar für die erste Figur, 2,70 Dollar für die zweite und so weiter). Meiner Ansicht nach lassen sich von diesem Experiment zwei Schlussfolgerungen ableiten: Geld allein ist selbst bei einer so neutralen Aufgabe wie dem Bauen von LEGO-Figuren kein ausreichender Motivator; und eine Aufgabe ohne Sinn oder Wichtigkeit führt zum Absinken der Motivation.[3]

Das Erklären von Regeln ist ein konstantes Merkmal ausgewogener Erziehungsstile in verschiedenen Kulturen. Es deutet einiges darauf hin, dass Kinder durch einfaches Erläutern des Grundes einer Regel einfühlsamer, hilfsbereiter, gewissenhafter und freundlicher gegenüber anderen werden.[4]

Ob es sich um Mathematik, Klavierspielen oder Hausaufgaben handelt – Kinder wollen Dinge nicht einfach tun, weil man es ihnen sagt. Sorgen Sie dafür, dass Ihre Kinder verstehen, weshalb sie das tun sollen (das heißt, Sie selbst sollten es auch wissen!). Nur weil Sie eine Aufgabe für wichtig halten, muss Ihr Kind das nicht auch so sehen. Kinder wissen nicht, warum Obst und Gemüse gut für sie ist und Zuckerwatte nicht. Sie haben wirklich keinen Grund zu glauben, dass Hausaufgaben wichtig seien, solange ihnen die dahinterstehenden Lektionen nicht erklärt werden. Und die Erklärung kann ganz einfach sein: »Durch Übung wird man besser; du tust jetzt nichts anderes, als Mathe üben.« Suchen Sie nach Gründen für die Wichtigkeit einer Aufgabe und weisen Sie Ihr Kind darauf hin. Bei jüngeren Kindern sollten Sie langfristige mit kurzfristiger Bedeutung verknüpfen, weil sie langfristige Konsequenzen noch schwer verstehen können. Betonen Sie immer das, was wichtig für Ihre Kinder ist – nicht für Sie. Beispielsweise verstand mein Sohn nicht, weshalb er Französisch lernen sollte (Pflichtfach an kanadischen Schulen) und wehrte sich heftig dagegen. Als ich ihm alle *meine* Gründe genannt hatte (»Französisch ist eine schöne Sprache, es ist gut für deine Gehirnentwicklung und vielleicht hilft es dir später mal, einen Job zu finden«), widersprach er zwar nicht, aber es förderte auch nicht seine Bereitschaft, Französisch zu lernen. Als ich ihm aber erklärte, dass Französischkenntnisse ihm das Spanischlernen erleichtern würden, zeigte er plötzlich mehr Interesse. Sie müssen wissen, dass mein (achtjähriger) Sohn davon träumt, eines Tages wie Lionel Messi beim FC Barcelona Fußball zu spielen. Darum ist er jetzt sogar motiviert, Spanisch zu lernen!

Das Selbstvertrauen Ihres Kindes einschätzen

Selbstvertrauen ist die halbe Miete, wenn es um Motivation geht, aber wir fragen selten danach. Beispielsweise wenden viele Ärzte viel Zeit dafür auf, ihren Patienten zu erklären, dass Rauchen Lungenkrebs und Emphyseme verursacht, aber welcher Raucher weiß das heutzutage nicht? In diesem Fall ist nicht die Wichtigkeit der Aufgabe das Problem, sondern das Selbstvertrauen. Wenn sie einen Wunsch frei hätten, würden die meisten erwachsenen Raucher die Wichtigkeit der Rauchentwöhnung hoch einstufen, aber ihr Selbstvertrauen in Bezug auf ihre Fähigkeit, es umzusetzen, als gering. Darum müssen wir Ärzte uns darauf konzentrieren, das Selbstvertrauen zu erhöhen, statt auf die Wichtigkeit der Aufgabe hinzuweisen.

Nach meiner Erfahrung liegt das Problem bei geringer Motivation für Dinge, die eigentlich positiv bewertet werden (Rauchentwöhnung, Schulbesuch, Sport, bessere Beziehungen), nicht bei der Wichtigkeit, sondern beim Selbstvertrauen. Beispielsweise kennen die meisten Schüler die Bedeutung eines Schulabschlusses. Sie wissen, dass man ihn für jede Art von Arbeitsplatz braucht. Aber das Selbstvertrauen, diesen Abschluss auch zu erlangen, ist nicht notwendigerweise vorhanden.

Wichtigkeit und Selbstvertrauen zusammenbringen

Mithilfe der Wichtigkeits- und Selbstvertrauensskala können Sie die Einschätzung Ihres Kindes zur Wichtigkeit einer Aufgabe und sein Vertrauen in seine Fähigkeit, sie zu erledigen, ermitteln.

Nehmen wir an, Ihr Kind steht einer Aufgabe, wie beispielsweise dem Schulabschluss, ablehnend gegenüber oder zeigt eine unklare Haltung. In diesem Fall könnten Sie ihm zwei Fragen stellen, die es auf einer Skala von eins bis zehn bewerten soll:[5]

- **Frage 1 (zur Wichtigkeit):** Wie wichtig ist es dir, deinen Abschluss zu machen?
- **Frage 2 (zum Selbstvertrauen):** Wie groß ist dein Vertrauen in deine Fähigkeit, den Abschluss zu schaffen?

Durch die Frage nach der Einschätzung der Wichtigkeit einer Aufgabe und des eigenen Vertrauens in die Fähigkeit, sie auszuführen, wird das eigentliche Problem aufgedeckt und kann in Angriff genommen werden.

Nehmen wir an, Ihrem Kind fehlt die Motivation, sich auf eine Prüfung vorzubereiten. Sie fragen: »Wie wichtig ist dir diese Prüfung auf einer Skala von eins bis zehn?« Wenn Ihr Kind antwortet: »Na ja, ich glaube, für mein Leben ist sie nicht wichtig, aber ich will mit meinen Freunden den Schulabschluss machen, und darum ist es wohl eine Acht.« Dann könnten Sie fragen: »Wie groß ist dein Vertrauen, dass du die Note bekommen kannst, die du willst?« Vielleicht antwortet Ihr Kind: »Das ist eine Drei. Mein Lehrer ist so unfair. Ich kann mich anstrengen, so sehr ich will – ich bekomme einfach keine gute Note.« Das Problem liegt hier also eindeutig beim Selbstvertrauen, und das bedeutet, dass Vorträge über die Wichtigkeit der Prüfung seine Motivation nicht erhöhen werden. Stattdessen müssten Sie gemeinsam mit Ihrem Kind versuchen, das Problem mit dem Lehrer zu lösen und sein Selbstvertrauen wiederherzustellen.

REZEPT

Mit den vier E-s der Delfine motivieren

Wie können wir nun Kinder motivieren, Alltagsaufgaben zu erledigen, wenn wir wissen, dass Motivation sowohl ein Bewusstsein der Wichtigkeit der Aufgabe als auch Vertrauen in die eigenen Fähigkeiten voraussetzt? Natürlich ist Kommunikation wichtig – was wir sagen und wie wir es sagen. Unsere Kinder sind sehr stark auf unseren Tonfall, unsere Körperhaltung, unsere Mimik und alle anderen nonverbalen Signale eingestimmt. Ich habe einen vier Schritte umfassenden Prozess für wirkungsvoll motivierende Kommunikation – die vier E-s der Delfine – entwickelt, den ich seit mehr als zehn Jahren einsetze. Dieser Prozess funktioniert vielleicht beim ersten Mal noch nicht, und Sie brauchen sicher etwas Übung, aber seine kumulative Wirkung ist bei der Förderung der Motivation Ihres Kindes sehr hilfreich.

Die vier E-s der Delfine sind die Grundlagen motivierender Kommunikation. Sie fördern die Entwicklung der Eigenmotivation Ihres Kindes, drängen sich aber nicht auf. Die vier Schritte wurden von den vier Grundprinzipien der von Bill Miller (University of New Mexico) und Steve Rollnick (University of Cardiff) entwickelten motivierenden Gesprächsführung[6] – einer nachweislich die Motivation fördernden Therapieform – abgeleitet. Wenn Sie sich an diese vier Schritte halten, erleichtert dies die gesamte Kommunikation, einschließlich der Werkzeuge, die später noch erläutert werden.

- **Erstes E: Eliminieren des Tigers.** Wenn der Tiger in Ihnen brüllt, nehmen Sie erst einmal ein paar tiefe Atemzüge und werden Sie ruhig, bevor Sie weitermachen.
- **Zweites E: Einfühlen.** Bringen Sie zum Ausdruck, dass Sie Ihr Kind verstehen und auf seiner Seite sind.
- **Drittes E: Erkennen der Ziele Ihres Kindes.** Versetzen Sie sich in Ihr Kind hinein und respektieren Sie seine Ziele (statt sich auf Ihre eigenen zu konzentrieren).
- **Viertes E: Erfolg unterstützen.** Erklären Sie Ihrem Kind, dass Sie auf seine Fähigkeit vertrauen, die Aufgabe zu erledigen.

Erstes E: Eliminieren des Tigers. Der zornige, brüllende Tiger funktioniert einfach nicht. Die Verhaltensforschung zeigt uns, dass Streiten extrem kontraproduktiv ist, besonders wenn das Ziel darin besteht, eine Verhaltensänderung herbeizuführen. Es hat sich sogar herausgestellt, dass die persönlichen Überzeugungen der Beteiligten durch den Prozess des Streitens weiter gefestigt werden.[7] Ich demonstriere das ständig in meinen Workshops: Dazu bitte ich die Teilnehmer, sich paarweise zusammenzufinden. Dann versucht jeder, seinen Partner davon zu überzeugen, dass das Meer blau beziehungsweise grün ist. Es überrascht wohl kaum, dass nach etwa drei Minuten jeder von beiden noch mehr von seiner eigenen Position überzeugt ist.

Bei Kindern ist Widerstand ein Signal zum Strategiewechsel. Wie wir alle wissen, leisten Kinder (und Erwachsene übrigens auch) umso mehr Widerstand, je mehr sie unter Druck gesetzt werden, und sie nehmen dadurch (innerlich oder äußerlich) eine noch ablehnendere Haltung ein. Das gilt besonders für Teenager.

Wenn Sie sich also in einem lautstarken Streit mit Ihrem Kind befinden und das Kind eine Position verteidigt, die Sie nicht weiter verfestigen wollen (beispielsweise die Auffassung, dass Marihuana doch gar nicht so schlimm sei), dann hören Sie auf, tun

Sie etwas anderes und kehren Sie zu einem späteren Zeitpunkt ohne Streit zu dem Thema zurück. Ich weiß, dass das fast unmöglich scheint, wenn man unter Adrenalin steht. Aber genau darum müssen Sie sich aus der Situation zurückziehen, ein paar Mal tief Luft holen, sich beruhigen und neu zentrieren. Sobald der Tiger aus dem Weg ist, können Sie eine ausgewogene Umgebung schaffen, in der Sie Ihr Kind anleiten.

Zweites E: Einfühlen. Einfühlungsvermögen ist schon seit Langem ein starkes Mittel zum Aufbau menschlicher Bindungen und Motivation. Einfühlungsvermögen ist nicht gleichbedeutend mit Mitgefühl, sondern es ist die Fähigkeit, sich in einen anderen Menschen hineinzuversetzen, wirklich zu verstehen, was er durchmacht, seine Erfahrung quasi von innen heraus nachzuvollziehen. Im Gegensatz dazu ist Mitgefühl die Fähigkeit, Bedauern über die Situation eines anderen zum Ausdruck zu bringen, seine Erfahrung von außen zu betrachten.

Einfühlungsvermögen ist keine Lappalie. Es hat eine starke Wirkung, wird aber ständig übersehen oder unterschätzt. Es ist die Grundlage jeder Beziehung und wird besonders dann wichtig, wenn Dinge aus dem Ruder laufen. In meiner Arbeit mit Kindern und Jugendlichen habe ich immer wieder erlebt, dass Einfühlungsvermögen oft das Einzige ist, was hilft, eine Situation zu verbessern. Jeder will, dass man ihm zuhört, und jeder glaubt, dass seine Meinungen und Gedanken wichtig sind. Jeder will verstanden werden, und vor allem will jeder bedingungslos geliebt und angenommen werden.

Kinder wollen nicht nur geliebt werden, wenn sie sich gut benehmen und äußere Erwartungen erfüllen. Darum ist Einfühlungsvermögen besonders dann wichtig, wenn es nicht so gut läuft oder eine Beziehung angespannt ist. Einfühlungsvermögen bedeutet nicht Einverständnis mit einem problematischen Verhalten, sondern es signalisiert das Bemühen, die dahinterstehenden Gefühle und möglichen Gründe zu verstehen. Einfühlungsvermögen bedeutet, dass Sie Ihr Kind so annehmen, wie es ist – mit allen Schwächen. Beispielsweise können Eltern den Marihuanagebrauch ihres Kindes missbilligen, aber dennoch ihr Kind akzeptieren.

Durch Einfühlungsvermögen bauen Sie eine Allianz mit Ihrem Kind auf, die es wahrscheinlicher macht, dass es jetzt und in Zukunft bei Ihnen Hilfe suchen wird. Und vor allem erleichtert Akzeptanz die Veränderung. Nur wenn Kinder sich uneingeschränkt angenommen fühlen, besteht die Wahrscheinlichkeit einer Veränderung. Andernfalls verharren sie in der Verteidigung der Position, dass sie als Person Akzeptanz verdienen. Ein junger Mensch, der Marihuana raucht, wird verärgert und nicht zu einer Veränderung bereit sein, wenn er das Gefühl hat, dass Liebe und Akzeptanz von seinem Verzicht auf das Marihuana abhängig sind.

Einfühlungsvermögen trägt auch zur Stärkung des Selbstwertgefühls Ihres Kindes bei, insbesondere weil es sich wahrscheinlich mit seinen Problemen allein fühlt oder sich selbst Vorwürfe macht. Da wir ja alle einmal Kinder waren, können wir uns einfühlsam zeigen, indem wir unseren Kindern sagen, dass auch wir Fehler gemacht haben oder dieselben Gefühle wie sie hatten.

Beispiele für einfühlsame Äußerungen:

- »Hilf mir zu verstehen, was du denkst/fühlst.«
- »Ich sehe, dass du jetzt gerade nicht deine Hausaufgaben machen willst.«
- »Ich sehe, dass dich das wirklich aufregt.«
- »Ich verstehe, dass das wirklich schwierig für dich ist.«
- »Ich fände es auch schön, wenn du spielen könntest.«
- »Aber ich will dir nicht den ganzen Spaß verderben …«

Drittes E: Erkennen der Ziele Ihres Kindes. Menschen tun Dinge aus einem bestimmten Grund, und ihr Verhalten ist durch persönliche Werte und Ziele motiviert. Das gilt auch für Kinder. Natürlich muss manchmal externe Kontrolle in Form von Drohungen und Belohnungen ausgeübt werden, um Verhalten zu beeinflussen, und ich setze das ab und an auch als Erziehungsmaßnahme ein (beispielsweise habe ich meinem Sohn angedroht, dass wir seinen Gecko in den Laden zurückbringen, wenn er das Terrarium nicht sauber macht). Aber da das daraus resultierende Verhalten möglicherweise nicht über den Augenblick hinaus weiterbesteht, ist es umso besser, je früher Eltern anfangen, die interne Kontrolle zu fördern.

Damit Kinder Motivation verinnerlichen, müssen sie ihr Verhalten mit ihren eigenen Zielen in Verbindung bringen. Versuchen Sie Ihrem Kind dabei zu helfen zu verstehen, wie sich aktuelles Verhalten positiv oder negativ auf seine persönlichen Ziele auswirken kann. Wenn Ihr Kind ein bestimmtes problematisches Verhalten zeigt, weisen Sie es auf die Diskrepanz zwischen dem Verhalten und den von ihm formulierten Zielen hin. Sie können es darauf aufmerksam machen, dass ein im Widerspruch zu diesen Zielen stehendes Verhalten das Erreichen dieser Ziele verhindern könnte.

Wenn der Zusammenhang zwischen dem Verhalten Ihres Kindes und seinen Zielen unklar ist, ist es viel effektiver, wenn das Kind selbst, nicht die Eltern, den Zusammenhang herstellt. Aber Eltern können ihre Kinder dazu anleiten, die Verbindung herzustellen. Schauen Sie sich die beiden folgenden Szenarien an. Durch Demonstration von Einfühlungsvermögen und Aufzeigen der Verbindung zwischen Verhalten und Zielen leiten Mutter und Vater das Kind dazu an, seine eigenen Probleme zu lösen, und das Kind sagt das, was es wirklich sagen will.

Szenario 1:

Mutter (ruhig und einfühlsam): Was glaubst du, was passiert, wenn du immer weiter nach diesem Keks fragst?
Kind: Ich weiß nicht. Gibst du ihn mir dann?
Mutter: Nein. Wenn du mich bedrängst und unfreundlich bist, will ich ihn dir erst recht nicht geben. Hast du irgendeine Idee, was du tun könntest, um zu bekommen, was du willst?
Kind: Ich könnte nett fragen.
Mutter: Ja, und was noch?
Kind: Ich könnte geduldig warten, bis du mit dem fertig bist, was du gerade machst.

Szenario 2:

Vater (ruhig und einfühlsam): Was glaubst du, was im Fußballverein passieren wird, wenn du nie deine Hausaufgaben machst?
Kind: Mein blöder Lehrer wird mit meinem Trainer reden, der mich dann auf der Bank sitzen lässt. Du hast gesagt, dass du mich nicht mehr zum Training bringst, wenn meine Noten schlechter werden, dann werde ich nicht genug spielen und nächstes Jahr nicht in die Mannschaft kommen.
Vater: Wenn du die Hausaufgaben erledigen würdest – denkst du, das würde dich deinem Ziel, nächstes Jahr in die Mannschaft zu kommen, näherbringen oder dich weiter davon entfernen?
Kind: Ich glaube, es würde mich näherbringen.

In derartigen Szenarien würden Eltern wahrscheinlich am liebsten impulsiv sagen: »Sag bitte!« oder »Wenn du deine Hausaufgaben nicht machst, fliegst du aus der Mannschaft!«, aber das ist weniger wirkungsvoll, als wenn das Kind selbst zu der Schlussfolgerung kommt und diese laut ausspricht. Denken Sie daran, dass neue Neuronenverbindungen eher im Zusammenhang mit dem, was wir selbst sagen, entstehen.

Viertes E: Erfolg unterstützen. Menschen verändern sich, wenn sie glauben, dass etwas wichtig ist *und* dass sie zu der Veränderung in der Lage sind. Alles, was Eltern tun können, um den Glauben an die eigene Fähigkeit zur Veränderung zu fördern und zu unterstützen, fördert und unterstützt auch die Veränderung. Kinder haben oft das Gefühl, den Erwartungen ihrer Eltern nicht gerecht zu werden. Darum tragen Hoffnung und Optimismus der Eltern in die wahren Fähigkeiten ihrer Kinder zur Stärkung des Selbstvertrauens bei. Eltern, die sagen: »Ich weiß, dass du das verstehen kannst«, »Ich bin sicher, dass du eine Lösung finden wirst« und »Ich weiß, dass du die richtige Entscheidung treffen wirst«, sind auf der richtigen Spur. Aussagen wie diese übertragen dem Kind die Verantwortung. Es muss dann wie ein gestrandeter Delfin seinen eigenen Weg zurück ins offene Wasser finden. Denken Sie daran, dass es wichtig für Ihr Kind ist, an seine eigene Fähigkeit zur Selbstständigkeit zu glauben, während Sie proaktiv versuchen, seine Eigenmotivation zu fördern.

Die vier E-s der Delfine in konkreten Situationen

Hier einige Beispiele für die Anwendung der vier E-s. Ich gehe davon aus, dass Sie den ersten Schritt schon erledigt und den Tiger eliminiert haben. Er fehlt also bei den folgenden Aussagen, die nicht gebrüllt werden sollen!

- **Ihr Kind trödelt morgens.** »Ich weiß, dass es schwer ist, morgens in die Gänge zu kommen [einfühlen], aber du hattest ja das Ziel, nicht wieder zu spät zu kommen [Erkennen der Ziele des Kindes]. Na komm, ich weiß doch, dass du ein bisschen schneller sein kannst [Erfolg unterstützen].«
- **Ihr Kind will seine Hausaufgaben nicht machen.** »Ich habe früher auch nicht gern Hausaufgaben gemacht [einfühlen], aber du willst dir ja nicht die Pause vermasseln [Erkennen

der Ziele Ihres Kindes]. Glücklicherweise begreifst du ja sehr schnell, wenn du dich mal näher mit etwas befasst [Erfolg unterstützen].«

- **Ihr Kind will nicht zum Fußballtraining gehen.** »Oh, du siehst aber heute wirklich müde aus [einfühlen], aber das ist die einzige Möglichkeit, dich auf das bevorstehende Spiel vorzubereiten [Erkennen der Ziele des Kindes]. Wenn du erst mal auf dem Platz stehst, fühlst du dich immer gut [Erfolg unterstützen].«
- **Ihr Kind will nicht Klavier üben.** »Du bist sehr frustriert und müde [einfühlen]. Aber wenn du dieses Stück nicht hinkriegst, kannst du nicht bei der Aufführung mitmachen [Erkennen der Ziele Ihres Kindes]. Ich weiß, dass du es noch einmal versuchen kannst [Erfolg unterstützen].«
- **Ihr Kind will nicht zu Mittag essen.** »Ja, es ist schwer, etwas zu essen, das man nicht mag [einfühlen], aber wenn du nicht isst, können wir nicht auf den Spielplatz gehen [Erkennen der Ziele Ihres Kindes]. Du hast es ja schon mal geschafft, dann kriegst du es sicher jetzt auch wieder hin [Erfolg unterstützen].«

Da Sie nun einige Rezepte für den Umgang mit Ihrem Kind an die Hand bekommen haben (eine Bindung eingehen, Schulter an Schulter mit ihm stehen, Vorbild sein), können wir uns nun den Aktivitäten zuwenden, die *aufseiten Ihres Kindes* für Gesundheit, Zufriedenheit, Eigenmotivation und alle Aspekte des Erfolgs erforderlich sind.

Teil Vier

Die Wandlung

Ein gesundes, glückliches und eigenmotiviertes Leben führen

Eigenmotivation ist von Dauer

Ein Blick in eines der frühen Schulzeugnisse des Nobelpreisträgers Sir John Gurdon hätte die meisten Menschen davon überzeugt, dass der junge Mann keine Karriere als Naturwissenschaftler machen würde. Mit fünfzehn Jahren kassierte er bei einem Test mit 250 Schülern im Fach Biologie die schlechtesten Ergebnisse. Dennoch äußerte er den Wunsch, ein naturwissenschaftliches Fach zu studieren, was sein Biologielehrer – nach einem Zeugniseintrag zu urteilen – offensichtlich für völlig abwegig hielt:

Ich glaube, dass [Gurdon] die Vorstellung hat, später einmal Naturwissenschaftler zu werden. Bei seinem derzeitigen Leistungsstand ist das absolut lächerlich. Wenn er nicht imstande ist, einfache biologische Fakten zu lernen, hätte er keine Chance, eine spezialisierte Tätigkeit auszuüben, und es wäre sowohl für ihn selbst als auch für diejenigen, die ihn ausbilden müssten, eine reine Zeitverschwendung.[1]

Gurdon studierte zunächst Latein und Griechisch in Oxford, aber obwohl er es an diese renommierte Universität geschafft hatte, war er nicht zufrieden. Nach wie vor fühlte er sich sehr stark zu den Naturwissenschaften hingezogen, und so engagierten seine Eltern einen Privatlehrer für ihn. Es gab eine Menge nachzuholen und Gurdon stürzte sich hochmotiviert in die Arbeit, um die verlorene Zeit wettzumachen.

Es stellte sich heraus, dass Gurdon gar kein so unbegabter Naturwissenschaftler war. Schließlich promovierte er in Zoologie und leistete auf dem Gebiet der Zellbiologie Pionierarbeit. Er wurde 1971 Mitglied der Royal Society und 1995 von Königin Elisabeth II. in den Ritterstand erhoben. 2004 benannte das Wellcome Trust/Cancer Research UK Institute for Cell Biology and Cancer in Gurdon Institute um. 2012 erhielt John Gurdon für seine bahnbrechende Forschungsarbeit, mit der er nachgewiesen hatte, dass reife Zellen in Stammzellen umgewandelt werden können, den Nobelpreis in Physiologie und Medizin. Das Zeugnis mit dem Kommentar seines Biologielehrers hat er sich einrahmen lassen.

Glücklicherweise führte Gurdons Neugier zu einer äußerst starken Eigenmotivation. Sein KQ war so hoch entwickelt, dass er in einem System triumphierte, das seinem nobelpreiswürdigen Geist leicht hätte in die Quere kommen können.

Wer Eigenmotivation besitzt, fürchtet sich weniger vor Kämpfen, Fehlern und Niederlagen und hat ein gesundes Verlangen nach unstrukturiertem Lernen, Spielen und Erforschen. Eigenmotivation hilft, durch alle Schwierigkeiten hindurch bei der Stange zu bleiben. Sie hilft auch, komplexe kognitive und emotionale Herausforderungen zu bewältigen, weil sie mit kritischem Denken, Kreativität, Kommunikations- und Kooperationsfähigkeit einhergeht. Eine gesunde Eigenmotivation wirkt synergetisch mit einem hohen KQ zusammen.

Wir alle wünschen uns, dass unsere Kinder stark genug sind, um die Hindernisse zu überwinden, mit denen sie sich im Lauf ihres Lebens konfrontiert sehen. Aber helfen wir ihnen auch, die Art von Motivation zu entwickeln, die sie brauchen, um allen Widrigkeiten zum Trotz weiterzumachen? Diese Frage wird wohl niemand offen mit Nein beantworten. Fangen wir daher mit einer anderen Frage an. Sie mag einfach erscheinen, aber sie ist es nicht: Wünschen Sie sich ein gefügiges Kind oder ein engagiertes Kind mit Eigenmotivation?

Vielleicht antworten Sie, dass Sie sich ein Kind wünschen, das stets tut, was Sie von ihm wollen. Aber möchten Sie nicht auch, dass es letztlich die Verantwortung für sich selbst übernimmt und seinen eigenen Weg findet? Niemand will, dass sein Kind noch mit dreißig bei ihm lebt, ohne Neugier oder Leidenschaft, die es antreibt, und ohne Interesse daran, etwas Bestimmtes zu sein oder zu tun. Wenn Sie gesunde, glückliche und erfolgreiche Kinder haben wollen, die allein zurechtkommen, *müssen* Sie ihre Eigenmotivation fördern.

Vielleicht lautet Ihre Antwort auch, dass Sie sich ein engagiertes Kind wünschen, das selbstständig denken kann. (Das ist übrigens auch mein Wunsch.) Dann muss ich Sie warnen: Einen jungen Menschen zu begleiten, der zu unabhängigem, kritischem Denken fähig ist, ist viel schwieriger als die Erziehung eines gefügigen Tigers. Aber es ist auch sehr viel befriedigender.

Was ist Eigenmotivation?

Eigenmotivation ist der heilige Gral der Erziehung. Ich würde sogar so weit gehen zu sagen, dass es der heilige Gral menschlichen Glücks ist. Als Ärztin kann ich ihre Bedeutung gar nicht genug unterstreichen, und als Mutter kann ich nicht genug betonen, wie viel harte Arbeit ich investiere, um sie zu fördern. Ja, harte Arbeit – Ihr Kind bei der Entwicklung von Eigenmotivation zu unterstützen ist einfach, aber nicht leicht.

Eigenmotivation »beinhaltet, einem Verhalten nachzugehen, weil es als persönlich lohnenswert empfunden wird«.[2] Das ist nicht dasselbe wie der Wunsch nach bestimmten Dingen! Beispielsweise wünschen sich heute viele Jugendliche Geld und Status, besitzen aber nicht immer den inneren Antrieb, dafür zu arbeiten. Eigenmotivation bedeutet, sich etwas stark genug zu wünschen, um aktiv nach der Erfüllung dieses Wunsches zu streben.

Im Gegensatz zur Eigenmotivation beruht externe Motivation auf den Wünschen anderer Menschen. Davon gesteuertes Verhalten wird nur so lange aufrechterhalten, wie der äußere Druck, äußere Forderungen, Belohnungen oder Strafen andauern.

Eigenmotivation hat viele Gesichter

Wir wissen, dass unsere Kinder ohne Motivation nicht weit kommen werden. Aber was genau treibt sie an? Was Eltern und Kindern das Leben schwermacht, ist die Tatsache, dass unter Eigenmotivation jeder etwas anderes versteht. Es kann passieren, dass Ihr Kind sich als sehr motiviert für eine bestimmte Aufgabe empfindet, während Sie selbst den Eindruck haben, dass es überhaupt nicht motiviert ist.

Nehmen wir an, zwei Menschen wohnen zehn Minuten Fußweg vom Fitnessstudio entfernt. Person A fährt mit dem Auto zum Training, Person B geht zu Fuß. Glauben Sie, dass diese beiden Menschen dieselbe Eigenmotivation in puncto körperliche Fitness haben?

Mancher würde sagen: »Bestimmt nicht! Wenn Person A es mit dem Training ernst meinen würde, würde sie zu Fuß gehen!« Andere würden sagen: »Beide gehen zum Training.

Wie sie hinkommen, ist völlig egal.« Beide Ansichten sind legitim. Sowohl Person A als auch Person B könnte ein Faulpelz sein, der eigentlich nur zum Fitnessclub geht, um dort Leute kennenzulernen. Oder Person A läuft am nächsten Tag bei einem Marathon mit und will Kräfte sparen. Oder es steckt etwas völlig anderes dahinter ...

Die Stadien der Veränderung

Eigenmotivation ist kein fester Charakterzug – etwas, das wir entweder besitzen oder nicht –, sondern eine dynamische Eigenschaft, die von verschiedenen Faktoren abhängig ist. Wir dürfen Kinder (und uns selbst) nicht in die Schublade »motiviert« oder »unmotiviert« stecken. Da das menschliche Gehirn über Neuroplastizität verfügt, können wir uns selbst und unser Verhalten auf eine wunderbare, dynamische Art verändern.

Wie können wir die Eigenmotivation unserer Kinder fördern? Menschen durchlaufen verschiedene Stadien, bevor sie ihr Verhalten ändern. Wenn Sie wissen, in welchem Stadium sich Ihr Kind befindet, können Sie seine Geisteshaltung einschätzen und ihm die entsprechende Unterstützung geben. Die sechs Stadien der Veränderung und die zugehörigen Unterstützungstechniken sind nachfolgend aufgelistet:[3]

- **Vorkontemplation:** Man hat nicht die Absicht, sein Verhalten zu ändern. Entweder streitet man sein Problem ab oder man sieht keine Notwendigkeit für eine Veränderung. *Unterstützungstechniken:* Gefühle anerkennen und zur Bewertung des eigenen Verhaltens auffordern. Gemeinsam die Vor- und Nachteile des aktuellen Verhaltens auflisten (mit Einfühlungsvermögen, nicht urteilend). Das kann in diesem Stadium sehr hilfreich sein.

- **Kontemplation:** Man ist bereit, die Möglichkeit zu erwägen, dass dem eigenen Verhalten eine Veränderung guttun könnte, steht aber den Gründen für eine Veränderung noch zwiespältig gegenüber. *Unterstützungstechniken:* Zum Nachdenken über Vor- und Nachteile einer Verhaltensänderung anregen; auf die positiven Auswirkungen der Verhaltensänderung hinweisen.
- **Entschlossenheit/Vorbereitung:** Man beginnt zu sehen, dass die Vorteile einer Verhaltensänderung größer als die Vorteile einer Beibehaltung des bisherigen Verhaltens sind. Man ist bereit und entschlossen zu handeln, hat aber noch keine konkreten Schritte unternommen. *Unterstützungstechniken:* Veränderungshindernisse prüfen und Problemlösung unterstützen; während der Veränderung verfügbare Unterstützung ermitteln und als Einstieg kleine Schritte vorschlagen.
- **Aktion:** Man glaubt, sein Verhalten ändern zu können, und beginnt, aktive Schritte zu unternehmen. Menschen brauchen Eigenmotivation, um aktiv zu bleiben. »In diesem Stadium sind Menschen offen für Hilfe von außen und suchen aktiv Unterstützung (ein sehr wichtiges Element).«[4] *Unterstützungstechniken:* Selbstwirksamkeit beim Umgang mit Hindernissen bestärken und an die langfristigen Vorteile des neuen Verhaltens erinnern.
- **Erhaltung:** In diesem Stadium versucht man, das neue Verhalten aufrechtzuerhalten und die Einflüsse (zum Beispiel Menschen oder Situationen), die zu einem Rückfall in das problematische Verhalten führen könnten, zu vermeiden. Man erinnert sich selbst an die Fortschritte, die

man gemacht hat. *Unterstützungstechniken:* Durch die Veränderung ausgelöste interne Belohnung verstärken.

- **Rückfall:** An einem bestimmten Punkt kann die Eigenmotivation nachlassen (sie ist, wie gesagt, veränderlich), sodass man zum problematischen Verhalten zurückkehrt. *Unterstützungstechniken:* An diesem Punkt ist es hilfreich, gemeinsam mit dem Betroffenen herauszufinden, wodurch der Rückfall ausgelöst wurde und Bewältigungs- beziehungsweise Auslöservermeidungsstrategien zu planen, die ihm helfen, wieder in die Spur zu kommen.

Ich möchte diese Stadien am Beispiel des Erledigens der Hausaufgaben erklären. Im Vorkontemplationsstadium denkt Ihr Kind vielleicht: *Hausaufgaben? Mit mir nicht. Ich bestehe auch so alles, was ich brauche. Ich gehe auf Facebook.* Dann folgt die Kontemplation: *Ich würde jetzt wirklich gern auf Facebook gehen, aber ich sollte meine Hausaufgaben machen, sonst bleibe ich vielleicht sitzen.* Nach einer Weile setzt (meist auf der Grundlage neuer Informationen) Entschlossenheit/Vorbereitung ein: *Ich habe die letzte Arbeit vermasselt. Ich werde sitzenbleiben, wenn ich nicht öfter meine Hausaufgaben mache.* Als Nächstes folgen Aktion und Erhaltung; vielleicht werden einen ganzen Monat lang die Hausaufgaben problemlos rechtzeitig gemacht, und dann ... der Rückfall: *Die Lehrerin mag mich sowieso nicht. Das Fach interessiert mich nicht, und ich habe keine Chance, eine gute Note zu bekommen. Vergiss die Hausaufgaben. Zurück zu Facebook.*

Es ist ganz natürlich, diese verschiedenen Stadien zu durchlaufen. Niemand – und das gilt insbesondere für Kinder – kann sich immer und für jede Aktivität oder jedes Verhalten im Aktionsstadium befinden, auch wenn Eltern das oft erwarten. Zu mir kamen schon Eltern und fragten, ob ihr Kind möglicherweise unter ADS leide, weil es sich in der Schule nicht richtig konzentrieren könne. Als ich mich näher über die Lebenssituation des Kindes informierte, erfuhr ich, dass sein Tag mit Schule, außerschulischen Aktivitäten und Hausaufgaben von morgens bis abends durchgeplant war. Wie kann jemand mit einem solchen Terminplan ständig aufmerksam bleiben? Den meisten Kindern fehlt es überhaupt nicht an Motivation. Wenn Ihr Kind nicht schulische Höchstleistungen, Wettbewerbssport und wettbewerbsorientiertes Musizieren ohne Durchhänger über längere Zeit durchhalten kann, bedeutet das lediglich, dass Ihr Kind vollkommen normal ist! Um Eigenmotivation zu entwickeln, müssen wir in der Lage sein, mit einem gewissen Energieniveau von einem Veränderungsstadium zum nächsten weiterzugehen.

Ein ausgewogenes Leben als Basis für Eigenmotivation

Betrachten Sie Eigenmotivation als Teil einer hierarchischen Motivationsstruktur. Natürlich sind wir als Erstes motiviert, unsere (im Kapitel »Leben nach dem Delfin-Prinzip – Die Grundlagen«, S. 121, aufgezählten) Überlebensgrundlagen zu sichern, zu denen Nahrung und Schlaf zählen. Wir können alle nachvollziehen, dass man unmotiviert und träge ist, wenn man nicht genug gegessen, getrunken oder geschlafen hat. Und wir wissen, dass Menschen biologisch darauf programmiert sind zu spielen, zu erforschen, Bindungen einzugehen und sich für andere einzusetzen. Da diese Aktivitäten auch für unser Überleben als Spezies wichtig sind, sind wir von Natur aus dazu motiviert und fühlen uns durch sie bereichert. Sobald wir für diese Grundlagen unsere Balance gefunden haben, fühlen wir uns vital und suchen nach neuen Herausforderungen.

Wir sind biologisch motiviert, ein Gleichgewicht unserer Überlebensgrundlagen herzustellen. Beispielsweise ist ein Kind, das unter Schlafentzug leidet, zum Schlafen motiviert. Wenn dieses Kind weiterhin zu wenig schläft, tritt eine Regulationsstörung auf, Schlaflosigkeit ist die Folge. Dasselbe gilt für ein Kind, das unter Spielentzug oder einen Mangel an sozialen Bindungen leidet: Es ist motiviert, vor der »Arbeit« diese Bedürfnisse zu befriedigen. Außerdem wissen wir, dass das Gehirn junger Menschen für bestimmte Aktivitäten mehr belohnt wird und daher stärker motiviert ist, sie auszuführen. Bei jüngeren Kindern sind es Schlaf und Spiel, bei Jugendlichen sind es soziale Kontakte und das Ausprobieren neuer Dinge. Kinder sind immer motiviert – die Frage ist nur, welche Art von Motivation vorherrscht. Insofern bedeutet Erziehung in vielerlei Hinsicht »Motivationsmanagement«.

Neugier als Basis für Eigenmotivation

Eleanor Roosevelt hat einmal gesagt: »Ich glaube, wenn eine Mutter bei der Geburt eines Kindes eine gute Fee bitten könnte, es mit der nützlichsten Gabe auszustatten, dann sollte diese Gabe Neugier sein.«[5]

Wenn wir im Gleichgewicht sind, kann sich die Neugier – ein wichtiger Faktor für die Eigenmotivation – entfalten. Menschen (und Delfine) sind von natürlicher Neugier, dem Wunsch nach Wissen, getrieben. Ohne sie wären wir nicht motiviert, die Welt um uns herum zu erkunden. Es dürfte nicht überraschen, dass Neugier mit dem Dopamin-Belohnungssystem unseres Gehirns verbunden ist. Neugier ist in unser Gehirn einprogrammiert; sie ist der Treibstoff, der die Eigenmotivation zum Lernen in Gang hält.

Trotz all unserer Kenntnisse über das Gehirn wissen wir noch wenig über die Neugier. In einer kürzlich durchgeführten Studie beantworteten Studenten 40 Wissensfragen, während sie sich in einem Gehirnscanner befanden.[6] Nachdem sie eine Frage gelesen hatten, sollten die Studenten im Stillen Vermutungen über die richtige Antwort anstellen und ihre Neugier auf die Antwort zum Ausdruck bringen. Anschließend wurde ihnen die Frage zusammen mit der richtigen Antwort erneut vorgelegt. Bei diesem Experiment stellten die Wissenschaftler fest, dass mehrere wichtige Gehirnregionen mehr als andere angeregt wurden, wenn die Studenten ihre Neugier zum Ausdruck brachten: der präfrontale Kortex (der denkende Teil des Gehirns), der Gyrus parahippocampalis (in dem Erinnerungen codiert und abgerufen werden) und der Schweifkern (Nucleus caudatus). Der Schweifkern wird schon lange mit Wissen und Lernen und seit Kurzem auch mit Gefühlen in Verbindung gebracht. Möglicherweise ist es sogar der Schweifkern, der neues Wissen mit starken positiven Emotionen, wie beispielsweise Liebe, verknüpft. Das ist meiner Ansicht nach eine perfekte Beschreibung der Neugier. Wenn wir uns in das verlieben, worauf wir neugierig sind, wird daraus eine Leidenschaft. Und Leidenschaft ist sicherlich ein starker Motivationstreiber.[7] Neugier führt dazu, dass wir auf unbekannten neuronalen Pfaden »entlangwandern« und die eindrucksvolle Kraft des menschlichen Geistes entdecken. Dazu passt Albert Einsteins interessante Bemerkung: »Ich habe keine besonderen Talente, ich bin einfach nur leidenschaftlich neugierig.«[8]

Neugier beruhigt uns auch. Wenn wir die Welt mit neugierigen Augen betrachten, beurteilen oder reagieren wir nicht, sondern beobachten und interagieren einfach. Neugier lässt uns den Angstmodus überwinden und involviert unser denkendes Gehirn. Neugier erfordert Zeit zum Innehalten und Nachdenken. Wenn man zu beschäftigt ist, um neugierig zu sein, ist man zu beschäftigt, um motiviert zu sein.

Autonomie, Können und Sinnorientierung als Treiber dauerhafter Eigenmotivation

Studien zur Psychologie der Eigenmotivation zeigen, dass wir motiviert sind, wenn drei Kriterien erfüllt sind: Autonomie, Können und Sinnorientierung.[9] *Autonomie* entspringt dem Wunsch, unser eigenes Leben zu lenken und unter Kontrolle zu haben. Sie beruht auf einer inneren Kontrollinstanz und Eltern fördern sie durch ausgewogene autoritative Erziehung. *Können* entspringt dem Wunsch, etwas, das uns wichtig ist, immer besser zu beherrschen. Es beruht auf der Entdeckung und Weiterentwicklung unserer Leidenschaften durch das Spiel. Neugier an sich ist ein »umgekehrt U-förmiger Antrieb«[10] – sie stachelt uns dazu an, Hindernisse zu überwinden und uns immer weiter in Richtung der Beherrschung einer Sache zu entwickeln. *Sinnorientierung* entspringt dem Wunsch, etwas zu tun, das in der Welt von Bedeutung ist, sich für etwas einzusetzen, das über uns selbst hinausweist. Sie beruht auf unserem Wunsch, uns mit anderen zu verbinden und einen Beitrag zur Gemeinschaft zu leisten.

Eine Studie der University of Michigan zeigt, dass durch das Wissen, dass unsere Arbeit anderen hilft, selbst unsere unbewusste Motivation gestärkt wird.[11] In der Studie wurde ein Student, der ein Stipendium erhalten hatte, gebeten, den für die Beschaffung der Mittel zuständigen Call-Center-Mitarbeitern zehn Minuten lang darüber zu berichten, wie sich sein Leben durch das Stipendium verändert hatte. Einen Monat später hatten die Spendenbeschaffer 142 Prozent mehr Zeit am Telefon verbracht, die Spendeneinnahmen waren um 171 Prozent gestiegen. Allerdings bestritten die Spendenbeschaffer, durch den zehnminütigen Besuch des Studenten beeinflusst worden zu sein. »Es war fast so, als ob die guten Gefühle die bewussten kognitiven Prozesse der Call-Center-Mitarbeiter umgangen und direkt eine unbewusstere Motivationsquelle angesprochen hätten. Sie hatten einen stärkeren Antrieb, erfolgreich zu arbeiten, auch wenn sie den Auslöser dieses Antriebs nicht benennen konnten.«[12]

An Herausforderungen wachsen

Herausforderungen stellen auch eine Bereicherung dar. Fühlt es sich nicht gut an, wenn wir etwas geschafft haben, das wir uns gar nicht zugetraut hätten? Fühlt es sich nicht noch besser an, wenn wir es allein und auf unsere ganz eigene Art schaffen? Jeder Herausforderung wohnen zwei Kräfte inne: Anstrengung und Freude. Ohne Anstrengung keine Freude. Eine Herausforderung setzt per definitionem ein Vordringen in unbekanntes Territorium voraus, da es in unserer Komfortzone keine Herausforderung geben kann. Wir müssen erforschen, kämpfen, herausfordern und Stress bewältigen, um überleben zu können, und deshalb fühlen wir uns naturgemäß großartig, wenn wir etwas Schwieriges durchgestanden haben. Das ist ein weiterer Grund dafür, dass Eltern manchmal Mutter Natur einfach nicht in die Quere kommen dürfen.

Ich erzähle meinen Kindern folgende Geschichte, wenn sie von mir erwarten, dass ich ihre Probleme löse, ihre Bemühungen erleichtere oder eine Herausforderung abschwäche:

Ein kleiner Junge beobachtete, wie ein Schmetterling sich abmühte, seinen Kokon zu verlassen. Der Schmetterling arbeitete hart daran, sich zu befreien. Da beschloss der Junge zu helfen und zerriss den Kokon. Zum Schrecken des Jungen flog der Schmetterling aber nicht fröhlich davon, sondern blieb genau da, wo er war. Was der kleine Junge nicht wusste, war, dass der Schmetterling sich mit seinem Kokon abmühen musste, um die Muskulatur und Koordination zu entwickeln, die er zum Fliegen brauchte.

So müssen auch Kinder manchmal mit etwas kämpfen, um die geistige Stärke und Koordination zu entwickeln, die sie für ein unabhängiges Leben brauchen. Der Junge behinderte den Schmetterling unwissentlich in seiner Entwicklung, wie wir Eltern unwissentlich die Resilienz und Selbstständigkeit unserer Kinder behindern, wenn wir zu oft und zu früh einschreiten. Jeder von uns besitzt Eigenmotivation – sie ist von Natur aus in unser Gehirn einprogrammiert. Eltern müssen sie nicht erzeugen, sondern nur vermeiden, sie aus der Bahn zu werfen oder ganz zu zerstören.

Auch müssen unsere Kinder ein gewisses Maß an Stress erleben, um widerstandsfähig zu werden. Bei einem Experiment mussten Studenten ihre Hände in Eiswasser tauchen. Dabei zeigte sich, dass Studenten, die in ihrem Leben schon schwierige Erfahrungen gemacht hatten (beispielsweise einen Todesfall oder eine schwere Erkrankung in der Familie), weniger Schmerz empfanden und das Experiment besser tolerieren konnten als diejenigen, die bis dahin noch keine schweren Erfahrungen hatten bewältigen müssen.[13] Daraus folgerte Seery: »Erfahrung im Umgang mit schwierigen

Dingen führt dazu, dass Menschen eher zu allgemeiner Resilienz neigen ... Sie sind dann besser gerüstet, auch mit profanen, alltäglichen Stressfaktoren umzugehen.«[14]

Herausforderungen sind gut für uns. Das soll natürlich nicht heißen, dass wir uns sehenden Auges in Unglück und Gefahr stürzen müssen. Aber ein gewisses Maß an Widrigkeiten ist – besonders in der Kindheit – gut für uns, wenn wir keine »Teetasse« werden wollen.

Was wir brauchen, sind Herausforderungen, die uns helfen zu lernen und zu wachsen. Wenn wir mit einer Herausforderung konfrontiert sind, mit ihr kämpfen und sie schließlich bewältigen, besteht unser biologischer Lohn in der Aktivierung der Dopaminpfade, die uns gute Gefühle bescheren. Wir freuen uns unbändig über eine gut erledigte Arbeit, und je schwieriger die Aufgabe war, desto mehr werden wir durch Freude belohnt. »Dopamin ist der Treibstoff, der unsere Motivation erhält, beharrlich weiterzumachen und ein Ziel zu erreichen.«[15] Forscher haben höhere Dopaminpegel mit der Entstehung lebenslanger Gewohnheiten, wie beispielsweise Ausdauer, in Verbindung gebracht. Im Gegensatz dazu lassen uns niedrige Dopaminpegel apathisch werden: »Wenn man nicht jeden Tag etwas zustande bringt, nehmen die Dopaminreserven ab. Menschen sind dafür geschaffen, hart zu arbeiten und für ihre Anstrengungen biologisch belohnt zu werden.«[16]

Die Psychologin Angela Duckworth untersuchte Kinder und Erwachsene, die sich in stressigen und schwierigen Situationen erfolgreich geschlagen hatten, um den Schlüssel zu ihrem Erfolg zu finden.[17] In einer wegweisenden Studie untersuchte sie 2800 Versuchspersonen, von Militärkadetten über Teilnehmer nationaler Buchstabierwettbewerbe bis hin zu Lehrern in schwierigen Stadtbezirken, um herauszufinden, was zu ihrem Erfolg beitrug. Die übereinstimmende Anwort war: Durchhaltevermögen.

Stress, Herausforderung und Leidenschaft sind von unserer natürlichen biologischen Rückkopplungsschleife abhängig und werden von ihr reguliert. Auf diese Weise verlieren wir auf dem Weg zum Erfolg nicht die Balance. Haben Sie je etwas wirklich Großes erreicht und dabei festgestellt, dass die Freude darüber entweder von kurzer Dauer war oder ganz ausblieb? Das ist der Fall, wenn der Preis eines Erfolgs höher als der Lohn ist. Dieser Preis betrifft oft unsere Gesundheit und unsere Beziehungen, also Dinge, die wir häufig in unserem eifrigen Streben nach Erfolg absichtlich oder unabsichtlich vernachlässigen. Ich habe schon zu oft von viel beschäftigten Eltern gehört, die Zielen wie Wohlstand und Ansehen hinterherjagten, dass ihre Kinder mit großer Distanz zu ihnen aufwuchsen. Gefühle von Traurigkeit, Leere oder Unbehagen sind die Signale der Natur, die uns daran erinnern, dass wir unsere Grundbedürfnisse nach einem ausgewogenen Leben nicht erfüllen. Wir können versuchen, diese Gefühle zu ignorieren, zu kaschieren oder ihnen durch noch intensiveres Streben nach Erfolg zu entfliehen, aber unsere eigene Biologie können wir nicht hinters Licht führen.

Wenn wir aus dem Gleichgewicht geraten sind, zu Dingen gedrängt werden oder Dinge aus der Hand genommen bekommen, werden wir des Wohlgefühls und der Freude beraubt, die wir empfinden, wenn wir aus eigener Kraft eine Herausforderung bewältigen. Deshalb dürfen wir das Lernen in der realen Welt, das auch Fehler und Niederlagen beinhaltet, nicht – wie Tiger-Eltern – als etwas Schlechtes sehen. Die Bewältigung von Herausforderungen ist ein Teil des Lebens und eine großartige Möglichkeit, das zu lernen, worauf es ankommt: Anpassungsfähigkeit.

Tiger zerstören Eigenmotivation

Nachdem Geschrei, Bestechung und Strafen meinen Sohn nicht dazu bewegt hatten, seine Hausaufgaben zu machen, dachte ich eines Tages: Das ist absurd – ich kann einem drogenabhängigen Teenager helfen, vom Kokain loszukommen, aber meinen Siebenjährigen nicht dazu bringen, das Alphabet aufzuschreiben! Dann traf es mich wie ein Blitz: Trotz all meiner Erfahrung darin, junge Menschen zu motivieren, vergaß ich oft, die in meiner Praxis funktionierenden Prinzipien bei der Erziehung meiner Kinder anzuwenden. Tatsächlich kann ich mein Kind ebenso wenig durch Zwang, Bitten oder Befehlen dazu bewegen, für seine Hausaufgaben motiviert zu sein, wie ich meine Patienten durch Zwang, Bitten oder Befehlen dazu bewegen kann, gesund zu werden. Einem Kind Anweisungen zu einer Aktivität zu geben oder sie ihm abzunehmen, funktioniert einfach nicht, und das wissen wir alle. Und doch bilden diese Methoden die Basis der Tiger-Erziehung – Methoden, die dazu führen, dass Kinder von externen Belohnungen abhängig werden und eine externe Kontrollüberzeugung entwickeln.

Wenn Ihre Kinder etwas nur aufgrund von äußerem Druck erlernen, werden sie höchstwahrscheinlich eine Abneigung dagegen entwickeln und irgendwann ganz damit aufhören – selbst wenn sie eigentlich talentiert sind. Ich erlebe das immer wieder in meiner Praxis, und es passiert oft in der weiterführenden Schule. Viele Tiger-Junge, die einen exzellenten Start hinlegten und als Kinder die Konkurrenz in den Schatten stellten, erreichen dann ein Plateau und werden von anderen überholt, die bei ihren schulischen und außerschulischen Aktivitäten einen entspannteren Delfin-Ansatz verfolgt haben. Manchen macht es nichts aus zurückzufallen, während andere sogar dankbar dafür sind, weil sie schon unter einem Burn-out leiden. Wieder andere können es nicht ertragen, übertrumpft zu werden, und brechen zusammen, statt sich mehr anzustrengen. Junge Menschen, die auch noch nach der Grundschulzeit gute Leistungen zeigen wollen, brauchen KQ, aber den haben sie nicht entwickelt, wenn sie von klein auf unter einer Glocke aus endlosen Aktivitäten gelebt haben.

Externe Belohnungen gehen Hand in Hand mit extrinsischer Motivation. Wenn wir durch Spielzeug, Geld oder zu viel Lob motivieren, nehmen wir Kindern die Chance auf innere Belohnungen – diese erstaunliche Dosis Dopamin, die uns glücklich macht.

Sam Glucksberg, Psychologieprofessor an der Universität Princeton, hat nachgewiesen, wie problematisch externe Belohnungen im Hinblick auf Eigenmotivation sind – insbesondere im Zusammenhang mit Aufgaben, die KQ erfordern.[18] Glucksberg teilte Probanden in zwei Gruppen ein und bat sie, ein Problem, das kritisches Denken erforderte, so schnell wie möglich zu lösen. Beide Gruppen bekamen die Information, dass ihre Zeit gestoppt würde. Aber während eine Gruppe erfuhr, dass es nur darum gehe, die durchschnittliche für diese Aufgabe erforderliche Zeit zu ermitteln, sodass sie nicht unter Druck stand, erhielt die andere Gruppe finanzielle Anreize.[19] Die Gruppe, der man Geld in Aussicht gestellt hatte, brauchte deutlich (im Schnitt dreieinhalb Jahre) länger als die Gruppe ohne finanziellen Anreiz. Diese Studie hat gezeigt, dass eine auf Belohnung basierende Motivation nicht das kreative Denken oder Problemlösefähigkeiten fördert, sondern wegen des engen Fokus auf die Belohnung sogar einzuschränken oder zu verlangsamen scheint.

Unter Druck setzen, Überwachen, Fordern und Schmeicheln mögen bei einfachen Aufgaben zum Erfolg führen, aber bei komplexeren Aufgaben, die kritisches Denken und Kreativität erfordern, funktionieren diese externen Motivations»hilfen« schlecht. Sicher kann ein durch Bestechung und Drohungen motiviertes Kind auf einem bestimmten Gebiet ein ordentliches oder gar gutes Niveau erreichen. Aber Zuckerbrot und Peitsche ersetzen weder Autonomie, Können und Sinnorientierung als Grundlagen der Eigenmotivation noch können sie Zufriedenheit, Lust und Freude erzeugen. Das Befriedigen unserer Neugier durch eigene Anstrengung führt zur Zufriedenheit, und der Einsatz für einen übergeordneten Zweck bringt Freude. Wenn Kinder älter werden, müssen sie auf innere statt auf äußere Belohnungen reagieren, um Eigenmotivation und echte Unabhängigkeit zu entwickeln. Überragende Leistungen auf einem bestimmten Gebiet erfordern Anpassungsfähigkeit und KQ. Wenn nur rein technische Fähigkeiten erforderlich sind, um etwas meisterhaft zu beherrschen, können Kinder, die nur auf externe Motivationshilfen reagieren, natürlich erfolgreich sein, solange keine realen Hindernisse auftauchen. Aber oft geraten diese Kinder ins Trudeln, sobald sie mit der ersten größeren Verletzung, neidischen Mannschaftskameraden, einem schwierigen Vorgesetzten oder dem Stress eines selbstständigen Lebens ohne behütende Eltern umgehen müssen. Eine zu starke Konzentration auf kurzfristigen Erfolg steht in vielerlei Hinsicht dem langfristigen Erfolg im Weg.

Bestenfalls führt die Erziehung nach dem Tiger-Prinzip zu einer Überbewertung des Könnens, aber auch nur, wenn das Kind (nicht die Eltern) die Aktivität für wichtig genug hält, um sie beherrschen zu wollen. Im schlechtesten Fall gelingt es mit der Tiger-Erziehung überhaupt nicht, die Eigenmotivation bei Kindern zu wecken.

Wenn unsere Kinder eigenmotiviert sein sollen, müssen wir auch selbst Eigenmotivation demonstrieren. Wir müssen ein ausgewogenes Leben führen, das Spiel, Erforschung, Gemeinschaft und Engagement beinhaltet. Außerdem müssen wir Risiken eingehen, unsere Komfortzone verlassen, uns selbst herausfordern und uns von der Angst vor dem Scheitern nicht aufhalten lassen.

Kinder müssen zu der Überzeugung gelangen, dass es in Ordnung ist, unvollkommen zu sein. Lassen Sie Ihre Kinder sich selbst anziehen – auch wenn die Kleider nicht zusammenpassen oder links herum angezogen werden. Stehen Sie vor Ihren Kindern zu Ihren Schwächen. Sie können sie ohnehin nicht verheimlichen – also können Sie auch zeigen, dass Sie sich so akzeptieren, aber willens sind, sich zu bessern. Meine Kinder lieben es, mich auf meine kleinen Patzer hinzuweisen: »Mama, du hast schon wieder dein Handy vergessen!«

Fehler sind großartige Lernerfahrungen. Lassen Sie Ihre Kinder hin und wieder eine Hausaufgabe vermasseln. So lernen sie, was sie nächstes Mal anders machen müssen. Das ist leichter gesagt als getan, und es hilft, dabei tief durchzuatmen. Kinder müssen wissen, dass jeder Fehler macht, dass Fehler korrigiert werden können und dass wir aus unseren Fehlern lernen. Erwachsene müssen in dieser Hinsicht Vorbild sein, indem sie offen aus *ihren* Fehlern lernen.

Einer meiner jungen Patienten tat sich schwer damit, von Steroiden loszukommen, die er zur Steigerung seiner sportlichen Leistungen einsetzte. Doch eines Tages kam er in meine Praxis und verkündete: »Ich höre jetzt für immer damit auf.« Als ich ihn fragte, was geschehen sei, berichtete er, dass sein Basketballtrainer ihm von seinen eigenen Fehlern im Zusammenhang mit Drogenmissbrauch im Sport erzählt habe. Da er eine starke Bindung zu seinem Trainer hatte, war er entschlossen, aus den Fehlern der von ihm bewunderten Person zu lernen.

Eigenmotivation muss von innen kommen

Am Ende läuft es darauf hinaus, dass Menschen über ihr eigenes Leben bestimmen wollen. Wir wollen Autonomie, Können und Sinnorientierung – und das kann uns niemand von außen aufzwingen, nicht einmal unsere Eltern. Diese Faktoren sind so individuell verschieden und einzigartig wie unsere Fingerabdrücke.

Eigenmotivation ist für Gesundheit, Glück und Erfolg unserer Kinder erforderlich. Sie wird durch drei Dinge gefördert: (1) einen ausgewogenen Lebensstil, (2) die Fähigkeit, sich durch KQ an die Höhen und Tiefen des realen Lebens anzupassen (weshalb wir in der realen Welt leben müssen) und (3) eine innere Kontrollinstanz, die durch eine ausgewogene autoritative Erziehung entsteht.

Durch Vorbild sein, Anleiten und eine ausgewogene Lebensweise demonstrieren Delfin-Eltern Eigenmotivation in einer Weise, wie Tiger-Eltern es nicht können. Durch Anwendung kooperativer statt autoritärer Methoden, Entwickeln lassen statt Aufzwingen, Anleiten statt Anweisen und flexible Reaktionen auf den jeweiligen Entwicklungsstand und das Änderungsstadium können wir die Selbstständigkeit unserer Kinder fördern und ihnen die Ausschöpfung ihres Potenzials ermöglichen.

Aber alle diese Verhaltensweisen werden kein gefügiges Kind hervorbringen. Gefügigkeit ist etwas für Tiger, Engagement ist für Delfine. Engagement kann mit Ambivalenz und Widerstand einhergehen, was völlig normale Reaktionen von Kindern sind. Wie viele Kinder wollen denn schon lernen, Klavier üben, beim Abwasch helfen *und* ihr Zimmer aufräumen? Aber die Erziehungsreise wird um vieles befriedigender, wenn Sie in dem Wissen, dass das Ergebnis – voll entwickelte Eigenmotivation – Ihren Kindern (und Ihnen selbst) ein glücklicheres, erfolgreicheres Leben beschert, auf diesen Wellen reiten.

Wir wissen, dass es zu besseren schulischen und emotionalen Ergebnissen führt, wenn wir die Autonomie unserer Kinder fördern und unsere Einmischung beschränken[20], und genau das ist das Ziel der Delfin-Erziehung. Wenn Sie eine ausgewogene Lebensweise für sich gefunden haben, sich Schulter an Schulter mit Ihren Kindern ausgerichtet haben und das Konzept der Eigenmotivation verstehen, dann schwimmen Sie auf die vier Ks in KQ, auf Anpassungsfähigkeit, Unabhängigkeit und Erfolg im 21. Jahrhundert, zu. Die folgenden Rezepte können Ihnen dabei von Nutzen sein.

REZEPT

Dafür sorgen, dass Lernen Spaß macht

Spaß kann ein wirkungsvolles Lernwerkzeug sein. Eine Möglichkeit zur Verbesserung der Lernerfahrung besteht darin, die Aufgabe mit positiven Gefühlen zu verknüpfen. Wir wissen alle intuitiv, dass das Arbeiten mit einem gut gelaunten Menschen viel motivierender als das Arbeiten mit einem Miesepeter ist. Versuchen Sie doch mal, vor einer anstehenden Aufgabe ein niedliches Bild anzuschauen: Japanische Wissenschaftler testeten eine Gruppe von Studenten mit einer Geschicklichkeitsaufgabe, bevor und nachdem ihnen Bilder putziger Babys, Welpen oder Katzenkinder gezeigt worden waren. Dabei zeigte sich, dass das durch die »Niedlichkeit« des kurz gesehenen Bildes ausgelöste gute Gefühl ausreichte, um die Leistung zu steigern![21]

Viele Kinder haben eine Abneigung gegen den Mathematik-Drill in der Schule, und mir und meinen Geschwistern ging es früher nicht anders. Mein Vater wusste das und machte sich Spiel und Spaß zunutze, um uns fünf Kindern, die wir eine Altersspanne von 12 Jahren abdeckten, etwas Mathematik beizubringen. Papa beherrschte den Kopfstand sehr gut und krönte das Ganze zu unserem Entzücken mit Grimassen und Beinahe-Umkipp-Gehampel. Das war seine geheime Spaßwaffe. Nach einer langen Nachtschicht im Taxi kam er müde nach Hause, die Hosentaschen voller Münzgeld. Wir ließen alles stehen und liegen und versammelten uns um ihn, denn er machte für uns im Wohnzimmer Kopfstand. Er ließ uns Primzahlen aufsagen und Quadratwurzelgleichungen lösen und schüttelte bei jeder richtigen Antwort ein paar Münzen aus den Taschen, indem er mit den Beinen wackelte. Das Geld durften wir unter uns aufteilen. Wir wussten, dass er nur wenige Minuten im Kopfstand ausharren konnte und uns keine Zeit für Diskussionen oder Streitereien blieb, stattdessen war kreative Zusammenarbeit gefragt (meine älteren Geschwister halfen mir mit Fingerzeichen). Heute, Jahrzehnte später, mag ich Mathematik immer noch und werde mich – mit einem breiten Lächeln – mein Leben lang daran erinnern, dass 157 eine Primzahl ist.

REZEPT

Positives Verhalten selektiv positiv verstärken

Alle Tiere, der Mensch eingeschlossen, profitieren von positiver Verstärkung – insbesondere, wenn sie von jemandem kommt, zu dem man eine persönliche Beziehung hat. Spannende Studien zum Einsatz positiver Verstärkung bei kindlichem Stottern haben den gesamten bisherigen Therapieansatz über den Haufen geworfen. Die herkömmliche Vorgehensweise bestand darin, Wörter und Satzteile, mit denen das Kind Schwierigkeiten hatte, in kleinere Segmente zu zerlegen. Der Logopäde verbrachte Stunden damit, mit dem Kind zu üben, diese Wörter und Satzteile korrekt auszusprechen. Bei den neuen Methoden liegt dagegen der Schwerpunkt auf positiver Verstärkung korrekt ausgesprochener Wörter, während falsche Sprachmuster völlig ignoriert werden. Die Ergebnisse sind beeindruckend, insbesondere, wenn Eltern darin geschult werden, diese Methode im Alltag anzuwenden. Es besteht eine direkte *negative* Korrelation zwischen den Fortschritten beim Sprechen und der Häufigkeit der Korrekturen, das heißt, je mehr Aufmerksamkeit den Fehlern geschenkt wird, desto mehr Fehler machen die Kinder![22] Allerdings ist diese Behandlungsmethode etwas völlig anderes als das Loben um des Lobens willen, das deutliche Nachteile hat, wie das nächste Rezept zeigt.

REZEPT

Übertriebenes oder sinnloses Lob vermeiden und den Prozess, nicht das Ergebnis, betonen

Carol Dweck, Psychologieprofessorin an der Universität Stanford, hat festgestellt, dass die Menschen sich in Bezug auf ihre grundlegende Geisteshaltung in zwei Kategorien einteilen lassen: »fest« und »auf Wachstum ausgerichtet«.[23] Die »feste« Geisteshaltung wird durch übertriebenes Lob oder ausschließliche Betonung der richtigen Antworten gefördert. Die betreffenden Kinder gelangen zu der Überzeugung, dass sie intelligent oder begabt sind, und sind deshalb weniger geneigt, Risiken einzugehen, die diese feste Überzeugung erschüttern könnten. Sie sind möglicherweise weniger neugierig und stellen weniger Fragen, weil es nicht in ihr Denkmuster passt, etwas nicht zu wissen. Sie zeigen möglicherweise auch eine geringere Bereitschaft, sich größeren Herausforderungen zu stellen, weil dies unweigerlich Fehler nach sich zieht.

Dweck fand heraus, dass im Gegensatz dazu Menschen mit einer auf Wachstum ausgerichteten Geisteshaltung eher bereit sind, »sich anzustrengen, um neue Dinge zu lernen. Sie stellen sich Herausforderungen, bleiben am Ball und kommen schnell über Niederlagen hinweg«.[24] Die auf Wachstum ausgerichtete Geisteshaltung wird durch Anerkennung von Bemühungen, problemlösendem Verhalten, Beharrlichkeit und Prozessen gefördert.

Bei einem Experiment, das den Gegensatz zwischen einer festen und einer auf Wachstum ausgerichteten Geisteshaltung sowie die Nachteile inhaltsfreien Lobs zeigt, wurden Kinder aufgefordert, ein einfaches Rätsel zu lösen, was die meisten problemlos bewältigten.[25] Danach sagte Dweck einigen der Kinder, wie schlau und clever sie seien. Jedoch waren die Kinder, die dieses Lob *nicht* bekommen hatten, deutlich stärker motiviert, zunehmend schwierigere Rätsel zu lösen. Sie machten größere Fortschritte, zeigten mehr Interesse am Rätsellösen und schienen auch mehr Selbstvertrauen zu haben. Sie genossen es, aus freien Stücken und unabhängig vom Ergebnis an etwas zu arbeiten.

Auch wenn es unserer Intuition widerspricht – unspezifisches Lob bezüglich der Fähigkeiten von Kindern und der von ihnen erzielten Ergebnisse scheint ihr Selbstvertrauen zu untergraben. Betont man jedoch die Art und Weise, wie ein Kind eine Antwort gefunden hat, und nicht die Tatsache, dass die Antwort richtig war, erhöht dies die Wahrscheinlichkeit, dass es sich anstrengt, Risiken eingeht und neue Vorgehensweisen ausprobiert. Wenn Sie beispielsweise die Anstrengung würdigen, die ein Kind unternommen hat, um eine Matheaufgabe zu lösen, statt es für das richtige Ergebnis zu loben, erhöht dies die Wahrscheinlichkeit, dass es aus der Erfahrung lernt und es wieder versucht.

Mein älterer Sohn hatte die Gewohnheit angenommen, seine beim Fußball erzielten Tore zu zählen und sie aller Welt zu verkünden (wahrscheinlich wegen unseres übertriebenen und gedankenlosen Lobs). Aber seine Konzentration auf Tore begann sich nachteilig auf Verteidigung, Pässe und Spielplanung auszuwirken. Die Torfixierung schadete tatsächlich seiner Entwicklung als Spieler. Obwohl es schwerfällt, bei einem Tor nicht zu applaudieren, versuchen wir inzwischen, uns mehr auf seinen Einsatz beim Spiel zu konzentrieren. Diese kleine Veränderung hat unserem Sohn geholfen, im gesamten Spiel präsenter zu sein und seine Fähigkeiten abzurunden. Auf der Grundlage der 4 E-s der Delfine sagten wir: »Natürlich fühlt es sich toll an, ein Tor zu schießen [Einfühlen], aber du willst ja auch ein besserer Spieler werden und deine Mannschaftskameraden unterstützen [Erkennen der Ziele Ihres Kindes]. Wenn du nicht nur auf Tore achtest, gelingt dir sicher beides [Erfolg unterstützen].«

REZEPT

Ihr Kind Dinge selbst probieren lassen, bevor Sie eingreifen und Feedback geben

Beobachten Sie zuerst, wie Ihr Kind etwas ausprobiert, bevor Sie Anweisungen oder Ratschläge geben. Weisen Sie es anschließend darauf hin, was es richtig gemacht hat und was es tun muss, um erfolgreich zu sein. Dann lassen Sie es die Sache erneut probieren. Wiederholen Sie das, bis es das Problem allein lösen kann. Wenn die Aufgabe komplex oder zeitkritisch ist, lassen Sie es zunächst beschreiben, wie es vorgehen würde.

Immer wenn ich meinen Betreuer an der Harvard University um Unterstützung bat, ließ er es mich zuerst allein versuchen, auch wenn ich keinen blassen Schimmer hatte, wo ich anfangen sollte. Das frustrierte mich ohne Ende, da ich schließlich quer durch den ganzen Kontinent gereist war, um mich von ihm unterrichten zu lassen, nicht, um mich allein durchzuwursteln! Aber wenn ich bei meinen Lösungsversuchen auf Probleme stieß und mich dann wieder an ihn wandte, nahm er sich die Zeit, meine Logikfehler mit mir zu besprechen, und forderte mich dann auf, von diesem Punkt aus weiterzumachen. Auf diese Weise erlernte ich sehr schnell komplexe Forschungsmethoden und erkannte, dass er mir half, meine eigenen Fähigkeiten einzusetzen, was mich wiederum in dem Wunsch bestärkte, härter zu arbeiten und Dinge selbstständig herauszufinden.

Mein Sohn hatte eine Phase, in der er immer Hilfe bei den Hausaufgaben erwartete, bevor er auch nur versucht hatte, sie allein zu schaffen. Ich erklärte ihm, dass es bei den Hausaufgaben nicht um richtige oder falsche Antworten gehe, sondern darum herauszufinden, was man noch lernen müsse und was man schon wisse. Ich wandte meine vier Delfin-E-s an: »Ich weiß, dass es leichter ist, wenn ich dir sage, wie du es machen sollst [Einfühlen], aber das hilft dir nicht, selbstständig zu werden [Erkennen der Ziele Ihres Kindes]. Ich bin sicher, dass du selbst draufkommst, wenn du es noch ein paar Minuten lang versuchst [Erfolg unterstützen].« Ich musste ihm das alles zwei Wochen lang fast täglich sagen, hielt mich aber wie ein guter Politiker an mein Manuskript und wiederholte mich, was immer er auch für

Tricks ausprobierte, um mich dazu zu bewegen, ihm sofort zu helfen. Irgendwann sah er ein, dass ich ihm nicht helfen würde, wenn er nicht zuerst selbst versuchte, seine Hausaufgaben zu machen. Und wissen Sie was? Als sein jüngerer Bruder ihn bat, ihm bei seinen Hausaufgaben zu helfen, sagte mein älterer Sohn meinen Sermon fehlerfrei auf!

REZEPT

Ein Problem in Einzelschritte zerlegen statt es für Ihr Kind zu lösen

Nehmen wir an, Ihre Tochter ist von einem bestimmten Problem bei den Hausaufgaben frustriert. Statt ihr die Lösung zu zeigen, fragen Sie sie, wo sie hängen geblieben ist und warum. Fordern Sie sie dann auf, das Problem in kleine Schritte zu zerlegen. Geben Sie, falls nötig, einen Hinweis oder eine kleine Empfehlung. Wenn sie der Lösung näherkommt, sagen Sie Dinge wie »Jetzt bist du wirklich nahe dran« oder »Ich kann dir dabei helfen, wenn du das ausprobierst« (falls sie nicht weiterkommt).

Chloe liebte die naturwissenschaftlichen Fächer, hatte aber Angst vor öffentlichen Auftritten. Als eine Schulveranstaltung bevorstand, bei der naturwissenschaftliche Projekte präsentiert werden sollten, forderte ihr Lehrer sie auf, daran teilzunehmen, aber Chloe lehnte rundweg ab. Ihr Vater wollte Chloe zur Teilnahme ermutigen, sie aber nicht unter Druck setzen oder sich zu sehr einmischen. Also wandte er die Delfin-E-s an: »Du hast Angst davor, dich für die Veranstaltung anzumelden [Einfühlen], aber du hast mir auch gesagt, dass du dich durch deine Ängstlichkeit nicht einschränken lassen willst [Erkennen der Ziele Ihres Kindes]. Die Naturwissenschaften machen dir doch so viel

Spaß, du kriegst das sicher hin [Erfolg unterstützen]! Ich glaube, du solltest dich wirklich anmelden, aber zwingen kann ich dich natürlich nicht.« Als Chloe klar wurde, dass die Entscheidung bei ihr lag, konnte sie ihrem Vater alle Probleme aufzählen, mit denen sie bei ihrem Projekt rechnete. Er räumte sie nicht für sie aus dem Weg, sondern leitete sie dazu an, sie selbst zu lösen. Beispielsweise erzählte Chloe, dass sie Angst davor habe, vor Fremden (den Wertungsrichtern) über ihr Projekt zu sprechen. Also schlug ihr Vater andere Präsentationsmethoden vor, zum Beispiel auf Papier, als Poster oder Film. Chloe gefiel der Vorschlag einer Videopräsentation, aber sie wusste nicht, wie sie ihn umsetzen sollte. Ihr Vater zerlegte diesen Prozess für sie in Einzelschritte, stellte ihr seinen Laptop zur Verfügung und leitete sie dazu an, ihre Präsentation aufzunehmen. So wurde er zum Begleiter und Teammitglied, aber nicht zum Regisseur. Das Projekt gehörte immer noch ihr – und auch die Freude, die sie empfand, als sie es erfolgreich präsentierte.

REZEPT

Das Eingehen von (maßvollen) Risiken zulassen und fördern

Eishockeystar Wayne Gretzky sagte gern: »Jeder Schlag, den man nicht ausführt, fehlt einem.« Dasselbe gilt für Lernchancen: Wenn man etwas nicht ausprobiert, wird man nie erfahren, was man verpasst. Vielleicht glaubt ihr Hockey spielender Sohn, dass Yoga ihm keinen Spaß machen würde, aber sobald er es ausprobiert, stellt er fest, dass es seinen Trainingsplan großartig ergänzt. Leiten Sie ihn dazu an, neugierig zu sein, Neues auszuprobieren und Risiken einzugehen.

Die zwölfjährige Anika war sehr zurückhaltend, hasste »neue Dinge« und scheute Risiken. Sie ging weder auf den Spielplatz noch zu Freunden nach Hause oder zu Schulveranstaltungen. Ihre Eltern wollten sie dazu anleiten, Neues zu erforschen und einige Risiken einzugehen. Sie wandten die Delfin-E-s an: »Ja, es kann Angst machen, Risiken einzugehen [Einfühlen]. Aber es gibt so viele Dinge, die du gern tun würdest [Erkennen der Ziele Ihres Kindes], für die du deine Ängste und deine Bequemlichkeit überwinden musst. Wir wissen, dass du es kannst und helfen dir dabei [Erfolg unterstützen]. Sollen wir es versuchen?«

Anika gab ihren Delfin-Eltern die Erlaubnis, sie sanft aus ihrer Komfortzone herauszuschubsen. Die Eltern fragten ihre Tochter, von welcher Stelle in der Straße aus sie sich zutraue, allein nach Hause zu gehen, und ließen sie auf der Heimfahrt von der Schule jeden Tag ein paar Häuser weiter entfernt aus dem Auto aussteigen. Und jeden Tag konnte sie den Spaziergang nach Hause besser bewältigen, obwohl sie ein bisschen aufgeregt war. Anikas Eltern hielten an ihrem Ziel fest, sie zum Erkunden neuer Dinge zu ermutigen, waren aber auch flexibel, wenn es ihr zu viel wurde oder sie müde war. Nach einem Monat genoss Anika das Gefühl der Unabhängigkeit und das Vertrauen ihrer Eltern. Am Ende des Jahres ging sie die ganze Strecke von der Schule nach Hause zu Fuß. Sie überquert jetzt sicher eine verkehrsreiche Straße, geht an Fremden vorbei und erledigt sogar einige Besorgungen, beispielsweise auf dem Heimweg Milch einkaufen. Dank ihrer neu gewonnenen Selbstsicherheit hat Anika nun sogar angefragt, ob sie bei einer Theatergruppe mitmachen darf – ein früher undenkbares Wagnis für sie!

REZEPT

Nichts tun – Ihr Kind natürliche Konsequenzen erleben lassen

Wenn Sie täglich die oben beschriebenen Delfin-Strategien anwenden, sind Sie auf einem guten Weg zur Unterstützung Ihres Kindes bei der Entwicklung einer starken Eigenmotivation und eines hohen KQ. Aber manchmal ist die See besonders rau und man braucht ein Spezialwerkzeug zur Behebung von Problemen. Dieses Spezialwerkzeug besitzt jeder: Es heißt *Nichtstun.* Es ist wichtig, Kindern Gelegenheit zu geben, die natürlichen Konsequenzen ihres Verhaltens zu erleben, statt sie davor zu bewahren.

Eine schlechte Erfahrung kann die Folge mangelnder Motivation sein, doch unangenehme Erfahrungen können sogar zu positivem Handeln motivieren. Beispielsweise mag eine nicht bestandene Prüfung die unangenehme Folge haben, dass der Lehrer glaubt, dass man nicht besonders schlau sei, dass die Eltern die Computerspiele verbieten oder dass man sich mies fühlt, weil man sich nicht genug Mühe gegeben hat. Jede einzelne dieser möglichen Konsequenzen oder die Summe dieser Konsequenzen kann das Kind dazu anregen, für die nächste Prüfung mehr zu lernen. Durch das kognitive Verständnis der Vor- oder Nachteile eines bestimmten Verhaltens, das das Kind durch natürliche Konsequenzen erwirbt, kann es zu einem Verhalten hin- beziehungsweise von ihm weggeführt werden. Ein Kind, das sagt: »Ich mache nicht gern Hausaufgaben, aber ich weiß, dass die Vorteile überwiegen, wenn ich es trotzdem tue«, hat begriffen, wie sich sein Handeln und dessen Konsequenzen auf sein Leben und seine Interessen auswirken können.

Ja, wir können trotzdem Computerspiele verbieten, eine zugesagte Belohnung vorenthalten oder geeignete Anreize schaffen.

Aber da wir diese Dinge nicht bis in alle Ewigkeit anwenden können, empfiehlt es sich, sie nicht als Haupt- oder Primärstrategie einzusetzen. So schwer es auch auszuhalten sein mag, wenn unangenehme Ereignisse eintreten (wenn Ihr Kind beispielsweise beim Abschreiben erwischt wird) – die natürlichen Konsequenzen tragen normalerweise viel mehr dazu bei, Ihr Kind bei der Entwicklung einer inneren Kontrollinstanz zu unterstützen und solche Ereignisse in Zukunft zu vermeiden.

Je früher Sie Ihrem Kind erlauben, natürliche Konsequenzen zu erleben, desto harmloser sind diese. Als mein ältester Sohn in der ersten Klasse seine erste Hausaufgabe nicht erledigte, verspürte ich den starken Drang, ihn vor nachteiligen Konsequenzen zu bewahren. Ich war in Versuchung, alles stehen und liegen zu lassen und mich mit ihm hinzusetzen, um die Hausaufgabe zu erledigen. Aber ich konnte mich zurückhalten, obwohl ich wollte, dass er auf seine neue Lehrerin einen guten Eindruck machte. Am nächsten Tag kam mein Sohn nach Hause und machte sich sofort an seine Hausaufgaben. Anscheinend hatte die Lehrerin ihn die fehlende Hausaufgabe vom Vortag in der großen Pause nachholen lassen, sodass er seine geliebten fünfzehn Minuten Fußballspielen mit seinen Freunden sausen lassen musste. Ich hatte die Sache einfach ihren Lauf nehmen lassen, hatte ihn weder angebrüllt noch ihm aus der Patsche geholfen, und er hatte seine eigene Motivation gefunden, seine Hausaufgaben zu erledigen. Es geht doch nichts über natürliche Konsequenzen!

Wie Sie sehen, wird die Delfin-Methode unserer Biologie und unseren tiefsten menschlichen Werten gerecht. Die Delfin-Methode ist intuitiv, aber nicht naheliegend, wenn wir uns im Angstmodus befinden. Sie ist einfach, aber nicht leicht. Und die einfachsten Dinge im Leben sind die wirkungsvollsten und jede Mühe wert!

Delfin-Kinder auf dem Weg zu Glück und Erfolg

Isabella, eine aufgeweckte, recht eigenwillige Siebzehnjährige wurde zu mir überwiesen, weil ihre Eltern sich sorgten: Das Mädchen schwänzte die Schule, bekam schlechte Noten und hatte Schwierigkeiten, sich zu konzentrieren, obwohl sie bis dato stets gute Leistungen gezeigt hatte.

Als Isabella zum ersten Mal in meine Sprechstunde kam, wirkte sie reizbar, schlecht gelaunt und verschlossen. Ich fragte sie, ob es in ihrer mathematisch-naturwissenschaftlich ausgerichteten Schule etwas gebe, das ihr Spaß mache. Darauf antwortete sie, dass ihr einziges Wahlfach, Theater, ihr »ein bisschen« Spaß mache. Ich bat sie, mir davon zu erzählen, und sie sprach darüber, dass ihr die Herausforderung gefalle, in verschiedenen Rollen aufzutreten. Dabei nahm sie Blickkontakt zu mir auf, setzte sich aufrechter hin und wurde lebhafter. Schließlich erklärte sie mir voller Leidenschaft, dass sie eine gute Schauspielerin sei und dass Theater das Einzige sei, was ihr je Spaß gemacht habe. Aber plötzlich fing sie an, heftig zu weinen, und sagte, dass ihre Eltern ihre Liebe zur Schauspielerei nie akzeptieren würden und sie stattdessen als Ärztin oder in einem anderen »soliden« Beruf sehen wollten.

Ich vermutete, dass eine künstlerische Tätigkeit für Isabellas Eltern mit einem Stigma verbunden war. Sie können sich meine Überraschung vorstellen, als ich die Eltern schließlich kennenlernte – sie waren beide Schauspieler, und auch in der Verwandtschaft gab es jede Menge Schauspieler und Künstler!

Obwohl sie ihren Beruf liebten, waren Isabellas Eltern überzeugt, dass ihre Tochter klug genug sei, um Ärztin zu werden. Sie erhofften sich für sie eine sicherere berufliche Zukunft. Was Isabellas Eltern allerdings nicht bedacht hatten: Ihre Tochter hatte kein Interesse an Mathematik, Naturwissenschaften und Medizin. Sie war unglücklich und rebellierte, weil die Schule sie von ihrer wahren Leidenschaft fernhielt.

Heute, vierzehn Jahre später, geht es Isabella sehr gut. Ihre Eltern hörten auf, sie in Richtung Naturwissenschaften zu drängen und gaben grünes Licht für die Kunst. Aber obwohl Isabella viel Schauspielunterricht nahm, ließ sie sich von den Überlegungen ihrer Eltern beeinflussen und wurde nicht Schauspielerin, jedenfalls nicht im herkömmlichen Sinn. Sie fand ihren ganz eigenen Weg: Isabella wählte im ersten Jahr an der Universität einen Jurakurs und entdeckte das Drama des Gerichtssaals. Und überraschte sich selbst und alle anderen damit, dass sie schließlich Jura studierte.

Als Anwältin spielt Isabella, experimentiert und probiert verschiedene theatralische Methoden zum Präsentieren von Argumenten und Überzeugen von Geschworenen aus. Sie entwickelte so viele eigene kreative Methoden, dass sie schon in ihrem jungen Alter oft eingeladen wird, vor anderen Anwälten über das Auftreten im Gerichtssaal zu sprechen. Sie ist auch im Fernsehen als Rechtsexpertin zu sehen. Isabella ist erfolgreich im Beruf und dazu noch gesund und glücklich.

Ich bin sicher, dass Isabella ein Medizinstudium bewältigt hätte – sie hatte trotz ihres offenkundigen Desinteresses gute Noten in den naturwissenschaftlichen Fächern. Aber was ist besser – eine durchschnittliche und nicht sehr glückliche Ärztin oder eine außergewöhnliche, glückliche Anwältin? Isabella hat es geschafft, sich mit ihrem besten Ich zu verbinden.

Mit seinem besten Ich verbunden zu sein bedeutet, sowohl ein Talent als auch eine Leidenschaft für etwas sowie die Eigenmotivation zu einem auf den eigenen besonderen Qualitäten basierenden Handeln zu besitzen. Das Ausleben des besten Ichs bedeutet, sein volles körperliches, geistiges und seelisches Potenzial auszuschöpfen.

Ich spreche oft mit meinen Kindern (und jedem anderen, der zuzuhören gewillt ist) darüber, wie wichtig es ist, sein bestes Ich auszuleben. Kürzlich hatte ich eine Unterhaltung mit meinem siebenjährigen Sohn, aus der ich entnehmen konnte, dass er diesen Gedanken verstanden hat und sogar auf Gegenstände anwendet. An einem der Sofas in unserem Haus war ein Bein abgebrochen. Mein Mann legte ein paar Bücher darunter, um das Sofa provisorisch (das heißt in unserem Haushalt wahrscheinlich für lange, lange Zeit) abzustützen. Mein Sohn fragte, warum die Bücher da lägen und ich erklärte es ihm. »Aber Mama«, sagte er, »das ist nicht die beste Art, Bücher zu nutzen. Warum tust du das diesen Büchern an?« Er hatte recht. Die Bücher funktionierten als Ersatzsofabein ganz gut, aber sie waren nicht dafür vorgesehen und es war nicht die beste Art, sie zu nutzen.

Viele Menschen, die in meine Praxis kommen, sind mit den Büchern vergleichbar, die mein Sofa abstützen. Ihre besonderen Begabungen und Leidenschaften sind buchstäblich durch das Gewicht all der Dinge, die man ihnen aufgezwungen hat, erdrückt worden.

Die Bausteine eines gesunden, glücklichen, eigenmotivierten und rundum erfolgreichen Lebens

Es dürfte kaum überraschen, dass man die besten Aussichten auf Gesundheit, Glück und Motivation hat, wenn man aus seinem besten Ich heraus lebt. Ich glaube, dass wir von Delfinen deshalb so fasziniert sind, weil ihr bestes Ich mit unserer Vorstellung von unserem eigenen besten Ich übereinstimmt. Auch Tiger in freier Wildbahn verwirklichen ihr bestes Ich, aber Menschen wollen nicht wie Tiger leben – einsam, fast den ganzen Tag schlafend, um ihre Energie für die nächtliche Jagd aufzusparen. Wir möchten spielen, Dinge erforschen, mit unserer Gruppe zusammen sein, etwas zu unserem Gemeinwesen und zur Gesellschaft beitragen und dieselbe Freude empfinden, die Delfine anscheinend verspüren, wenn sie aus dem Wasser springen.

Wie schon gesagt ist die Grundvoraussetzung für ein glückliches, erfolgreiches Leben Gesundheit. Die beste Chance auf Gesundheit hat man, wenn die Grundbedürfnisse in ausgewogener Weise erfüllt sind.

Der nächste wichtige Baustein ist das Spielen. Im Spiel erkennen wir, wo unsere Leidenschaften liegen, was unsere Stärken und Schwächen sind. Wenn wir uns für etwas begeistern, sind wir motiviert, dies weiterzuverfolgen, auch wenn sich dabei Hindernisse in den Weg stellen. Schließlich sind wir auf Herausforderungen und Leistungsbereitschaft programmiert – aber nicht auf jedem beliebigen Gebiet. Wir wollen auf den Gebieten Leistung bringen, die unseren persönlichen Interessen entsprechen.

Durch Spiel und Erkundung in der Jugend können wir als

Erwachsene unser bestes Ich finden. Wenn wir als Erwachsene unser bestes Ich verwirklichen, können wir weiter spielen und erkunden – auch bei unserer Arbeit. Hätten Isabellas Eltern sie daran gehindert, die Welt des Theaters zu erkunden, wäre sie nicht ausgiebig dem Schau-Spiel nachgegangen, dann hätte sie wohl nie ihren wirklichen Antrieb entdeckt. Sie wäre in der Welt der Naturwissenschaften und der Medizin hängen geblieben, ohne Glück und echten Erfolg erleben zu dürfen.

Auf Spielen und Erforschen folgen Gemeinschaft und Engagement. Wir sind auf soziales Miteinander programmiert – unser bestes Ich liegt in tiefem Schlummer, wenn wir niemanden haben, mit dem wir es teilen können. Wenn wir mit Freunden spielen, andere Menschen an unserem Leben teilhaben lassen, gewinnen unsere Erfahrungen an Freude und Tiefe. Das bedeutet nicht, dass wir keine Freude daran finden können, Dinge allein zu tun. Aber wenn wir – auf Kosten des Gemeinschaftssinns – zu wettbewerbsorientiert sind, können wir keine engen Bindungen eingehen oder aufrechterhalten. Wie ich in Kapitel »Menschen sind soziale Wesen« (S. 186) gezeigt habe, ist das Alleinsein oder Isoliertsein über einen längeren Zeitraum ebenso schädlich wie eine schwere Krankheit.

Ohne die Unterstützung ihrer Schauspielerverwandtschaft (und ihre Beiträge zu dieser Gemeinschaft) hätte Isabella ihre Leidenschaft, die letztlich zur Verwirklichung ihres besten Ichs führte, vielleicht nicht weiterverfolgt. Als ihre Familie beschloss, sie zu unterstützen, erlebte sie die Freude, ihr Leben mit anderen zu teilen – ein Leben, das ihre Angehörigen aus eigener Erfahrung kannten und liebten.

Auf Gemeinschaft und Kooperation folgt die Eigenmotivation. Das Wunderbare ist, dass unser Antrieb oft vollständig – und mühelos – verinnerlicht wird, wenn wir im Gleichgewicht sind und unser bestes Ich (oder etwas, das ihm nahekommt) gefunden haben. Wir brauchen dann niemanden, der uns unter Druck setzt, weil wir das tun, worauf wir neugierig sind und was wir tun wollen. Wir tragen die gesamte Motivation in uns, die wir brauchen, um weiterzumachen und uns auch bei auftretenden Schwierigkeiten anzupassen.

Solange Isabella sich mit den Naturwissenschaften beschäftigte, musste sie von ihren Eltern unter Druck gesetzt, angetrieben und überwacht werden. Doch von dem Augenblick an, als sie sich auf das konzentrieren durfte, was ihr Freude machte, war keinerlei äußere Motivation mehr nötig. Ihre Eltern mussten nur noch darauf achten, Schulter an Schulter mit ihr zu stehen und sich bei Isabellas Zukunftsplanung nicht zu sehr in den Vordergrund zu drängen, damit sie selbst diesen Raum einnehmen konnte.

Isabella konnte diesen Punkt nur durch Ausgewogenheit erreichen. Erstens ermöglicht ausgewogene Erziehung das Entstehen einer inneren Kontrollinstanz. Zweitens ermöglicht eine ausgewogene Lebensweise Gesundheit und inneren Antrieb. Und all das führt zu einem ausgewogenen Gehirn, das eine Grundvoraussetzung für die Entwicklung des KQ ist. Aber bevor wir uns den KQ näher anschauen, möchte ich kurz erläutern, wie ein im Gleichgewicht befindliches Gehirn zu Gesundheit, Glück, Motivation und echtem Erfolg beiträgt.

Das Gehirn als Schlüssel zum KQ

Bei den meisten paarigen Organen des Körpers – Lunge, Augen, Nieren – erfüllen die Hälften identische Funktionen, sodass ein »Ersatz« vorhanden ist, wenn eine Hälfte ausfällt. Doch nicht so bei den Hirnhälften.

Unsere linke Hirnhälfte gilt als logisches, analytisches Gehirn. Sie dient zum punktuellen Fokussieren, Isolieren und Zerlegen, filtert Informationen im Hinblick auf ihren Nutzen und ist explizit. Sprache und Logik sind in der linken Gehirnhälfte angesiedelt. Im Allgemeinen besitzt die linke Gehirnhälfte »Positivität«, das heißt, sie hat einen Plan oder eine Ausrichtung.

Im Gegensatz dazu gilt unsere rechte Gehirnhälfte als emotional und intuitiv. Sie ist gut im ganzheitlichen Fokussieren, »Als-Ganzes-Wahrnehmen«, Einfühlen und Denken in größeren Zusammenhängen. Die rechte Gehirnhälfte untersucht Informationen aus dem Körper und der Umgebung auf Zusammenhänge und ist implizit. Sprachverständnis, wie beispielsweise das Begreifen von Metaphern, findet in der rechten Gehirnhälfte statt. Sie hat die Funktion, Sinn und Bedeutung zu liefern.

Sehen Sie, wie sich unsere beiden Hemisphären nicht nur unterscheiden, sondern auch perfekt ergänzen? Wenn die linke Stärke bedeutet, steht die rechte für Flexibilität. Man könnte sagen, dass akademisches Wissen – Wissen aus Büchern – der linken Gehirnhälfte zuzuordnen ist, und das Wissen, das auf unserer Lebenserfahrung beruht, der rechten. Daher sind wir natürlich im Nachteil, wenn wir überwiegend nur eine Gehirnhälfte nutzen. Wir brauchen sowohl die rechte als auch die linke Hälfte, die Verbindung zu den positiven Aspekten der jeweiligen anderen Hälfte. Und wir müssen die meistens auf Angst beruhenden reaktiven Tendenzen der jeweiligen anderen Hälfte unterdrücken.

Befinden sich die beiden Hälften in einem perfekten Gleichgewicht? Oder sind sie wie der Körper, bei dem die Gesamtbalance (auch wenn die rechte oder linke Seite dominiert) auf Integration, Kommunikation und ständiger Kalibrierung aller Teile beruht? Zur Dominanz der linken oder rechten Gehirnhälfte gibt es unterschiedliche Meinungen. Bis vor kurzer Zeit wurde die linke Hemisphäre als dominante oder übergeordnete und die rechte als untergeordnete gesehen. Schließlich misst die moderne Welt der Logik und der Analyse mehr Bedeutung als Gefühlen und Intuition bei – und darum brauchen wir wissenschaftliche Studien, um zu »beweisen«, dass Sonnenlicht und frische Luft gut für uns sind! Das Erstaunliche ist, dass man dieser Aussage einerseits (mit der linken Gehirnhälfte) logisch zustimmen und ihr andererseits (mit der rechten Gehirnhälfte) intuitiv widersprechen kann. Anscheinend liegen die rechte und die linke Gehirnhälfte in ständigem Widerstreit miteinander! Doch die rechte Gehirnhälfte übt möglicherweise mehr Kontrolle aus als gedacht. Albert Einstein wusste das: »Das intuitive Denken ist eine heilige Gabe und das rationale Denken ein treuer Diener. Wir haben eine Gesellschaft erschaffen, die den Diener ehrt und die Gabe vergessen hat.«[1]

Da die linke Hälfte unseres Körpers unser wunderbares Herz besitzt, ist es vielleicht nur gerecht, dass die rechte Seite das dominante emotionale, intuitive Gehirn bekommt. Allerdings wissen wir inzwischen, dass jede Art von Funktion, einschließlich Vernunft, Gefühlen, Sprache und Vorstellungsvermögen, nicht nur von einer Hemisphäre bedient wird, sondern von beiden gemeinsam. Man kann es sich so vorstellen: Wenn unsere rechte Gehirnhälfte EQ ist, dann ist die linke IQ. Aber die Verknüpfung beider Hälften ist das, was wir in diesen Zeiten raschen Wandels brauchen: KQ. Kritisches Denken erfordert die Wahrnehmung größerer Zusammenhänge *und* der Details. Kommunikation erfordert die Logik *und* die Emotion der Sprache. Kooperation erfordert die Fähigkeit, getrennt *und* verbunden zu sein. Und Kreativität erfordert die

Zusammenarbeit aller – sowohl der expliziten als auch der impliziten – Hemisphärenfunktionen. Wenn die Hemisphärenprozesse so miteinander vernetzt sind, besitzen wir einen hohen KQ und können uns ständig anpassen. Vergessen Sie nicht unsere so wichtige Neuroplastizität – die Fähigkeit des Gehirns, sich in Form und Funktion anzupassen. Durch ein ausgewogenes, vernetztes Leben entwickelt auch unser Gehirn Balance und Vernetzung.

Die Bedeutung des KQ

Die vier Ks des KQ stehen für Kreativität, kritisches Denken, Kommunikation und Kooperation. KQ passiert nicht einfach und kann auch nicht aufgezwungen werden; er muss sich von innen heraus entwickeln. Je höher der KQ, desto anpassungsfähiger ist man. Je anpassungsfähiger man ist, desto gesünder, glücklicher und erfolgreicher lebt man. Erinnern Sie sich noch an George Vaillants Grant-Studie zur Entwicklung im Erwachsenenalter (s. S. 92), bei der ein reifer, anpassungsfähiger Lebensstil als wichtigster Erfolgsfaktor ermittelt wurde?

Schauen wir uns an, wie sich die Komponenten des KQ auf den zukünftigen Erfolg und die Zufriedenheit unserer Kinder anwenden lassen.

Kreativität und kritisches Denken

»Er hat uns überlistet«, sagte Kelly Jaakkola, Forschungsdirektorin am Dolphin Research Center in Florida. Jaakkola sprach von Tanner, einem großen Tümmler, der aufgefordert wurde, das Verhalten seines Trainers zu imitieren, während ihm selbst die Augen abgedeckt waren. Da Tanner den Trainer nicht sehen konnte, fand er eine kreative Lösung des Problems: Er machte im Wasser Geräusche und konnte dann durch Echolokation die Bewegungen des Trainers erkennen und perfekt nachahmen![2]

Viele Menschen glauben, dass man Kreativität von Geburt an entweder besitzt oder eben nicht. Tatsächlich hat Kreativität aber weniger damit zu tun, womit wir geboren werden, sondern beschreibt vielmehr, was wir mit unseren von Geburt an vorhandenen Gaben anfangen. Viele Wissenschaftler haben sich mit dieser Frage intensiv beschäftigt und sind zu der Schlussfolgerung gelangt, dass die allgemeine Intelligenz (IQ) zu etwa 70 Prozent genetisch bedingt ist, Kreativität aber nur zu 30 Prozent – die restlichen 70 Prozent werden von den Lebensumständen und der Art des Lernens geprägt.[3] Oder anders ausgedrückt: Kreativität entsteht durch den Lernprozess. Dazu Robert Epstein, Autor von *The Big Book of Creativity Games:* »Es deutet nichts darauf hin, das manche Menschen von Natur aus kreativer als andere sind.«[4] Seiner Meinung nach kann jeder Kreativität kultivieren, und genau das geschieht durch Spielen und Erforschen.[5]

Außerdem wird gemeinhin oft angenommen, dass Kreativität in erster Linie mit Kunst zu tun habe. Natürlich ist die Kunst kreativ, aber das trifft nicht auf jeden Künstler zu. Beispielsweise hat so mancher junge Musiker unglaubliche technische Fähigkeiten, aber sein Spiel ist seelenlos. Im Gegensatz dazu kann ein Mathematikstudent, der Freude an seinem Fachgebiet hat, aus Zahlen und Symbolen äußerst inspirierende Dinge erschaffen.

Kreativ zu sein kann bedeuten, etwas Neues zu erschaffen, aber oft heißt es auch einfach nur, sich mit etwas, das bereits existiert, auf eine Art und Weise zu beschäftigen, die sich wunderbar *anders* anfühlt. Ein Regisseur muss Shakespeares *Romeo und Julia* nicht neu schreiben, um Begeisterungsstürme auszulösen, und ein Dirigent muss Beethovens Fünfte nicht überarbeiten, um zu erreichen, dass die Musik neu und unverbraucht klingt. Kreativität kann bedeuten, seine eigene Leidenschaft auf eine bekannte Aktivität anzuwenden, um in der Welt einen originellen Beitrag zu leisten.

Eine weitere verbreitete, aber falsche Annahme ist, dass Wirtschaftsleben und Unternehmertum die Antithesen zur Kreativität sind. Kann denn schließlich etwas langweiliger und fantasieloser sein als das Analysieren von Angebot und Nachfrage oder das Erstellen von Bilanzen (auch wenn man öfter von »kreativer Buchführung« hört ...)? Doch die Geschäftswelt passt sich ständig an sich wandelnde Verbraucherforderungen und die weltweiten Veränderungen der Wirtschaft an. Unternehmen kreieren oft originelle neue Produkte, wobei in den meisten Fällen ein »neues« Produkt eine Mischung aus Merkmalen bereits vorhandener Produkte oder eine innovative Abwandlung eines vorhandenen Produkts darstellt. Viele Menschen würden der Aussage zustimmen, dass Steve Jobs einer der kreativsten Menschen unserer Zeit war. Dabei hat er weder den PC noch das Handy oder das Tablet erfunden, jedoch seine Kreativität darauf verwendet, die Produkte zu verbessern und so zu präsentieren, dass sie weltweit zu Objekten der Begierde wurden.

An einem bestimmten Punkt wird es schwierig, zwischen kritischem Denken und Kreativität zu unterscheiden, und das Lösen von Problemen wird zum Synonym für kreatives Denken. Kritisches Denken beinhaltet die Analyse großer Datenmengen (einschließlich einander widersprechender Ideen und solcher Ideen, durch die unsere eigenen Gedanken infrage gestellt werden). Es erfordert, zwischen Gutem und

Schlechtem zu unterscheiden, Muster zu finden und Schlussfolgerungen zu ziehen, dabei unvoreingenommen zu bleiben und sich eine gesunde Skepsis zu bewahren. In unserer zunehmend vernetzten, rund um die Uhr aktiven Welt ist es besonders wichtig, Daten aus den verschiedensten Blickwinkeln zu interpretieren. Ein wirklich kritischer Denker hat kein Problem damit, bisherige Annahmen aufzugeben, sich mit Was-wäre-wenn-Fragestellungen zu befassen, unvoreingenommen neue Ideen zu prüfen und von bewährten Denkmustern abzuweichen. Die Fähigkeit zu kritischem Denken wird durch die Freiheit, infrage zu stellen, gefördert – nicht durch passive Unterweisung.

Kreativität und kritisches Denken erfordern eine ausgeglichene geistige Verfassung. Traurigkeit, Angst, Wut und Aufregung blockieren Kreativität. Eine Studie zeigte, dass Traurigkeit zu Angst vor Fehlern und zum Zurückhalten neuer Ideen führte.[6] Eine gehobene Stimmung lässt sich eindeutig mit erhöhter Kreativität und intensiverem kritischen Denken in Verbindung bringen.[7] Gasper, ein führender Forscher auf dem Gebiet der Kreativität, empfiehlt, einen Spaziergang zu machen, sich einen lustigen Film anzuschauen oder mit Freunden auszugehen, wenn man nicht weiterkommt oder unmotiviert ist, da diese Aktivitäten zu einer besseren Stimmung beitragen und einem helfen, die eigene Arbeit in einem neuen Licht zu sehen. Diese Erkenntnisse klingen für mich wie Rezepte für Sport, Spiel und Gemeinschaft!

Die Beziehung besteht auch in umgekehrter Richtung. Kreativität wird mit höherer beruflicher Zufriedenheit, höherer Qualität der Freizeitgestaltung, vermehrten positiven Gefühlen, einem besseren Gesamtwohlbefinden und Zufriedenheit in Verbindung gebracht. Studien haben gezeigt, dass Menschen mit größerer Wahrscheinlichkeit einen kreativen

Durchbruch erzielen, wenn sie am Tag zuvor guter Laune waren.[8]

Heutzutage erhöht Kreativität nicht nur unsere Zufriedenheit, sondern verhilft uns auch zu beruflichem Erfolg. In einer kürzlich vom Harvard Business Review veröffentlichten Umfrage benannten 1500 der weltweit erfolgreichsten Unternehmensleiter Kreativität als die *wichtigste Führungskompetenz der Zukunft*.[9]

Kommunikation

Wissenschaftler sind sich darüber uneins, ob das erstaunliche Repertoire aus Pfeif-, Quiek-, Bell-, Klick- und Schnalztönen und anderen Geräuschen der Delfine komplex genug ist, um als Sprache angesehen zu werden. Allerdings gibt es keinen Zweifel daran, dass Delfine diese Geräusche – zusammen mit ihrer Körpersprache – zu Kommunikationszwecken einsetzen. Jeder Delfin hat seinen eigenen charakteristischen Pfeifton, an dem andere ihn erkennen. Die Tiere verfügen auch über die bemerkenswerte Fähigkeit, Geräusche wie Motorboote und sogar menschliches Lachen nachzuahmen. Dank ihrer Kommunikationsfähigkeit können sich Delfine zu Gruppen zusammenschließen, die gemeinsam auf die Jagd gehen oder die Schule gegen Räuber verteidigen. Kommunikation findet statt, wenn Delfineltern ihren Jungen zeigen, wie sie sich selbst schützen, jagen und im offenen Meer überleben können.

Von allen KQ-Kompetenzen ist die Kommunikation für die Interaktion in der heutigen Welt am wichtigsten. Zwar müssen alle Tiere für ihr Überleben effektiv kommunizieren, aber Menschen, die sozialsten aller Tiere, brauchen sie am dringendsten. Man kann superintelligent, ein unorthodoxer Denker und emotional hochverständig sein, aber ohne die

Fähigkeit, sich effektiv und interessant auszudrücken, wird man niemals andere auf seine zahlreichen Talente aufmerksam machen können.

Effektive Kommunikation kann die Führungskompetenz deutlich verbessern, da sie die Fähigkeit fördert, zu motivieren und die eigene Botschaft adäquat zu vermitteln. Sie hilft, Stress zu vermeiden und zu bewältigen und fördert die Beziehungen zu anderen Menschen, einschließlich Freunden und wichtigen Bezugspersonen. In einer Gesellschaft, in der elektronische Kommunikation einen extrem hohen Stellenwert hat, profilieren sich diejenigen, die sowohl im direkten Gespräch als auch auf unterschiedlichsten Kanälen gut kommunizieren können. Sie werden die Führungspersonen von morgen sein.

Kommunikation beginnt mit gutem Zuhören – nicht nur in Bezug auf den Inhalt, sondern auch auf Gefühle. Kinder, denen nie richtig zugehört wurde, tun sich schwer damit, gut zuzuhören. Deshalb ist es so wichtig, im Kindesalter kommunizieren zu lernen. Viele Aspekte der Kommunikation, insbesondere der nonverbalen Kommunikation, basieren auf Intuition. Subtile Verhaltensweisen wie Blickkontakt, Nicken, Lächeln, Berührungen oder gelegentliche zustimmende Äußerungen zeigen an, dass man aufmerksam ist. Sie müssen natürliche Begleiter der verbalen Kommunikation sein, da sie andernfalls eher ablenkend wirken. Es ist sogar so, dass uns unsere nonverbalen Signale verraten, wenn wir nicht an das glauben, was wir sagen, weil wir dann unbewusst gegensätzliche Botschaften aussenden. Beispielsweise ist es ein kommunikativer Widerspruch zu sagen, dass man offen für einen Vorschlag sei, während man sich mit verschränkten Armen zurücklehnt. Man kann allerdings Körpersprache bewusst zur Stärkung des Denkens einsetzen, beispielsweise, indem man sich aufrichtet und die Schultern nach hinten zieht, wenn man aufgeregt ist. Dadurch wirkt man nicht nur selbstsicherer, sondern fühlt sich auch so, da Gehirn und Körper ständig miteinander kommunizieren.

Kommunikative Kompetenz entwickelt sich lebenslang durch Spiel, Erkundung, Gemeinschaft und Engagement. Die unten stehende Tabelle umfasst eine Liste der angewandten Kompetenzen, die Arbeitgeber für sehr wichtig für den beruflichen Erfolg von Universitätsabsolventen halten. Sie werden feststellen, dass nicht wenige dieser sehr wichtigen Kompetenzen mit Kommunikation zu tun haben.

Angewandte Kompetenzen, die von Arbeitgebern für »sehr wichtig« für den beruflichen Erfolg von Universitätsabgängern gehalten werden

Kompetenz	**Anteil der Arbeitgeber, die sie für sehr wichtig halten**
Mündliche Kommunikation	95 %
Teamarbeit/Kooperation	94 %
Professionalität/Arbeitsmoral	94 %
Schriftliche Kommunikation	93 %
Kritisches Denken/Problemlösungsfähigkeit	92 %
Moral/Verantwortung	86 %
Führungsqualitäten	82 %
Informationstechnologie	81 %
Kreativität/Innovation	81 %
Lebenslanges Lernen/Eigenmotivation	78 %
Vielseitigkeit	72 %

Quelle: Conference Board of Canada, Are They Really Ready to Work? Ottawa: Author, 2006, Tabelle 2, S. 20, http://www.p21.org/storage/documents/FINAL_REPORT_PDF09-29-06.pdf

Hochschulabgänger treten heute in eine Berufswelt ein, in der KQ-Kompetenzen zählen, die bei ihrer Ausbildung möglicherweise kaum eine Rolle gespielt haben.

Kooperation

Delfine sind für ihre kooperative Lebensweise bekannt. Bei der Jagd in der Gruppe umzingeln sie einen Fischschwarm und drängen ihn zu einer sogenannten Köderkugel zusammen. Dann stoßen die Delfine abwechselnd in die Kugel hinein und fressen sich an den fluchtunfähigen Fischen satt. Ohne diese Art der Zusammenarbeit könnten Delfine nicht überleben. Und auch wir brauchen die Kooperation mit anderen Menschen für unser Überleben.

Durch Kooperation mit anderen können wir originellere Ideen hervorbringen und bessere Problemlösungen finden. Möglichkeiten der Kooperation gibt es viele – sei es mit Geschwistern, Freunden, Klassenkameraden oder Kollegen. Aber Kooperation bedeutet mehr als nur gemeinsames Arbeiten. Sie beinhaltet Respekt, Zuverlässigkeit und fachliche Kompetenz, Einsatz unserer sozialen Kompetenzen sowie gegenseitige Motivation, Herausforderung und Inspiration. Kooperationsfähigkeit wird gefördert, wenn wir mit unterschiedlichen Menschen in unterschiedlichen Situationen Zeit verbringen, zusammenarbeiten und Ideen austauschen. Kooperation ist die Grundlage sozialer Bindungen, die uns glücklich machen.

Einer der ersten Kontexte, in denen Kinder Kooperation erleben können, ist die Schule. In vielen Schulen des 21. Jahrhunderts besteht ein Trend zu verstärkter Kooperation. Wenn dabei auch der Lehrer im Delfin-Stil unterrichtet, bietet diese innovative Art von Schule viele Vorteile:

- **Wissensaustausch zwischen Lehrern und Schülern.** In einem kooperativen Unterricht ist der Informationsfluss zwischen Lehrern und Schülern nicht einseitig. Lehrer wissen zwar mehr über ein bestimmtes Fachgebiet, aber Schüler mit praktischen Erfahrungen oder Ideen können zum Lernprozess beitragen. Was könnte das Selbstvertrauen mehr stärken, als seinen Mitschülern etwas beibringen zu können?
- **Zwischen Lehrern und Schülern geteilte Autorität.** Geteilte Autorität gibt Schülern die Möglichkeit, eine Mitverantwortung für ihr Lernen zu übernehmen. Durch Beteilung an der Festlegung von inhaltlichen und zeitlichen Zielen sowie Zwischenzielen erwerben Kinder durch geteilte Autorität genau die Kompetenzen, die sie brauchen, um in nicht allzu ferner Zukunft am Arbeitsplatz bestehen zu können.
- **Lehrer, die anleiten, statt Anweisungen zu geben.** Wenn Lehrer und Schüler Wissen und Autorität teilen, hat der Lehrer die Möglichkeit, mehr anzuleiten, statt Anweisungen zu geben. Die Schüler werden ermutigt, Probleme selbstständig zu lösen und mithilfe von Kreativität und kritischem Denken alternative Lösungen zu erkunden. Natürlich ist der Lehrer immer noch zur Stelle, um zu ermutigen, in eine andere Richtung zu lenken, zu erklären und, falls nötig, auch die Kontrolle zu übernehmen.

Wenn unsere Kinder in der Lage sein sollen, als Erwachsene in einer auf Kooperation ausgerichteten Welt zurechtzukommen, müssen sie Kooperation erlernen, solange sie jung sind. Da sie viel Zeit in der Schule verbringen, bietet das Klassenzimmer eine großartige Gelegenheit, Kooperationsfähigkeit zu lehren, zu fördern und zu entwickeln.

In der Schule bekommen Kinder, die gegenüber ihren Mitschülern unangemessenes Verhalten zeigen, Probleme. Am Arbeitsplatz muss man oft selbst herausfinden, wie man mit einem Kollegen umgeht, der nicht mit anderen Menschen zurechtkommt. Kein Wunder, dass die Fähigkeit zur Kooperation – insbesondere mit ganz unterschiedlichen Menschen – bei Arbeitgebern einen hohen Stellenwert hat.[10]

Delfine: erfolgreich auf allen Ebenen

Ist Ihnen aufgefallen, dass die Tabelle auf S. 288 alle Kompetenzen enthält, die Teil des KQ sind, nämlich Kreativität, kritisches Denken, Kommunikation und Kooperation (sowie andere Delfineigenschaften, wie Moral/Verantwortung und lebenslanges Lernen/Eigenmotivation)?

In der Arbeitswelt werden KQ-Kompetenzen gern als Soft Skills bezeichnet. Der Arbeitsplatz des 21. Jahrhunderts ist zunehmend komplex, vielfältig, verflochten und vernetzt. Menschen mit soft skills haben starke soziale Kompetenz, arbeiten gut in verschiedenen Teams, können klar kommunizieren, passen sich schnell an personelle und technische Veränderungen sowie veränderte Arbeitsbedingungen an, finden kreative Lösungen und sind innovationsfähig.

Alle diese Fähigkeiten machen eine starke Führungspersönlichkeit aus und bilden jenes schwer fassbare Persönlichkeitsprofil, das überall gesucht wird. Der übermäßig wettbewerbsorientierte Tiger hat es nicht, ebenso wenig der ausgebrannte Chip oder die empfindsame Teetasse. Der Delfin hat es! Die KQ-Kompetenzen Kreativität, kritisches Denken, Kommunikation und Kooperation sind Eigenschaften einer starken Führungspersönlichkeit. Und wenn zu diesen Kompetenzen noch weitere delfintypische Charaktereigenschaften wie Einfühlungsvermögen, Gemeinschaftssinn und Altruismus hinzukommen, ist der Delfin nicht mehr aufzuhalten. Einige der mit einer Führungspersönlichkeit in Verbindung gebrachten Charakterzüge sind Integrität (das Richtige tun, auch wenn keiner hinsieht), Verantwortungsbewusstsein (gegenüber anderen und sich selbst Rechenschaft ablegen können), Respekt (auch gegenüber denjenigen, die andere Meinungen vertreten), Einfühlungsvermögen (den Blickwinkel anderer Menschen einzunehmen versuchen) und Engagement für andere oder Altruismus (Einsatz für einen höheren Zweck).

Starke, erfolgreiche Menschen profitieren in ihrem Leben von allen diesen KQ-bezogenen Eigenschaften: Vertrauenswürdigkeit im Beruf, zu Hause und im Gemeinwesen; Respekt vor Angehörigen, Freunden, Kollegen und Nachbarn; Verantwortung für die gerade anstehende Aufgabe und Fairness gegenüber anderen. Außergewöhnliche Lebensläufe entstehen oft, wenn Menschen fürsorglich sind und Einsatz für andere zeigen. Nett sein bringt einen sehr wohl weiter, denn als Gesellschaft wertschätzen wir diejenigen, die zuerst an andere denken. Studien zum Altruismus zeigen, dass Menschen, die den Vorteilen der Gruppe den Vorrang vor persönlichen Vorteilen geben, Ansehen und Status gewinnen.[11]

Menschen sind soziale Wesen. Und da die Welt dank des technischen Fortschritts kleiner geworden ist, wird unsere Zukunft in vielerlei Hinsicht noch sozialer werden. Diese Tatsache gibt Delfinen einen Wettbewerbsvorsprung. Die Lebensweise der Delfine ist nachhaltig und für alle Beteiligten von Vorteil: Delfine setzen sich stark für ihre Gemeinschaft ein, profitieren aber auch selbst davon.

Vielleicht kennen Sie ja einige »erfolgreiche« Menschen, die überhaupt keine Soft Skills haben – Menschen, die

80 Stunden pro Woche arbeiten, nie spielen, nicht kreativ und nur auf sich selbst konzentriert sind. Ja, auch Tiger können erfolgreich sein, aber nur in einem sehr eingeschränkten Sinn. Mir begegnen diese »Erfolgsstorys« täglich in meiner Praxis. Die Erfolgsdefinition des Tigers beschränkt sich normalerweise auf beruflichen Erfolg und Reichtum und wird auf einer oberflächlichen Ebene durch Karriere, Wohlstand und Wertschätzung belohnt, während die Erfolgsdefinition des Delfins Gesundheit, Glück, Integrität, soziale Bindungen, Gemeinschaft und Engagement beinhaltet.

Als Delfin Glück finden

Glück ist das, was sich Eltern vielleicht am meisten für ihre Kinder wünschen. Doch für Tiger-Eltern scheint Glück von untergeordneter Bedeutung zu sein. Sie konzentrieren ihre Bemühungen auf die Werkzeuge, die ihre Kinder ihrer Meinung nach für den Wettbewerb um die materiellen Vorteile in unserer Gesellschaft brauchen werden. Wenn die Kinder dann erfolgreich im Berufsleben stehen, können sie ja immer noch nach Glück streben. Und genau da liegt das Problem. Tiger-Eltern gehen von der falschen Annahme aus, dass Glück nicht zwingend erforderlich ist, um erfolgreich zu sein, und dass ihre Kinder als Erwachsene schon irgendwie herausfinden werden, wie man sich Glück »beschafft«. Doch wir wissen, dass in der Kindheit der Grundstein für alle Aspekte des Erwachsenenlebens gelegt wird. Eine unglückliche Kindheit ist ein Risikofaktor für zahlreiche Probleme, wie beispielsweise Beziehungsprobleme, Schwierigkeiten mit der Selbsteinschätzung oder mit der Stressbewältigung.[12] Eine unglückliche Kindheit prädisponiert Menschen auch für gesundheitliche Probleme wie Herzerkrankungen, Entzündungen und beschleunigte Zellalterung.

Was ist Glück? Viele Menschen haben schon über diese Frage nachgedacht. Doch schauen wir uns zunächst an, was Glück *nicht* ist.

Glück hat eindeutig nichts mit Geld zu tun. Es ist nicht immer einfach, zwischen Wünschen und Bedürfnissen zu unterscheiden, und wir glauben oft, dass mehr Besitz mehr Glück bedeuten. Doch aus einem kürzlich veröffentlichten Bericht ging hervor, dass bei US-amerikanischen Arbeitnehmern ab einem Jahreseinkommen von 75 000 Dollar (ca. 56 000 Euro) ein weiterer Anstieg des Einkommens keinen Einfluss mehr auf die Zufriedenheit hat. In manchen Studien wird die magische Grenze sogar schon bei 50 000 Dollar (ca. 36 000 Euro) gezogen.[13] Außerdem hat sich das allgemeine Wohlbefinden der Amerikaner nicht verbessert, obwohl das Bruttoinlandsprodukt in den letzten drei Jahrzehnten stetig gestiegen ist. Mehr Geld, ein größeres Haus, ein schickeres Auto, die neuesten elektronischen Geräte und edle Designerklamotten haben keinen Einfluss auf das Glück. In einer berühmten Studie aus dem Jahr 1978 wurde die Zufriedenheit von Lottogewinnern im Vergleich zu jener von Nicht-Gewinnern und Unfallopfern gemessen. Die Lottogewinner waren nicht glücklicher als die Kontrollgruppe der Nicht-Gewinner und Unfallopfer; sie konnten sich sogar weniger an alltäglichen Dingen erfreuen.[14]

In meinen Zwanzigern unterbrach ich mein Medizinstudium, um in einer verarmten ländlichen Gegend in Indien zu arbeiten, bevor ich ein Praktikum am Hauptsitz der Weltgesundheitsorganisation in Genf absolvierte. Nach meinem Empfinden waren die Armen in Indien eindeutig zufriedener als die Reichen in Genf. Trotz Armut, Krankheit und Korruption in den indischen Dörfern, in denen ich arbeitete, zeigten die Menschen eine bemerkenswerte Lebensfreude und Vitalität. Vielleicht resultieren Freude und Vitalität aus Dankbarkeit für das, was man hat, und Optimismus für die Zukunft. Man bedenke, dass Bürger afrikanischer Länder, die oft zu den ärmsten Ländern der Welt gehören[15], in Umfragen regelmäßig zu den optimistischsten Menschen auf der Welt zählen. Bei einer von Gallup in 53 Ländern durchgeführten Umfrage wurden die Nigerianer mit 70 Punkten in Bezug auf Optimismus eingestuft. Im Gegensatz dazu erhielten die Briten sehr pessimistische 44 Punkte.[16] Diese Ergebnisse zeigen, wie wichtig der Blickwinkel ist. Menschen, die in schwierigen Regionen (wie beispielsweise Nigeria) leben, können akzeptieren, dass sie keine Kontrolle über ihre persönlichen Lebensumstände haben, aber sie haben immer die Kontrolle über die *Wahrnehmung* dieser Lebensumstände. Wenn wir mit dem Wissen die Welt betrachten, dass wir unsere Gefühle und unser Verhalten kontrollieren können, bringt uns das weniger Stress, mehr Zufriedenheit und sogar eine längere Lebenszeit ein.[17]

Diejenigen, die materiellen Besitz mit einem besseren Leben gleichsetzen, opfern das Glück dem materiellen Wohlstand. Erinnern Sie sich noch an die »Affluenza« (s. S. 39)? Sie ist besonders für Kinder toxisch. Die Überhäufung mit materiellen Gütern führt dazu, dass sie immer mehr materielle Belohnungen wollen und sich immer weiter von dem entfernen, was sie wirklich glücklich machen würde – ein ausgewogenes, sinnerfülltes Leben.

Der Zusammenhang zwischen Status und Zufriedenheit ist kompliziert. Der Wunsch nach einem höheren Status motiviert uns dazu, gesellschaftlich aufzusteigen und die Anerkennung anderer anzustreben. Und die Sehnsucht nach Anerkennung ist eigentlich etwas Positives, da sie die Entwicklung unserer Ehrlichkeit, Moral und Fürsorge fördern kann. Aber wenn wir dem Status eine zu große Bedeutung beimessen und seinen Verlust fürchten, kann dies zu dem führen, was ich für den Hauptantrieb der Erziehung nach dem Tiger-Prinzip halte: Statusangst.

Wenn Glück nicht gleichbedeutend mit psychischer Gesundheit, Wohlstand oder Status ist, was ist es dann? Im Juli 2011 verabschiedete die Generalversammlung der Vereinten Nationen eine Resolution, mit der die Länder aufgefordert wurden, das Glück ihrer Bürger zu fördern.[18] Im April 2012 fand am UN-Hauptsitz in New York eine Folgekonferenz mit dem Titel »Happiness and Well-being: Defining a New Economic Paradigm« (Glück und Wohlbefinden: Definition eines neuen ökonomischen Paradigmas) statt, an der führende Politiker aus der ganzen Welt und Experten aus vielen Bereichen teilnahmen. Das Ziel war die Einleitung der nächsten Schritte in Richtung einer neuen globalen Perspektive, die Messwerte wie Bruttonationalwohlbefinden und Bruttonationalglück beinhalten sollte. Die Konferenzteilnehmer beschäftigten sich mit den Faktoren, die Wohlbefinden und Glück beeinflussen, und erarbeiteten Kriterien zur Messung des Wohlbefindens und Glücks einer Nation. Dabei war die Definition des Glücks sehr umstritten. An erster Stelle stand natürlich die körperliche und seelische Gesundheit, wobei Schlaf, Ernährung und Sport besondere Erwähnung fanden. Aspekte eines ausgewogenen Lebens kamen immer wieder zur Sprache, darunter wurde die Nutzung der Zeit »und insbesondere Zeit für Erholung und Geselligkeit mit Familie und Freunden als einer der wichtigsten Faktoren im Zusammenhang mit Lebensqualität gesehen«.[19] Darauf folgte die »Gemeinschaftsvitalität«, also freundschaftliche Beziehungen innerhalb des Gemeinwesens sowie Einsatz für andere. Natürlich wurden auch Spiel und Teilnahme an kulturellen Ereignissen sowie Möglichkeiten zur Entwicklung künstlerischer Fähigkeiten für wichtig gehalten. All das sind Kernmerkmale der Erziehung nach dem Delfin-Prinzip – die Grundlagen eines ausgewogenen Lebens: Gesundheit, Spiel, Gemeinschaft und Engagement.

Die unten stehende Abbildung zeigt Abraham Maslows berühmte Bedürfnispyramide, die seine Theorie der Bedürfnishierarchie veranschaulicht. Dort finden sich auch viele der Erkenntnisse aus der Konferenz wieder. Wenn man sich die Kategorien innerhalb der einzelnen Bedürfnisse anschaut, sieht man viele Überschneidungen mit dem Delfin-Prinzip.

Maslows Bedürfnishierarchie

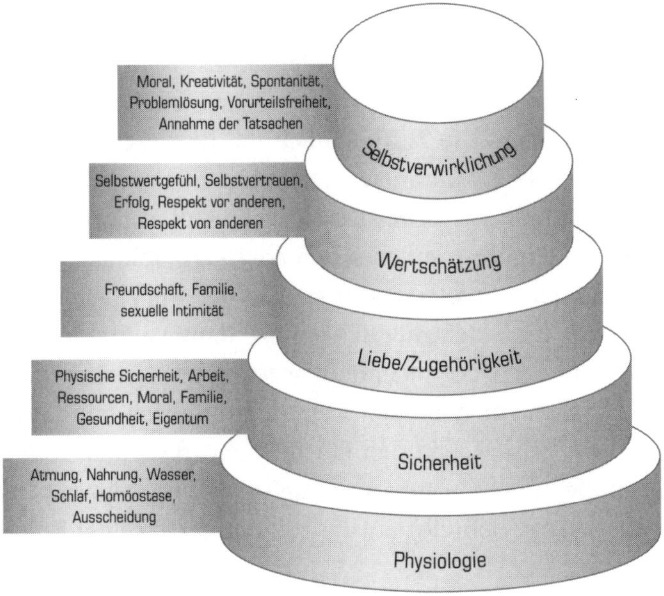

Maslows einfaches, aber elegantes fünfstufiges Modell veranschaulicht das Muster der menschlichen Motivation, von der Motivation zur Befriedigung der grundlegendsten Bedürfnisse bis zur höchsten Ebene der Hierarchie, auf der Kreativität, Problemlösung, Spontanität, Verbundenheit mit anderen, Zielorientierung und Moral wesentliche Voraussetzungen für Glück sind.

Die Erfüllung dieser Bedürfnisse ist Teil eines ausgewogenen Lebens. Wenn wir unser Überleben und unsere Gesundheit sichern, freiem Spiel nachgehen, mutig Neues erforschen, soziale Bindungen eingehen, uns rückhaltlos für andere einsetzen und uns ständig neuen Herausforderungen stellen, schaffen wir die Grundlage für die entscheidenden Glücksfaktoren.

Interessanterweise zeigt eine umfangreiche Studie zum Wohlbefinden in Großbritannien und den USA, dass sich die Zufriedenheit im Lauf des Lebens verändert und sich mit einer U-förmigen Kurve darstellen lässt.[20] Viele von uns Eltern sind in einem Alter, in dem wir uns am Tiefpunkt der Kurve befinden. Die Zufriedenheit mit dem eigenen Leben ist in den USA bei Männern und Frauen mit 49 beziehungsweise 45 Jahren am geringsten ausgeprägt. Bei Männern und Frauen in Großbritannien sehen die Daten ähnlich aus (44 beziehungsweise 43). Das Ansteigen der Kurve nach dem Tiefpunkt lässt sich möglicherweise damit erklären, dass Ambitionen aus der Jugend aufgegeben werden und somit das Leben mehr genossen werden kann.[21] Ich habe mich schon oft gefragt, wie sich die Tatsache, dass man sich in der Kindererziehungsphase am tiefsten Punkt seiner Zufriedenheitskurve befindet, auf das zukünftige Glück der Kinder auswirkt.

Vielleicht können wir die Chance unserer Kinder auf ein

glückliches Leben am besten einschätzen, wenn wir uns die Frage stellen: *Bin ich selbst glücklich?* So viele der unglücklichen Teenager, mit denen ich arbeite, haben Eltern, die gestresst und überfordert wirken (meiner Meinung nach oft aufgrund einer Lebensweise nach dem Tiger-Prinzip). Diese Teenager fragen sich, ob sie wirklich so wie ihre Eltern sein wollen, und kommen zu dem Schluss: »Wenn ich alles tue, was meine Eltern wollen, all das Üben, Lernen und so weiter, werde ich am Ende so wie sie und DAS will ich nicht.« Darum ermutige ich alle Eltern, die wollen, dass ihre Kinder glücklich sind, Glück zu einer Priorität in ihrem eigenen Leben zu machen – und der erste Schritt besteht darin, zu einer ausgewogenen Lebensweise zu finden.

So fügt sich alles

»Glück ist keine Fertigware. Es resultiert aus dem eigenen Handeln«,[22] sagte seine Heiligkeit Tenzin Gyatso, der vierzehnte Dalai Lama.

Der dreizehnjährige Aaron wurde in meine Praxis überwiesen. Er zeigte immer weniger Interesse an allem, seine Noten wurden schlechter und sein Kinderarzt hatte den Verdacht, dass er depressiv sein könne.

Wie gewöhnlich begann ich mit der Anamnese. Je weiter ich damit kam, desto klarer wurde mir, dass Aaron nicht klinisch depressiv, aber ohne Zweifel auch nicht gesund und glücklich war. Als ich ihn nach Stressfaktoren in seinem Leben fragte, sagte Aaron eine ganze Liste auf: »Meine Lehrerin in Naturwissenschaften ist bescheuert, mein Debattierwettbewerb steht bevor, alles ist langweilig und meine Eltern mischen sich ständig in mein Leben ein.«

Ich antwortete wie üblich: »Danke. Habe verstanden. Sonst noch etwas?«

Nach einer bedeutungsvollen Pause, in der Aaron wahrscheinlich klar wurde, dass ich bereit war, so lange wie nötig auf seine Antwort zu warten, fügte er leise hinzu: »Ja. Mein Bruder Adam ist in die Rugby-Mannschaft aufgenommen worden.«

»Okay«, sagte ich. »Jetzt stufst du diese Stressfaktoren bitte auf einer Skala von eins bis zehn ein, wobei zehn der schlimmste Stressfaktor ist.«

Und so sah Aarons Einstufung aus: Lehrerin in Naturwissenschaften = neun: »Meine Lehrerin ruiniert mir das eine Fach, das mir noch Spaß gemacht hat. Sie stopft uns einfach mit Fakten voll, macht keine Experimente und lässt kaum Fragen zu.« Debattierwettbewerb = vier: »Ich bin deswegen nicht so sehr gestresst. Wenn ich noch ein bisschen mehr übe, klappt das. Ich bin gut im Debattieren, aber es macht mir keinen Spaß.« Alles ist langweilig = neun: »Da jetzt die Naturwissenschaften ruiniert sind, interessiert mich eigentlich nichts mehr. Es ist sowieso alles sinnlos. Die ganze Arbeit, nur um so zu werden wie meine Eltern – sie sind nicht mal glücklich und rennen nur herum wie in einem Hamsterrad.« Bruder in die Rugbymannschaft aufgenommen = 10: kein Kommentar.

In einer separaten Sitzung bat ich später Aarons Eltern, die Dinge aufzuzählen, von denen sie glaubten, dass sie ihren Sohn belasteten, und sie ebenfalls einzustufen. Ich nenne das »Zuordnungsspiel«. Dabei treten oft Fehleinschätzungen der Eltern zutage. Anfangs nannten seine Eltern nur die Lehrerin und den Debattierwettbewerb als potenzielle Stressfaktoren. Dann ergänzte Aaron seine eigenen Punkte, die sie ebenfalls einstuften. Und so sah ihre Einstufung aus: Lehrerin = fünf: »Er bekommt gute Noten, also kann es nicht so schlimm sein.« Debattierwettbewerb = neun: »Er muss deswegen ziemlich gestresst sein.« Alles ist langweilig (und seine Eltern sind auch nicht gerade unterhaltsam) = fünf: »Er hat doch alles, was er sich wünschen könnte; wir haben ihm sogar gerade ein neues iPad gekauft!« Bruder wird in die Rugbymannschaft aufgenommen = vier: »Vielleicht ist er ein bisschen eifersüchtig.«

Als wir die Einstufungen verglichen, war Aaron von den Antworten seiner Eltern nicht überrascht, aber sie waren wegen seiner Antworten schockiert – besonders bei der Zehn wegen der Rugbymannschaft. Sie hatten automatisch angenommen, dass Aaron eifersüchtig auf Adam sei und hatten ihn sogar zu trösten versucht, indem sie ihm nahelegten, dass er auf seinen Bruder stolz sein solle. Aber Eifersucht war nicht das Problem: Aaron machte sich Sorgen um seinen Bruder, weil er wusste, dass Adam schon im Jahr zuvor heimlich Steroide ausprobiert hatte. Er befürchtete, dass Adam bei fünfzehn Stunden Rugbytraining plus Gewichtheben zusätzlich zu seinen bereits hohen Lernanforderungen wahrscheinlich unter der Last zusammenbrechen würde. Schon zu diesem Zeitpunkt wirkte Adam gestresst und reizbarer. Zu der Sorge kam noch hinzu, dass Aaron seinen Bruder sehr vermisste. Die Brüder waren nur zwei Jahre auseinander und hatten von klein auf im selben Zimmer und oft sogar im selben Bett geschlafen. Sie hatten als Kinder zusammen gespielt und waren beste Freunde gewesen. Aaron war nicht eifersüchtig; er war traurig und machte sich Sorgen um seine wichtigste menschliche Beziehung, und das machte ihn unglücklich.

Als all das geklärt war, unternahm Aaron Schritte, um wieder eine Balance in sein Leben zu bringen. Seine Eltern hörten auf, sich in Bereiche einzumischen, in denen Aaron selbstständig sein wollte und konnte. Aber auf seinen Wunsch halfen sie ihm, seiner Lehrerin mitzuteilen, dass er sich im naturwissenschaftlichen Unterricht mehr praktische Erfahrungen wünschte. Mit ihrer Hilfe fand er ein außerschulisches, von Doktoranden der örtlichen Hochschule durchgeführtes Förderprogramm. Aaron lernte von den Doktoranden und fing an, einfache Experimente für Schüler der ersten und zweiten Klasse zu entwerfen. Er baute Raketen aus Kaubonbons, Coladosen und Papierfliegern. Über diese Aktivitäten fand er Freude am Lernen und am Teilen mit anderen. Aaron war zunächst weiterhin im Debattierteam aktiv, beschloss aber nach einem Jahr, das aufzugeben, um mehr Zeit für die Naturwissenschaften zu haben.

Die Eltern halfen den Brüdern, Zeit füreinander zu finden, während sie selbst sich ebenfalls Zeit für ihre Hobbys nahmen. Die ganze Familie ging die Dinge etwas langsamer an und verbrachte mehr Zeit miteinander. Die Brüder spielten einmal pro Woche miteinander Basketball, und die Familie versuchte, jede Woche mehrere gemeinsame Mahlzeiten einzuplanen. Am besten funktionierte das Frühstück am Samstagmorgen. Obwohl freitags alle immer ziemlich erschöpft waren, schlief Aaron an diesem Tag im Zimmer seines Bruders und morgens beschwerten sich dann beide darüber, dass der andere alle Kissen für sich beansprucht hatte. Sie sprachen nicht viel über tief greifende Probleme, aber Aaron half allein schon die Nähe zu seinem Bruder, den Knoten in seinem Magen zu lösen.

In dem Moment, als er endlich Zeit zum Spielen und Erforschen fand, konnte Aaron sein bestes Ich verwirklichen. Die Experimente, die er entwarf und mit anderen teilte, und die gestärkte Bindung zu seinen Eltern und seinem Bruder machten Aaron glücklich. Er freute sich darüber, etwas tun zu können, das ihm Spaß machte, und stellte fest, dass er als Folge davon an allen Schulfächern wieder mehr Anteil nahm. Seine Noten wurden besser und seine Gesundheit und Leistungsfähigkeit ebenfalls. Aaron (und seine ganze Familie) waren in jeder Hinsicht glücklicher.

Wie ich in diesem Buch zu zeigen versucht habe, fördern wir den Erfolg im Leben unserer Kinder nicht dadurch, dass wir ihnen »von allem das Beste« geben, sondern indem wir sie mit den Qualitäten ausstatten, die sie brauchen, um gesund, glücklich, motiviert und wirklich erfolgreich zu sein.

Als ich mit der Arbeit an dem Buch anfing, bat ich zahlreiche Eltern, mir ganz offen zu sagen, welche Zukunft sie sich für ihre Kinder wünschten. Die meisten Eltern sprachen von einer Kombination aus einem starken Charakter, Intelligenz, Kreativität, Engagement, Liebe, Erfolg und Glück. Und das klingt viel eher nach Delfinen als nach Tigern.

Zurück zum Menschen

Als meine Tochter vier Wochen alt war, besuchte mich meine Nachbarin Kate. Sie brachte einen köstlichen Obstsalat mit, und ich brühte meinen speziellen Chai-Tee auf. Sie trug mein Baby herum und meinte, wie beruhigend es doch sei, ein Neugeborenes zu halten, während ich es genoss, nach der Entbindung erwachsene Gesellschaft zu haben.

Während ich das Wasser für den Tee aufsetzte und ein bisschen meinen Rücken dehnte, beklagte sich Kate über ihre sechzehnjährige Tochter Samantha. Kate war mit ihrem Latein am Ende, denn Samantha geriet immer mehr außer Kontrolle. Obwohl sie eine begabte Turnerin und eine Einserschülerin war, hatte Kate den Eindruck, dass sie »ihre Motivation verlor«, unglücklich und aggressiv gegenüber ihren Eltern war.

Das aktuellste Problem bestand darin, dass Samantha mehr Zeit mit ihren Freunden verbringen wollte, unter anderem auch mit, so Kate, »irgendeinem Öko-Freak«, den sie bei einer Naturfreizeit kennengelernt hatte. Kate war der Meinung, dass Zeit, die Samantha nicht mit Lernen und Üben verbrachte, verschwendet sei. Und vor allem befürchtete sie, dass die ganze Arbeit, die Samantha bisher investiert hatte, umsonst gewesen sein könnte, wenn sie es nicht auf eine Top-Universität schaffte.

Kate äußerte auf mindestens fünf verschiedene Arten und bei fünf verschiedenen Gelegenheiten: »Ich weiß einfach nicht, was ich machen soll!« Ich wusste natürlich, dass sie auf gute Ratschläge von mir hoffte – wie es viele Eltern in solchen Augenblicken tun, weil ich nun einmal Expertin für das Motivieren von Teenagern bin. Aber Samantha war nicht meine Tochter, ich war nicht Kate und ihr Zuhause war nicht meins. Woher sollte ich also wissen, was bei ihr und ihrer Familie funktionieren würde?

Ich tue mein Bestes, um das zu praktizieren, was ich predige. Ich versuche, anderen Leuten nicht zu sagen, was sie tun sollen, sondern sie dazu anzuleiten, ihre eigene Motivation und ihre eigenen Lösungen zu finden. Zwar hatte ich einige Ideen dazu, was hilfreich sein konnte und was nicht, aber ich wusste auch, dass Kate in der Lage war, ihre eigenen Antworten zu finden. Also fragte ich sie: »Was sagt dir deine Intuition?«

»Ich bin so durcheinander«, klagte sie. »Ich dachte, ich hätte etwas Klarheit gefunden, aber dann las ich irgendeinen Mama-Blog von einer Frau mit ähnlichen Problemen und das brachte mich wieder ganz durcheinander. Und jetzt traue ich dem wenigen, was ich noch an Intuition habe, nicht mehr.«

Während der ganzen Zeit tat Kate etwas so wunderbar Intuitives, dass ich beinahe lachen musste. Sie wiegte meine kleine Tochter sanft in ihren Armen, sprach mit leiser Stimme, und jedes Mal, wenn mein Baby sich regte, legte sie ihre Wange an seine. Ab und zu schnupperte sie an dem kleinen Köpfchen und sagte: »Ah, dieser Duft ist so entspannend.«

Bei meiner Tochter folgte Kate so perfekt ihrer Intuition, dass sie es nicht einmal merkte! Als ich sie darauf hinwies, hielt sie inne, schaute mein Baby an, schaute mich fragend an und meinte dann: »Na, wo ist diese Intuition bloß geblieben, wenn es um meine Tochter geht?«

Natürlich war Kates Intuition nicht verschwunden. Sie war da, wo sie schon immer gewesen war und wo sie bei jeder Mutter ist: tief drinnen. Als ich das sagte, antwortete Kate: »Im Augenblick sagt mir meine Intuition nur, dass ich Samantha zu Hause einschließen oder zu ihren Großeltern aufs Land nach Nebraska schicken möchte. Das kann doch nicht richtig sein, oder?« Nein, das konnte es nicht. Der Drang, Samantha einzusperren oder fortzuschicken, war eine klassische von Angst getriebene Kampf- oder Fluchtreaktion. Das Problem ist, dass unsere Intuition ebenfalls aus der Spur gerät, wenn wir wegen Angst, Krankheit, Einsamkeit und Ähnlichem aus dem Gleichgewicht geraten sind.

Intuition ist Wissen ohne bewusste Verarbeitung, Gedanken oder Beobachtung. Im Gegensatz dazu sind Instinkte Handlungsimpulse ohne bewusste Verarbeitung, Gedanken oder Beobachtung. Intuition und Instinkte sind miteinander verwandt und werden oft synonym verwendet. Wenn ich meine Patienten nach ihrer Intuition frage, frage ich in Wirklichkeit nach beiden Dingen: Ich will das angeborene Wissen ans Licht bringen, das ein bestimmtes Verhalten verursacht.

Das Problem mit unseren Instinkten ist, dass sie uns oft in die falsche Richtung lenken, wenn wir aus dem Gleichgewicht geraten sind. Angst ist eine der schlimmsten Ursachen für fehlgeleitete Instinkte, weil unser Gehirn auf Kampf, Erstarren oder Flucht programmiert ist, wenn wir Angst haben. Dies ist in Situationen sinnvoll, in denen es ums nackte Überleben geht – nicht aber in der Auseinandersetzung mit Teenagern, die sich so verhalten, wie Teenager es eben tun. Was Kate brauchte, war eine Verbindung zu ihrer Intuition. Intuition basiert niemals auf Angst. Sie ist das angeborene Wissen, das uns die Natur geschenkt hat und zu dem wir nur in einem Zustand ruhiger Achtsamkeit Zugang haben. Instinkte können uns falsch lenken, aber Intuition führt uns immer in die richtige Richtung.

Ich betrachtete Kate, die beim Dampfablassen gerade eine Pause eingelegt hatte und sich hin und her wiegte, während mein Baby allmählich einschlief. Sie sah aus wie eine Waage, die sich langsam ausbalanciert. Ihre vorher fast bis zu den Ohren hochgezogenen Schultern waren herabgesunken, die tiefen Sorgenfalten auf ihrer Stirn hatten sich entspannt.

Ich servierte den Obstsalat, den Kate mitgebracht hatte, goss zwei Tassen Tee ein und stellte eine Schale Nüsse und zwei Gläser Wasser dazu.

»Bevor du irgendetwas anderes tust, möchte ich, dass du tief Luft holst«, sagte ich zu Kate. Das tat sie, und dabei wurde ihre Schaukelbewegung noch gleichmäßiger. »Und jetzt iss und trink etwas.«

Kate gab zu, dass sie nicht gut geschlafen hatte und den ganzen Morgen so gestresst gewesen war, dass sie noch gar nichts zu sich genommen hatte. Sie setzte sich auf die Couch und hielt dabei weiter meine Tochter im Arm, trank ein Glas Wasser, genoss das Obst und knabberte ein paar Nüsse.

»Das habe ich wirklich gebraucht«, meinte sie. »Ich hatte gar nicht gemerkt, wie hungrig ich war. Ich kann kaum glauben, wie viel besser ich mich jetzt fühle.«

»Erzähl mir von der Idee, die du hattest, bevor du den Mama-Blog gelesen hast«, forderte ich sie auf.

Kate zögerte kurz und sah wieder besorgt aus, rang sich aber schließlich dazu durch, mir ihre Ideen mitzuteilen.

»Ich saß an meinem Schreibtisch und dachte, dass Samantha unglaublich viel leisten und opfern müsste, um einen Studienplatz an einem ihrer Wunsch-Colleges zu bekommen. Und selbst dann wäre es immer noch ein Glücksspiel, ob sie tatsächlich genommen wird. Eigentlich müsste sie wegen ihrer Sehnenscheidenentzündung das Turntraining reduzieren, ihr Arzt sagt das schon lange, aber wir haben noch nichts unternommen, weil wir wissen, dass sich dadurch ihre Chancen verringern, an ein gutes College zu kommen. Aber darum geht es eigentlich nicht. Was mir klar wurde, und ich weiß, dass das wirklich dumm klingt, ist, dass es überhaupt nicht darauf ankommt, auf welches College sie geht. Sie sind doch alle gut! Und ich weiß, dass sie überall gut zurechtkommen wird!« Kate fing an zu weinen. »Ich kann nicht glauben, dass ich das gerade gesagt habe«, meinte sie. »Nicht, dass sie wahrscheinlich keinen Platz bekommt. Sondern dass sie überall gut zurechtkommen wird. Ich kann nicht fassen, dass ich ihr das nie so gesagt habe. Niemand hat das getan! Kein Wunder, dass sie so angespannt ist.«

Natürlich hatte Kate sofort wieder Zugang zu ihrer Intuition gefunden, als sie sich eine Chance gegeben hatte, wieder ins Gleichgewicht zu kommen. Ich musste ihr überhaupt nicht sagen, was sie tun sollte. Sie fand es ganz allein heraus. Wir Menschen sind doch erstaunlich!

Zugang zu unserer Intuition finden

Die Metaphern vom Tiger und Delfin stellen nicht an sich zwei gegensätzliche Menschentypen dar. Wir sind alle Delfine, wenn wir im Gleichgewicht sind, und Tiger, wenn wir es nicht sind.

Den Tiger abzuschütteln und dem Delfin Geltung zu verschaffen ist ein Prozess, und wie bei jedem Prozess kann unsere Motivation schwanken. An einem Tag treffe ich eine wunderbare Delfin-Mutter und bin glücklich und zufrieden mit meinem, unserem Erziehungsstil, und am nächsten

Tag begegnet mir eine Hardcore-Tiger-Mutter, die ihre Zähne fletscht und mir Angst macht – prompt erleide ich einen Rückfall ins Tigertum. Am übernächsten Tag unterrichte ich an der Universität und stelle (wieder einmal) fest, dass Tiger weder freundlich noch sympathisch noch teamfähig sind. Also schalte ich wieder in den Delfinmodus um. Schwanken, Stolpern und Fallen sind Teil des Prozesses. Paradoxerweise macht uns gerade der hohe Entwicklungsstand unseres Gehirns besonders anfällig für ein Fluktuieren zwischen Gleichgewicht und Ungleichgewicht. Das Leben wäre so viel einfacher, wenn wir Mäuse oder Reptilien wären! Obwohl das Reptiliengehirn im Vergleich zu unserem ziemlich klein ist, lassen Reptilien nur selten ihre Jungen im Stich – aber wir Menschen tun das. Eine mögliche Erklärung dafür ist, dass Reptilien von ihrem Gehirn keine widersprüchlichen Botschaften empfangen, während unser hoch komplexer Denkapparat uns ständig verwirrt! Reptiliengehirne funktionieren nur auf der Basis von Instinkten, während unser Gehirn sehr viel höher entwickelt ist – bei fehlendem Gleichgewicht können widersprüchliche Botschaften ausgesendet werden oder einzelne Teile das Kommando übernehmen. Beispielsweise können angstinduzierte Instinkte wie Kämpfen, Erstarren oder Flucht, die von einer als Amygdala bekannten Gehirnregion gesteuert werden, bewirken, dass wir logische oder emotionale Informationen aus dem präfrontalen Kortex (der denkenden Gehirnregion) ignorieren oder entwerten. Wir können so große Angst vor einer Spinne haben, dass wir in Panik geraten, obwohl unsere Logik uns sagt, dass sie harmlos ist. Umgekehrt können Dinge, die wir aus unserer Umgebung (Schule, Gesellschaft, Zuhause) aufnehmen, bewirken, dass wir unseren grundlegendsten Instinkten zuwiderhandeln.

Menschen scheinen die einzigen Tiere zu sein, die wider besseres Wissen nicht genug schlafen, zu wenig trinken, sich nicht ausgewogen ernähren und allerlei dumme Dinge tun, wie bei Rot über die Straße gehen oder die Kinder anbrüllen, dass sie gefälligst ruhig sein sollen. Ich habe neulich gelesen, dass ein Mann bei dem Versuch, seinen eigenen Geschwindigkeitsrekord mit dem Motorrad zu brechen, starb. Obwohl fast sicher war, dass er dabei umkommen würde, stieg er aufs Motorrad. Etwas so Unsinniges kann nur einem Menschen einfallen.

In Gegensatz zu niederen Lebensformen sollten wir unsere Intuition *in Kombination* mit Wissen von höheren Lernebenen einsetzen. Intuition basiert auf angeborenem *und* erlerntem Wissen. Intuitives Wissen wird im Lauf der Zeit durch Lebenserfahrung einer Feinabstimmung unterzogen. Intuition sagt einem erfahrenen Polizisten an einem Tatort, dass hier irgendetwas nicht zusammenpasst. Sie sagt einem gestandenen Kardiologen in dem Moment, wo ein Patient das Zimmer betritt, dass dieser unter einer Herzkrankheit leidet. Sie sagt einem Lehrer mit zwanzig Jahren Berufserfahrung am ersten Schultag, dass ein bestimmter Schüler eine besondere Art zu lernen hat.

Intuition erfordert die Vernetzung der linken und der rechten Gehirnhälfte. Die Konzentration und isolierte Betrachtungsweise der linken Hälfte muss sich mit dem Einfühlungsvermögen und der ganzheitlichen Betrachtungsweise der rechten Hälfte verbinden. Intuition erfordert außerdem eine Vernetzung zwischen den niederen Gehirnregionen (Amygdala) und den höheren Gehirnregionen (präfrontaler Kortex). Aber Intuition beschränkt sich nicht auf das Gehirn. Man geht davon aus, dass das menschliche Intuitionssystem nicht in einem bestimmten Teil des Gehirns angesiedelt ist, sondern eine Verbindung zwischen dem gesamten Gehirn und anderen Körperteilen, einschließlich Herz und Darm, voraussetzt. Dass Herz und Darm daran beteiligt sind, ist durchaus nachvollziehbar. Schließlich entscheiden wir manche Dinge »aus dem Bauch heraus« oder »folgen unserem Herzen«.

Es deutet sogar immer mehr darauf hin, dass Darm und Herz eigene Minigehirne haben! Das Darmgehirn (oder enterisches Nervensystem) umfasst mehr als 100 Millionen Neuronen in einer netzartigen Verbindung in der Darmwand. Dieses sogenannte »zweite Gehirn« kommuniziert mit dem zentralen Nervensystem (Gehirn und Rückenmark), kann aber auch autonom arbeiten, da es bemerkenswerterweise alle erforderlichen vernetzungsfähigen Neuronenarten enthält. Mehr als dreißig verschiedene Neurotransmitter sind Teil dieses Systems, von denen die meisten mit den im Gehirn vorhandenen (wie beispielsweise Dopamin und Serotonin) identisch sind. Tatsächlich befinden sich 95 Prozent des im Körper vorhandenen Serotonins (eines bekannten Modulators für Schlaf, Energie, Konzentration, Appetit, Gefühle und Stimmung) innerhalb des Darms.[1]

1991 wiesen Wissenschaftler nach, dass das Herz ein komplexes System von Neuronen, Neurotransmittern, Proteinen und Unterstützungszellen besitzt, die wie ein Gehirn arbeiten und mit dem Gehirn in unserem Schädel verbunden sind oder unabhängig davon arbeiten.[2] Das »Herzgehirn« besitzt 40 000 sensorische Neuronen, die dafür zuständig sind, Informationen an unser Gehirn im Kopf zu übertragen, und das Herz sendet dem Gehirn mehr Informationen als das Gehirn dem Herzen. Das Herzgehirn besitzt sowohl ein Kurzzeit- als auch ein Langzeitgedächtnis, und die Signale, die es dem Gehirn sendet, können unsere emotionale Erfahrung beeinflussen. Vielleicht beruht unser intuitives Wissen, ob jemand eine gute oder schlechte Energie hat, auf den von unserem Herzen ausgesendeten elektromagnetischen Feldern.

Wie hängt das nun alles zusammen? Neuronen in Darm und Herz kommunizieren über eine leistungsfähige Nervenbahn, den sogenannten Vagusnerv, mit dem Gehirn. Der Wortteil *Vagus* lässt sich von der lateinischen Wurzel für »wandern« ableiten. Diese Nervenbahn »wandert« durch unseren Körper, sammelt sensorische Informationen über den Zustand unserer Organe (wie beispielsweise Darm und Herz) und überträgt sie zum Gehirn. Etwa 90 Prozent der Fasern im Vagusnerv übertragen Informationen in eine Richtung, vom Darm zum Gehirn.[3] Insofern können die Gefühle aus dem Darm und dem Herzen zutreffender sein als unsere kognitive Interpretation dieser Gefühle. Unser Darm und Herz wissen einfach manche Dinge zuerst. Beispielsweise durchläuft der Vagusnerv die Kehle und das Innenohr und kann die Angst in der Stimme eines anderen Menschen hören, bevor unser Gehirn es tut, auch wenn der Betreffende völlig ruhig wirkt. Studien, bei denen der Blutzufluss im Gehirn mithilfe von fMRT (funktionelle Magnetresonanztomographie) untersucht wurde, führten zu der Schlussfolgerung, dass unser peripherer Blutdruck vor dem Blutdruck in unserem Gehirn ansteigt, wenn wir mit einer Gefahr rechnen.[4]

Angst kann Herzrasen und Übelkeit verursachen, Stress wirkt sich auf Blutdruck und Appetit aus. Und anders als lange angenommen, laufen diese Prozesse nicht nur in eine Richtung, also nicht nur vom Gehirn zum Körper. Es deuten sich große Erkenntnisse an im Hinblick auf die Verbindungen zwischen Körper und Geist, die unsere zuverlässigste Quelle für Gesundheit, Glück und Erfolg darstellen – die Intuition.

Unsere Interpretation der Intuition kann sicher falsch sein, aber unsere Intuition irrt sich nie. Sie basiert auf einem komplexen System miteinander verbundener Prozesse. Dazu gehören die logische, lernende linke Gehirnhälfte, die emotionale, intuitive rechte Gehirnhälfte, der Vagusnerv, Herz, Darm und natürlich unsere sensorischen Systeme, einschließlich der Spiegelneuronen und ihrer elektromagnetischen Felder.

Während des größten Teils der Menschheitsgeschichte verließen wir uns ausschließlich auf unsere Intuition – die Kombination aus angeborenem Wissen und dem, was wir aus unserer unmittelbaren Umgebung gelernt hatten. Statt im Internet nach Informationen zu surfen, lernten unsere jagenden und sammelnden Vorfahren täglich und praktisch etliche Pflanzen- und Tierarten kennen und erkundeten, welche Nahrungsmittel essbar, giftig oder heilkräftig waren. Anthropologen haben das Leben der Jäger und Sammler als die »einzige stabile Lebensweise, die der Mensch je gekannt hat« beschrieben.[5] Unser Zeitalter könnte dagegen die instabilste Daseinsform sein, die der Mensch je gekannt hat, weil wir oft völlig den Kontakt zu unserer Intuition verlieren.

Wenn unsere Entscheidungen auf Angst basieren, haben wir ein echtes Problem. Leider lösen die Herausforderungen des 21. Jahrhunderts, gepaart mit uralten Elternsorgen, immer wieder Ängste aus, aber vielleicht sind diese Ängste viel größer, als sie sein müssten. Sie ergreifen von uns Besitz, sodass unsere niederen Gehirnanteile das Steuer übernehmen und viele unserer anderen Triebe – Schlaf, Spiel, Geselligkeit – auf den Rücksitz verweisen. Dabei ist uns möglicherweise nicht klar, dass wir durch ein Leben in Angst so weit aus dem Gleichgewicht geraten, dass wir echte Gefahren nicht mehr erkennen. Nehmen wir meine Patienten mit Drogenproblemen. Bei vielen von ihnen ist die Sucht schon lebensbedrohlich weit fortgeschritten, bevor ihre Eltern überhaupt etwas bemerken. Wir erkennen auch nicht mehr, was wir als Menschen brauchen: unsere Überlebensgrundlagen, Spiel und Erforschen, Gemeinschaft und Engagement. Es ist wirklich erschreckend, was abgelenkte, überbehütende, von Sammelwut und übertriebenem Konkurrenzdenken getriebene Eltern nicht sehen, auch wenn es direkt vor ihren Augen passiert. Natürlich stehen Eltern unter extremem Druck, und unter solchen Umständen ist es manchmal schwierig, tief Luft zu holen, ruhig zu bleiben und sich mithilfe der Intuition auf das größere Ganze zu konzentrieren, das wirklich zählt. Aber heute ist es wichtiger denn je, dass wir genau das tun.

Wir stehen als Eltern täglich vor zahllosen Entscheidungen. Soll ich meinen Sohn aufwecken oder noch fünf Minuten schlafen lassen? Wie soll ich auf das Gemecker meiner Tochter reagieren, wenn ich sie morgens zur Eile mahne? Soll ich es ignorieren? Soll ich ihr freundlich sagen, dass ich ihr einen Gefallen tue, wenn ich sie an ihre Schulbücher erinnere, oder ist heute der Tag, an dem ich ihr Geschimpfe in Grenzen verweisen sollte? Soll ich eine Stunde länger im Büro bleiben, um meine Arbeit fertigzustellen? Soll ich Vollkorn-, Misch- oder Weißbrot kaufen? Und so weiter und so fort. Wie können wir als Eltern alle diese Entscheidungen, vor denen wir tagtäglich stehen, logisch durchdenken? Wir können es nicht und wir müssen es auch nicht, wenn wir Zugang zu unserer Intuition haben. Verunsicherung aufgrund von Überforderung führt dazu, dass unsere niederen Gehirnregionen in den Angstmodus umschalten, sodass wir unseren Kampf-, Erstarrungs- oder Fluchtinstinkt ausagieren. Aber eigentlich können wir viel besser reagieren und unser ganzes Gehirn im Bewusstsein unserer Wahlmöglichkeiten nutzen. Wenn wir am Kopf eines Babys schnuppern, niederknien und mit unseren Kindern sprechen oder sie spontan umarmen, sind wir mit einer angeborenen Intelligenzebene verbunden, die wir ebenso wenig verstehen wie die Delfine und auch nicht wirklich verstehen müssen. Wir haben die Möglichkeit, unsere Intuition zu kultivieren und unserer wahren inneren Natur Geltung zu verschaffen. Keine Sorge – Sie dürfen immer noch gelegentlich in Panik geraten, was unseren niederen Gehirnregionen zugutekommt, oder Erziehungsblogs oder -bücher lesen, was unserer linken Gehirnhälfte zugutekommt. Aber gute Entscheidungen fallen uns leichter, wenn alle Teile des Gehirns und Körpers einbezogen sind und unsere Intuition zum Tragen kommt.

Delfin-Erziehung: ein ausgewogener, ganzheitlicher Ansatz

Delfin-Eltern streben einen ausgewogenen, ganzheitlichen Ansatz an – sie verbinden ihre natürliche innere Weisheit mit dem aus der Umgebung erworbenen Wissen und folgen so ihrer Intuition. Delfin-Eltern wissen, dass Erziehung im 21. Jahrhundert leicht aus dem Gleichgewicht geraten kann, und dass das auch für unsere Kinder gilt. Vielleicht sagen sie sich: »Ja, ich sehe, wie alle anderen es machen, aber nach meinem Empfinden ist das einfach nicht richtig und für meine Familie nicht sinnvoll.« Delfin-Eltern passen sich ständig an eine im Wandel begriffene Welt an, achten dabei auf ihre biologischen Bedürfnisse und verraten ihre Werte nicht.

Schauen wir uns noch einmal einige Herausforderungen an, mit denen Eltern im 21. Jahrhundert konfrontiert sind, und erinnern uns, wie Delfin-Eltern damit umgehen:

- **Delfin-Eltern sind nicht autoritär, sondern autoritativ.** Delfin-Eltern lassen sich von der Generationenkluft zwischen sich und ihren Kindern nicht einschüchtern und werden weder zu nachgiebigen Quallen noch zu autoritären Tigern.
- **Delfin-Eltern machen sich die Globalisierung zunutze.** Delfin-Eltern ermutigen ihre Kinder, mit Kindern aus anderen Kulturen und aus anderen Ländern Kontakte zu knüpfen, Netzwerke aufzubauen, zu kommunizieren, zu kooperieren und zu konkurrieren. Sie wissen, dass die Zukunft noch mehr globale, kulturübergreifende Verbindungen bringen wird und dass die Anpassung an kulturelle Vielfalt in der Nachbarschaft, in der Schule und am Arbeitsplatz zum Aufbau kultureller Intelligenz beiträgt.
- **Delfin-Eltern wissen, dass die Technologie aus unserem Leben nicht mehr wegzudenken ist.** Delfin-Eltern sprechen mit ihren Kindern über die Macht und die Risiken der modernen Technologien und leiten sie zu einer angemessenen und effektiven Nutzung an. Sie unterstützen eine ausgewogene Nutzung der Technologie und begrüßen ihren Einsatz zur Förderung des KQ. Delfin-Eltern fördern eine gesunde Haltung gegenüber der Technologie, indem sie konsequent Grenzen setzen, aber sich gleichzeitig an den schnellen Wandel anpassen.
- **Delfin-Eltern nutzen Medien zu Informations- und Unterhaltungszwecken – aber mit Verstand und Bedacht.** Delfin-Eltern sind sich darüber im Klaren, dass durch den 24-Stunden-Nachrichtenzyklus, Reality-TV, soziale Medien und Werbung in unserem an sich schon stressigen Leben noch weitere Ängste geschürt werden. Bevor sie etwas kaufen oder nachahmen, holen sie vorher ein paarmal tief Luft, wägen gründlich die Vor- und

Nachteile ab und machen sich ihre eigenen Werte bewusst. Wenn sie einmal wirklich verunsichert sind oder in Versuchung geraten, bitten sie erfahrene Eltern aus ihrem Freundeskreis um Rat.

- **Delfin-Eltern, die alleinerziehend sind oder wenig Unterstützung aus der Familie bekommen, legen Wert darauf, sich mit anderen zu vernetzen.** Delfin-Eltern teilen sich Dinge wie Babysitten und Fahrdienste mit anderen Eltern. Sie arbeiten kreativ am Aufbau eines Netzwerks und verlieren dieses Ziel nicht aus den Augen, auch wenn es Zeit braucht. Gleichzeitig hören sie auf ihre Intuition und bauen Vertrauen auf, bevor sie ihre Kinder dem Einfluss anderer aussetzen.
- **Delfin-Eltern finden Lösungen für Probleme im Hinblick auf die Work-Life-Balance.** Delfin-Eltern lassen nicht zu, dass sie von beiden Enden her abbrennen. Sie wissen, dass sie nicht perfekt sein müssen und unternehmen gegebenenfalls Schritte, um ihre Arbeitslast zu verringern. Sie können bei Bedarf um Hilfe bitten und anderen Hilfe leisten.
- **Für die Schullaufbahn ihrer Kinder hoffen Delfin-Eltern das Beste und machen entsprechende Pläne.** Für Delfin-Eltern ist die beste Schule oder Hochschule nicht notwendigerweise diejenige, die am besten für ihr Kind ist und seine Talente optimal fördert. Delfin-Eltern wissen, dass die Kindheit die einzige Grundlage des Lebens ist und dass deshalb eine ausgewogene Kindheit nicht aufs Spiel gesetzt werden darf – auch nicht für eine Elite-Universität. Das heißt natürlich nicht, dass Delfin-Eltern ihre Kinder von der Bewerbung für eine Top-Hochschule oder einen begehrten Studiengang abhalten! Delfin-Kinder schaffen es oft genug, solche hochgesteckten Ziele aus

eigener Motivation heraus zu erreichen. Delfin-Eltern wissen, dass der beste Weg zu kurz- und langfristiger Höchstleistung darin besteht, Gesundheit und Gleichgewicht zu bewahren und sich mithilfe des KQ anzupassen.

- **Delfin-Eltern entscheiden sich für den Weg des Delfins.** Delfin-Eltern nutzen ihre Intuition und sehen daher ihre Kinder so, wie sie wirklich sind. Sie achten auf die Bindung zu ihren Kindern und nutzen sie, um sie wirkungsvoll anzuleiten. Sie führen selbst ein ausgewogenes Leben. Sie praktizieren tiefe Atmung. Sie handeln gemäß dem Wissen, dass Balance, Intuition, Vorbildsein und Anleiten die effektivsten Erziehungswerkzeuge sind. Diese Werkzeuge sind Teil unserer Biologie und damit Teil dessen, was für uns vorgesehen ist, wozu wir uns getrieben fühlen und wofür wir belohnt werden. Die Belohung besteht in der Freude, die Eltern empfinden, wenn ihre Kinder gesund, glücklich, motiviert und wahrhaft erfolgreich sind. Wenn sich irgendetwas nicht richtig anfühlt, sehen sie das als Signal dafür, dass sie gegen ihre Intuition handeln und im Begriff sind, aus dem Gleichgewicht zu geraten. Delfin-Eltern ziehen ihre Kinder in der realen Welt auf und passen sich ständig an ihre Umgebung an. Sie setzen hohe Erwartungen in ihre Kinder für ein in jeder Hinsicht erfolgreiches Leben. Sie führen selbst ein Leben und schaffen ein Lebensumfeld für ihre Kinder, in dem sich das volle menschliche Potenzial erschließt. Aber trotz dieser hehren Ziele ist Erziehung nach dem Delfin-Prinzip viel einfacher als Erziehung nach dem Tiger-Prinzip. Wie wir wissen, ist einfach nicht gleichbedeutend mit leicht, aber in diesem Fall bedeutet es »höchst wirksam«.

Großartige Eltern, großartige Kinder

Was passiert, wenn wir im Gleichgewicht sind? Wir planen nicht zu viele Termine ein, wir üben nicht zu viel Druck aus, wir geben nicht zu viele Anweisungen und überwachen nicht zu sehr. Wir sehen das Leben nicht als Wettbewerb. Wir stehen nicht unter dem Druck, mit unseren Nachbarn mithalten zu müssen. Wir sammeln nicht zu viel, wir überbehüten nicht. Wir geben dem Schlaf, einer gesunden Ernährung, sportlicher Aktivität und tiefem Atmen Priorität. Wir verstehen, dass die Welt sich verändert und dass wir uns anpassen müssen, statt in eine Lebensweise zurückzufallen, die nicht mehr in unsere Welt passt. Wir geben dem KQ den Vorzug gegenüber stumpfsinnigem Auswendiglernen, sodass wir uns anpassen und das, was uns zu einzigartigen Individuen macht, besser zur Geltung bringen können. Wir messen dem Spielen und Erforschen ebenso viel Wert bei wie traditionellem Lernen. Wir bleiben mit unserer Gemeinschaft in Verbindung und engagieren uns in ihr; indem wir über unseren Tellerrand hinaussehen, zeigen wir unseren Kindern, wie man Beziehungen eingeht, seine Identität findet, Vertrauen aufbaut, Respekt gewinnt, Verantwortung übernimmt und sich für andere Menschen und die Welt, in der wir leben, einsetzt. Wir lassen unsere Kinder selbstständig Entscheidungen treffen (auch wenn es nicht immer die besten sein mögen), weil ihre Kontrollinstanz und ihr Antrieb in ihnen selbst angesiedelt sind, nicht in uns. Wir erlauben uns selbst und unseren Kindern, gesund, glücklich, motiviert und erfolgreich zu sein.

Ich bin mir durchaus der Tatsache bewusst, dass all das leichter gesagt als getan ist. Ich hoffe aufrichtig, dass dieses

Buch bei Ihnen nicht den Eindruck hinterlassen hat, dass Ihre Aufgabenliste nun noch länger ist. Mein Ziel war es, Ihnen dabei zu helfen abzuwägen, was am wichtigsten ist, nämlich die Dinge, die uns am Leben erhalten und unserer Natur entsprechen, wenn wir uns nur darauf einstimmen. Sie müssen nicht aufgeschrieben werden und sie erfordern auch keine Anweisungen.

Dieses Buch kann Ihnen als Wegweiser dienen, den Sie bei Bedarf wieder und wieder zu Rate ziehen können. Lassen Sie mich nun noch ein paar letzte Gedanken hinzufügen, die Ihnen beim Antritt Ihrer Reise des Wandels hilfreich sein können.

Erstens: Auf jeder Reise, die Veränderungen erfordert, gibt es holprige Abschnitte. Aber mit jedem Stolperstein, den Sie überwinden, werden Sie stärker und kommen Ihrer echten Wandlung näher. Mit meinen Patienten spreche ich über die folgenden vier Stadien der Reise, von denen jedes näher an die Wandlung heranführt: Reaktion, Remission, Genesung und Erneuerung. Beispielsweise können Sie auf dieses Buch durch unmittelbare Einschränkung Ihres Tiger-Verhaltens reagieren. Darauf kann die Remission folgen, während der aber noch immer die Gefahr eines Rückfalls besteht. Darauf folgt die Genesung – der Tiger ist für immer verschwunden und Sie finden zum Gleichgewicht und zu Ihrem wahren Ich zurück. Wenn Sie langfristig ein ausgewogenes Leben führen, erneuert sich Ihre Vitalität und Sie haben das Gefühl, besser denn je zu sein.

Zwei Dinge erleichtern Ihnen das Überstehen dieser Stadien. Zum einen brauchen Sie Weggefährten. Studien zeigen, dass Menschen generell davon profitieren, wenn sie einen Prozess gemeinsam mit anderen durchlaufen (ganz gleich, ob es um Gewichtsabnahme oder Rauchentwöhnung geht). Als

Zweites sollten Sie sich ein Vorbild suchen – jemanden, den Sie als Elternteil und als Mensch respektieren. Dabei könnte es sich um einen Freund, einen Bekannten oder eine berühmte Persönlichkeit handeln. Ein Vorbild ist jemand, an den Sie denken oder den Sie anrufen, wenn Sie nicht weiterwissen, oder der Mensch, an den Sie denken, wenn Sie sich fragen: Was würde ... in dieser Situation tun?

Und was am wichtigsten ist: Sie sollten Ihre wahren Absichten als Eltern im Blick behalten, nämlich ein gesundes, glückliches und wirklich erfolgreiches Kind aufzuziehen. Die Gesundheit kommt an erster Stelle, weil sie die Basis für alles andere im Leben ist. Ein ausgewogenes Leben ist die beste Möglichkeit, seine Gesundheit zu bewahren. In unserer hektischen Welt müssen Gleichgewicht und Gesundheit für alle Eltern ein klares Ziel sein und dürfen nicht für selbstverständlich gehalten werden. Als Nächstes kommt Glück. Es ist ganz einfach: Wenn Ihr Kind unglücklich ist, sind Sie es auch. Und der Schmerz hört nicht auf, bis Sie sicher sein können, dass es Ihrem Kind wieder gut geht. Von dem Augenblick an, in dem wir Eltern werden, ist unser Glück mit dem unserer Kinder verwoben. Erfolg ist die Krönung der (körperlichen, seelischen und sozialen) Gesundheit, der Eigenmotivation und des Glücks, das Sahnehäubchen, das daraus resultiert, dass man weiß, wer man ist, zu welcher Gemeinschaft man gehört und welchen besonderen Beitrag man in der Welt leisten kann.

Immer wenn ich aus dem Gleichgewicht gerate oder mir in einer bestimmten Situation in Bezug auf meine Absichten unsicher bin, denke ich an meine Eltern und ihren Erziehungs- und Lebensstil. Ich habe meine Mutter schon immer für eine gute Mutter gehalten, obwohl sie ein sehr einfacher Mensch war, keine Bildung genossen hatte und nicht lesen konnte. Aber inzwischen glaube ich, dass sie genau deswegen eine so gute Mutter war. Sie konnte die ihr angeborene Intuition bewahren und weiterentwickeln – das Wissen und die Intelligenz, die die Natur allen Menschen geschenkt hat. In ihrem sehr aufreibenden Leben war sie in der Lage, alle Störgeräusche auszublenden und sich auf das zu konzentrieren, was zählte, weil sie ihre Intuition einsetzte. Sie maß dem gesunden Menschenverstand und dem Erfahrungswissen viel mehr Bedeutung bei als dem aus Büchern erworbenen Wissen. Sie tat nie etwas, das sich für sie nicht richtig anfühlte – insbesondere, wenn es um Kindererziehung ging. Sie lernte bereits in ihrer Kindheit, Antworten im Innern statt draußen zu suchen, und das gab ihr Balance. Meine Mutter ist ein sehr spiritueller Mensch, und sie nennt ihre Intuition ihren Geist. Was immer es ist und wie immer man es nennen mag – die Antwort ist immer in uns, auch wenn sie durchaus einmal lauten kann, dass man Hilfe oder Anleitung von außen braucht. Ob man an ein höheres Wesen, die Evolution, das Universum, Mutter Natur oder dem Zufall unterworfenes Chaos glaubt – in einem sind wir uns alle einig, nämlich dass alle Tiere von Natur aus wissen, was zu tun ist.

Da wir jetzt wissen, was wir wissen, brauchen wir die Tiger- oder Delfin-Metapher nicht mehr, denn alle Menschen sind in der Lage, großartige Eltern zu sein – aufgrund unserer unglaublichen und komplexen Biologie vielleicht sogar bessere Eltern als jede andere Spezies. Wir sind von Natur aus motiviert. Außerdem stellen Gesundheit, Glück und Anpassungsfähigkeit die menschliche Standardeinstellung dar. Kinder können von ihren Eltern viel lernen, aber auch wir als Eltern können von unseren Kindern viel lernen. Kinder beweisen, dass Vitalität, Liebe und Neugier dem Menschen angeboren sind. Sie beweisen auch, dass wir alle schlafen, uns bewegen, im Freien spielen, unsere Welt erforschen, soziale Bindungen eingehen und einander helfen sollen. Unsere Kinder verkörpern schiere Lebensfreude. Um gute Eltern zu sein, müssen wir nur das ergänzen, was wir intuitiv wissen. Mit der Natur als unserer Verbündeten können wir unseren Kindern liebevoll den Weg zu Gesundheit, Glück und Erfolg in allen Lebensbereichen weisen. Ich glaube nicht, dass irgendein anderes Tier das von sich behaupten kann.

Quellennachweis

Die Herrschaft des Tigers

1. C. H. Kinsley und R. A. Fransen: »The Pregnant Brain as a Revving Race Car«, *Scientific American*, January 19, 2010, http://www.scientificamerican.com/article.cfm?id=pregnant-brain-as-racecar
2. The National Alliance on Mental Illness: »NAMI on Campus«, abgerufen am 15. Januar 2014, http://www.nami.org/Template.cfm?Section=NAMI_on_Campus
3. World Health Organization: »Mental Health: A Call for Action by World Health Ministers«, 2001, http://www.who.int/mental_health/advocacy/en/Call_for_Action_MoH_Intro.pdf
4. National Counsel on Patient Information and Education: »'Get the Facts' Prescription Drug Abuse on College Campuses«, abgerufen am 15. Januar 2014, http://www.talkaboutrx.org/documents/GetTheFacts.pdf;
5. The NSDUH Report: »State Estimates of Nonmedical Use of Prescription Pain Relievers«, 8. Januar 2013, http://www.samhsa.gov/data/2k12/NSDUH115/sr115-nonmedical-use-pain-relievers.htm
6. World Health Organization: »Suicide Huge but Preventable Public Health Problem, Says WHO«, Pressemitteilung, 8. September 2004, http://www.who.int/mediacentre/news/releases/2004/pr61/ en/
7. M. Quigley: »Educational Baggage: The Case For Homework«, *REACT* 22 (Juni 2003), http://repository.nie.edu.sg/jspui/bitstream/10497/4088/1/2003Issue1.pdf#page=7
8. K. Perry: »Ohio Judge Orders Stalking Parents Away from Daughter«, *USA Today*, 26. Dezember 2012, http://www.usatoday.com/story/news/nation/2012/12/26/judge-orders-stalking-parents-away/1791795/
9. M. White und S. Swartzwelder: »What Are They Thinking?!: The Straight Facts about the Risk-Taking, Social-Networking, Still-Developing Teen Brain«. New York: W. W. Norton, 2013
10. K. Kross, P. Verduyn, E. Demiralp, J. Park, D. S. Lee, N. Lin, S. Holly, J.

Jonides und O. Ybarra: »Facebook Use Predicts Declines in Subjective Well-Being in Young Adults,« *PLoS ONE* 8, Nr. 8 (2013). doi:10.1371/journal.pone.0069841

11. American Academy of Pediatrics: »Children, Adolescents, and Advertising« *Pediatrics* 118, Nr. 6 (Dezember 2006); S. 2563-2569. doi:10.1542/peds.2006-2698
12. D. A. Christakis: »The Effects of Infant Media Usage: What Do We Know and What Should We Learn?« *Acta Paediatrica* 98, Nr. 1,(2009): S. 8-16. doi:10.1111/j.1651-2227.2008.01027.x
13. U.S. Census Bureau: »Single-Parent Households: 1980 to 2009«, US. Census Bureau, Statistical Abstract of the United States, 2012, http://www.census.gov/compendia/statab/2012/tables/12s1337.pdf
14. »Half of Americans Bring Work Home«, LiveScience.com, 13. Januar 2010, http://www.livescience.com/9796-americans-bring-work-home.html
15. United Nations Population Fund: »State of the World Population 2007: Unleashing the Potential of Urban Growth«. New York: United Nations Population Fund, 2007
16. C. Cakebread: »Boomerang Kids: 51 Percent of Canadians 21-24 Live at Home«, *Chatelaine*, 11. November 2011, http://www. chatelaine.com/living/budgeting/boomerang-kids-51-percent-of-canadians-21-24-live-at-home/
17. National Institute on Alcohol Abuse and Alcoholism: »Parenting to Prevent Childhood Alcohol Use«, National Institute on Alcohol Abuse and Alcoholism, Juli 2013, http://pubs.niaaa.nih.gov/publications/ adolescentflyer/adolFlyer.pdf
18. »Overindulgent Parents Harm Their Children«, Relationship Matters.com, 11. Juli 2010, http://www.relationshipmatters.com/ overindulgent-parents-harm-their-children/
19. J. Rigby: »Stop Overindulging Your Children«, Family Life.com, abgerufen am 15. Januar 2014, http://www.familylife.com/articles/topics/parenting/ foundations/character-development/stop-overindulging-your-children
20. Inoue und N. Kawakami: »The Japan Work Stress and Health Cohort Study Group, Interpersonal Conflict and Depression among Japanese Workers with High or Low Socioeconomic Status: Findings from the Japan Work Stress and Health Cohort Study«, *Social Science & Medicine* 71, Nr. 1 (Juli 2010): S. 173-180, http://dx.doi.org/10.1016/j.socscimed.2010.02.04
21. J. de Graaf, D. Wann und T. Naylor: »Affluenza: How Overconsumption Is Killing Us«. San Francisco: Berrett Koehler, 2014
22. De Botton: *»Status Anxiety«*. New York: Pantheon, 2004

Defizite von Tiger-Kindern

1. W. Pei-Chang, T. Chia-Ling, W. Hsiang-Lin, Y. Yi-Hsin, K. Hsi-Kung: »Outdoor Activity during Class Recess Reduces Myopia Onset and Progression in School Children«, *Ophthalmology* 120, Nr. 5 (1. Mai 2013): S. 1080-1085 doi:10.1016/j.ophtha.2012.11.009
2. »Physical Activity and Sedentary Behavior's Association with Body Weight in Korean Adolescents«, Pubmed.gov, February 23, 2013, http://www.ncbi.nlm.nih.gov/pubmed/22805715 content_15227568.htm
3. E. Yard und R. Comstock: »Compliance with Return to Play Guidelines Following Concussion in U.S. High School Athletes, 2005-2008«, *InformaHealthcare* 23, Nr. 11 (2009): S. 888-898
4. L. Bakhos, G. Lockhart und R. Myers: »Emergency Department Visits for Concussion in Young Child Athletes«, *Pediatrics* 126, Nr. 3 (2010): S: 550-556; http://www.cdc.gov/traumaticbraininjury/pdf/BlueBook_fact sheet-a.pdf
5. Stanford University: »Academic Cheating Fact Sheet«, abgerufen am 15. Januar 2014, http://www.stanford.edu/class/engr110/cheating.html
6. J. M. Twenge, B. Gentile, C. N. DeWall, D. Ma, K. Lacefield und D. R. Schurtz: »Birth Cohort Increases in Psychopathology among Young Americans, 1938-2007: A Cross-Temporal Meta-Analysis of the MMPI«, *Clinical Psychology Review* 30, Nr. 2 (2010): S. 145-154. doi:10.1016/j.cpr.2009.10.005
7. ebd.
8. J. Whitlock, J. Muehlenkamp, A. Purington, J. Eckenrode, P. Barreira, G. B. Abrams, T. Marchell, V. Kress, K. Girard, C. Chin und K. Knox: »Nonsuicidal Self-Injury in a College Population: General Trends and Sex Differences«, *Journal of American College Health* 59, Nr. 8 (2011): S. 691-698; K. Lunau: »Campus Crisis: The Broken Generation«, *Maclean's*, 5. September 2012, http://www2.macleans.ca/2012/09/05/ the-broken-generation/
9. R. Grenoble: »Chinese Students Sign 'Suicide Waivers' Before Starting College«, *Huffington Post*, 18. September 2013, http://www.huffingtonpost.com/2013/09/18/chinese-students-suicide-waiver_n_3948310.html view/1579/810
10. S. Y. Kim, Y. Wang, D. Orozco-Lapray, Y. Shen, M. Murtuza: »Does'Tiger Parenting' Exist? Parenting Profiles of Chinese Americans and Adolescent Developmental Outcomes«, *Asian American Journal of Psychology* 4, Nr. 1 (2013): S. 7-18
11. ebd.
12. USC Center for Enrollment Research, Policy, and Practice: »A Call for Individual and Collective Leadership«. Los Angeles: USC Center

for Enrollment Research, Policy, and Practice, 2011, http://www.usc.edu/ programs/cerpp/docs/CERPP_ConferenceReport_FINALfor-print.pdf

13. ebd.
14. ebd.
15. IBM: »Capitalizing on Complexity«. Somers: IBM, 2010, http://public.dhe.ibm.com/common/ssi/ecm/en/gbe03297usen/GBE03297USEN.PDF
16. J. Twenge, E. C. Freeman und W. K. Campbell: »Generational Differences in Young Adults' Life Goals, Concern for Others, and Civic Orientation, 1966 -2009«, *Personality Processes and Individual Differences* 22, Nr. 5 (2012): S. 1045-1062, http://www.apa.org/pubs/journals/releases/psp-102-5-1045.pdf; A. G. Walton: »Millennial Generation's Non-Negotiables: Money, Fame and Image«, *Forbes,* 19. März 2012, http://www.forbes.com/sites/alicegwalton/2012/03/19/millennial-generations-non-negotiables-money-fame-and-image/
17. Jason Dorsey, Interview bei *The Early Show,* CBS, 13. November 2011, http://www.youtube.com/watch?v=K7HiQxnLMyo&feature=related
18. S. Hofferth und J. Sandberg: »Changes in American Children's Time«, 1981-1997. Ann Arbor: Populations Studies Center at the Institute for Social Research, University of Michigan Institute, 1999, http://www.psc.isr.umich.edu/pubs/pdf/rr00-456.pdf

Das 21. Jahrhundert – Zeitalter des Delfins

1. »Industry Overview—Synovate Report«, *Hkexnews.hk,* abgerufen am 15. Januar 2014, http://www.hkexnews.hk/reports/prelist/Documents/EMOEDU-20110616-10.pdf
2. C. Kim: »Korean Tiger Moms Scrimp for Tutors in Blow to Spending: Economy«, *Bloomberg.com,* 14. Juni 2013, http://www.bloomberg.com/news/2013-06-14/korean-tiger-moms-scrimp-for-tutors-in-blow-to-consumer-spending.html
3. Ripley: »Teacher, Leave Those Kids Alone«, *TIME.com.* 25. September 2011, http://content.time.com/time/magazine/article/0,9171,2094427,00.html
4. S. E. Abrams: »The New Republic: The U.S. Could Learn from Finland«, *NPR,* 28. Januar 2011, http://www.npr.org/2011/01/28/133301331/the-new-republic-the-u-s-could-learn-from-finland
5. F. Zakaria: »GPS Special—Restoring the American Dream: Fixing Education«, *CNN,* 11. Juni 2011
6. A. Taylor: »26 Amazing Facts About Finland's Unorthodox Education System«, *Business Insider,* 14. Dezember 2011

7. A. Bryant: »On GPAs and Brainteasers: New Insights from Google on Recruiting and Hiring«, LinkedIn, 20. Juni 2013
8. ebd.
9. D. Wisenberg: »How Young Entrepreneurs Turned a Tweet from Richard Branson into $1 Million«: *Entrepreneur,* 11. Juli 2012, http://www.entre-preneur.com/article/223954
10. G. Mason: »UBC Moves to Broaden Student Population«, *Globe and Mail,* 10. September 2012, http://www.theglobeandmail.com/ news/british-columbia/ubc-moves-to-broaden-student-population/article1360143/
11. P. Wiseman: »Firms Seek Grad Who Can Think Fast, Work in Teams«, *AP,* 24. Juni 2013, http://bigstory.ap.org/article/firms-seek -grads-who-can-think-fast-work-teams
12. ebd.
13. ebd.
14. G. E. Vaillant: »Triumphs of Experience: The Men of the Harvard Grant Study«. Cambridge: Belknap of Harvard University Press, 2012
15. M. Bardo: »Divided Dolphin Societies Merge 'for First Time'«, *BBC Nature News,* 30. Juli 2012, http://www.bbc.co.uk/nature/18985101

Das Erfolgsgeheimnis der Delfine

1. L. J. Nelson, L. M. Padilla-Walker, K. J. Christensen, C. A. Evans und J. S. Carrol: »Parenting in Emerging Adulthood: An Examination of Parenting Clusters and Correlates«, *Journal of Youth and Adolescence* 40, Nr. 6 (Juni 2011): S. 730-743, http://link.springer.com/article/10.1007/s10964-010-9584-8#
2. D. E. Bednar und T. D. Fisher: »Peer Referencing in Adolescent Decision Making as a Function of Perceived Parenting Style«, *Adolescence* 38(2003): S. 607-621
3. »Vitality«, Dictionary.com, abgerufen am 15. Januar 2014, http://dictionary.reference.com/browse/vitality

Leben nach dem Delfin-Prinzip: Die Grundlagen

1. S. Tucker: »Two-Thirds of Americans Don't Drink Enough«, Boston College, 7. Januar 2011, http://www.bc.edu/offices/dining/nutrition/ topics/drinkenough.html
2. Obesity Prevention Source—Harvard School of Public Health: »Adult Obesity«, 5. Januar 2014, http://www.hsph.harvard.edu/obesity-prevention-source/obesity-trends/obesity-rates-worldwide
3. World Health Organization: »Silent Killer, Global Public Health Crisis«,

3. April 2013, http://www.who.int/campaigns/world-health-day/2013/en/

4. G. Kolata: »For the Overweight, Bad Advice by the Spoonful«, *New York Times,* 30. August 2007, http://www.nytimes.com/ref/health/healthguide/esn-obesity-ess.html; Y. Wang und M. A. Beydoun: »The Obesity Epidemic in the United States-Gender, Age, Socioeconomic, Racial/Ethnic, and Geographic Characteristics: A Systematic Review and Meta-Regression Analysis«, *Epidemiology Review* 29, Nr. 1 (2007): S. 6-28, http://epirev.oxfordjournals.org/content/29/1/6.full
5. »The Global Burden of Disease Study 2010«, *Lancet,* 13. Dezember 2012, http://www.thelancet.com/themed/global-burden-of-disease
6. The Alliance for Eating Disorders Awareness: »Eating Disorder Statistics«, abgerufen am 15. Januar 2014, http://www.ndsu.edu/fileadmin/counseling/Eating_Disorder_Statistics.pdf
7. ebd.
8. C. M. Shisslak, M. Crago und L. S. Estes: »The Spectrum of Eating Disturbances«, *International Journal of Eating Disorders* 18, no. 3 (1995): S. 209-219
9. National Eating Disorders Association: »Diversity: Eating Disorders Don't Discriminate«, abgerufen am 15. Januar 2014, http://www.nationale-atingdisorders.org/diversity
10. S. H. Kennedy, R. W. Lam, S. V. Parikh, S. B. Patten und A. V. Ravindran: »Canadian Network for Mood and Anxiety Treatments (CANMAT) Clinical Guidelines for the Management of Major Depressive Disorder in Adults«, *Journal of Affective Disorders* 117, Lieferung 1 (2009): S. 26-43, http:// www.canmat.org/resources/CANMATDepressionGuidelines2009.pdf
11. Kaiser Family Foundation: »Generation M2: Media in the Lives of 8 to 18 Year Olds«, Januar 2010, http://kaiserfamilyfoundation.files.wordpress.com/2013/04/8010.pdf
12. C. E. Landhuis, R. Pulton, D. Welch und R. J. Hancox: »Does Childhood Television Viewing Lead to Attention Problems in Adolescence? Results From a Prospective Longitudinal Study«, *Pediatrics* 120, Nr. 3 (2007): S. 532-537. doi:10.1542/peds.2007-0978
13. M. E. Schmidt, T. A. Pempek, H. L. Kirkorian, A. Frankenfield Lund und D. R. Anderson: »The Effects of Background Television on the Toy Play Behavior of Very Young Children«, *Child Development* 79, Nr. 4 (Juli/August 2008): S. 1137-1151
14. Entertainment Software Association: »Sixty-Eight Percent of U.S. Households Play Computer or Video Games«, Pressemitteilung, 2. Juni 2009, http://www.theesa.com/newsroom/release_detail.asp?releaseID=65

15. Nielsen Newswire: »U.S. Homes Add Even More TV Sets in 2010«, Pressemitteilung, 28. April 2010, http://www.nielsen.com/us/en/newswire/2010/u-s-homes-add-even-more-tv-sets-in-2010.html
16. ebd.
17. R. Nauert: »Dreams Are Key to Memory« PsychCentral, 26. April 2010, http://psychcentral.com/news/2010/04/26/dreams-are-key-to-memory/13157.html
18. A. Novotney: »The Science of Creativity«, gradPSYCH, Januar 2009, http://www.apa.org/gradpsych/2009/01/creativity.aspx
19. U. Wagner, S. Gais, H. Haider, R. Verleger und J. Born: »Letters to Nature: Sleep Inspires Insight«, *Nature* 427 (22. Januar 2004): S. 352-355, http://www.nature.com/nature/journal/v427/n6972/abs/nature02223.html
20. S. Sharma und M. Kavuru: »Sleep and Metabolism: An Overview«, *International Journal of Endocrinology* (28. April 2010), http://www.hindawi.com/journals/ije/2010/270832/
21. C. Guilleminault und S. N. Brooks: »Excessive Daytime Sleepiness: A Challenge for the Practising Neurologist«, *Brain* 124, Nr. 8 (2001): S. 1482-1491
22. M. W. Chee und W. C. Choo: »Functional Imaging of Working Memory after 24 Hr of Total Sleep Deprivation«, *The Journal of Neuroscience* 24, Nr. 19 (2004): S. 4560-4567
23. Hypertension/High Blood Pressure Health Center: »Hypertension Overview,« WebMD.com, http://www.webmd.com/hypertension-high-blood-pressure/default.htm
24. A. R. Wolfson und M. A. Carskadon: »Sleep Schedules and Daytime Functioning in Adolescents«, *Child Development* 69, Nr. 4 (1998): S. 875-887, http://www.ncbi.nlm.nih.gov/pubmed/9768476
25. Centers for Disease Control and Prevention: »How Much Sleep Do I Need?«, 13. November 2013, http://www.cdc.gov/sleep/about_sleep/how_much_sleep.htm

Spielen liegt in unserer Natur

1. P. Gray: »All Work and No Play Make the Baining the 'Dullest Culture on Earth'«, *Psychology Today*, 20. Juli 2012. http://www.psychologytoday.com/blog/freedom-learn/201207/all-work-and-no-play-make-the-baining-the-dullest-culture-earth
2. ebd.
3. S. L. Brown und C. C. Vaughan: »Play: How It Shapes the Brain, Opens the Imagination, and Invigorates the Soul«. New York: Avery, 2009, S. 112
4. ebd.

5. ebd., S. 9
6. The National Institute for Play: »Play Science — The Patterns of Play«, abgerufen am 14. Januar 2014, http://www.nifplay.org/states_play.html
7. L. Cosmides und J. Tooby: »Evolutionary Psychology: A Primer«. Santa Barbara: Center for Evolutionary Psychology, University of California, 1997, http://www.cep.ucsb.edu/primer.html
8. The National Institute for Play: »Play Science — The Patterns of Play«, abgerufen am 14. Januar 2014, http://www.nifplay.org/states_play.html
9. ebd.
10. F. R. Wilson: »The Hand: How Its Use Shapes the Brain, Language, and Human Culture«. New York: Vintage, 1999
11. S. B. Kaufman: »The Need for Pretend Play in Child Development«, *Beautiful Minds* (Blog), 6. März 2012, http://www.psychologytoday.com/blog/beautiful-minds/201203/the-need-pretend-play-in-child-development
12. M. Root-Bernstein: »Imaginary Worldplay as an Indicator of Creative Giftedness«, *Psychology Today*, 2. Dezember 2008, http://www.psychologytoday.com/files/attachments/1035/imaginary-worldplay-indicator-creative-giftedness.pdf
13. The National Institute for Play: »Play Science — The Patterns of Play«, abgerufen am 14. Januar 2014, http://www.nifplay.org/states_play.html
14. ebd.; Stuart Brown: »Play Is More Than Just Fun«, TED Talks, Mai 2008. http://www.ted.com/talks/stuart_brown_says_play_is_more_than_fun_it_s_vital.html
15. The National Institute for Play: »Play Science — The Patterns of Play«, abgerufen am 14. Januar 2014, http://www.nifplay.org/states_play.html
16. ebd
17. R. Ahern, R. Beach, S. Moats Leibke, I. Proud, A.-M. Spencer und E. Strickland: »The Benefits of Play Go Well Beyond Physical Fitness«, *Exchange Magazine*, September 2011, https://secure.ccie.com/library/5020168.pdf
18. The National Institute for Play: »Play Science — The Patterns of Play«, abgerufen am 14. Januar 2014, http://www.nifplay.org/states_play.html
19. P. LaFreniere: »Evolutionary Functions of Social Play: Life Histories, Sex Differences, and Emotion Regulation«, *American Journal of Play* 3, Nr. 4(2011): S. 464-488
20. Stuart Brown: »Play Is More Than Just Fun«, TED Talks, Mai 2008. http://www.ted.com/talks/stuart_brown_says_play_is_more_than_fun_it_s_vital.html

21. ebd.; M. Monroe: »What's Your Play Personality?«, Empowered to Connect, abgerufen am 15. Januar 2014, http://empoweredtoconnect.org/whats-your-play-personality/
22. D. Elkind: »Can We Play?«, Greater Good, 1. März 2008, http://greatergood.berkeley.edu/article/item/can_we_play
23. ebd.
24. ebd.
25. B. Azar: »It's More Than Fun and Games«, *Monitor on Psychology* 33, Nr. 3 (März 2002): S. 50, http://www.apa.org/monitor/mar02/morefun.aspx
26. S. L. Brown und C. C. Vaughan: »Play: How It Shapes the Brain, Opens the Imagination, and Invigorates the Soul«. New York: Avery, 2009
27. »Charles Joseph Whitman«, *Murderpedia,* abgerufen am 15. Januar 2014, http://murderpedia.org/male.W/w/whitman-charles.htm
28. The National Institute for Play: »Play Deprived Life—Devastating Result«, abgerufen am 10. Dezember 2013, http://www.nifplay.org/whitman.html
29. S. L. Brown und C. C. Vaughan: »Play: How It Shapes the Brain, Opens the Imagination, and Invigorates the Soul«. New York: Avery, 2009, S. 43
30. ebd.
31. ebd.
32. H. Cooper, J. C. Robinson und E. A. Patall: »Does Homework Improve Academic Achievement? A Synthesis of Research, 1987-2003«, *Review of Educational Research* 76, Nr. 1 (2006): S. 1-62
33. S. L. Brown und C. C. Vaughan: »Play: How It Shapes the Brain, Opens the Imagination, and Invigorates the Soul«. New York: Avery, 2009, S. 48
34. R. Louv: »Last Child in the Woods«. New York: Algonquin Books of Chapel Hill, 2005
35. A. Cramb: »Jogging in Forest Twice as Good as Trip to Gym for Mental Health«, *Telegraph,* 20. Juni 2012, http://www.telegraph.co.uk/health/healthnews/9344129/Jogging-in-forest-twice-as-good-as-trip-to-gym-for-mental-health.html
36. ebd.
37. University of Rochester: »Spending Time in Nature Makes People Feel More Alive, Study Shows«, 3. Juni 2010, http://www.rochester.edu/news/show.php?id=3639
38. »Leonardo da Vinci Quotations«, Leading Thoughts, abgerufen am 16. Januar 2014, http://www.leadershipnow.com/creativityquotes.html

39. J. Dyer, H. Gergersen und C. M. Christensen: »Five Discovery Skills that Distinguish Great Innovators«, Working Knowledge, Harvard Business School, 20. Juli 2011, http://hbswk.hbs.edu/item/6760.html
40. G. Wolf: »Steve Jobs: The Next Insanely Great Thing«, *Wired,* February 1996, http://www.wired.com/wired/archive/4.02/jobs_pr.html
41. »›You've Got to Find What You Love,‹ Jobs Says«, *Stanford Report,* 14. Juni 2005, http://news.stanford.edu/news/2005/june15/jobs-061505.html

Menschen sind soziale Wesen

1. M. Caney: »Dolphins Helping Humans«, Dolphin Way, 12. April 2011, http://www.dolphin-way.com/dolphins-%E2%80%93-the-facts/dolphins-helping-humans/
2. E. Young: »Dolphin Mums Need Help from Their Friends«, *Australian Geographic,* 2. November 2010, http://www.australiangeographic.com.au/ news/2010/11/dolphin-mums-need-help-from-their-friends/
3. »Community«, *Dictionary.com,* abgerufen am 4. November 2014, http://dictionary.reference.com/browse/community
4. Walton: »Millennial Generation's Non-Negotiables«
5. G. MacDonald und M. R. Leary: »Why Does Social Exclusion Hurt? The Relationship between Social and Physical Pain«, Psychological Bulletin 131, Nr. 2 (2005): S. 202-223, http://www.sozialpsychologie.uni-frankfurt.de/wp-content/uploads/2010/09/MacDonald-Leary-20051.pdf
6. D. Yates: »Researchers Look for Ingredients of Happiness around the World«. *News Bureau Illinois,* 29. Juni 2011, http://news.illinois.edu/news/11/0629happiness_eddiener.html
7. ebd.
8. E. W. Dunn, L. B. Aknin und M. I. Norton: »Spending Money on Others Promotes Happiness«, *Science* (März 2008): S. 1687-1688, https:// www.sciencemag.org/content/319/5870/1687.short
9. D. Rico: »The Science of Giving: Why Giving Feels So Good«, *Huffington Post,* 11. Januar 2012, http://www.huffingtonpost.com/2012/01/11/the-gift-of-giving_n_1200238.html
10. J. Moll, F. Krueger, R. Zahn, M. Pardini, R. de Oliveira-Souza, J. Grafman: »Human Fronto-Mesolimbic Networks Guide Decisions about Charitable Donation«, *Proceedings of the National Academy of Sciences of the United States of America* 103, Nr. 42 (2006): S. 15623-15628
11. J. Suttie, J. Marsh: »5 Ways Giving Is Good for You«, UC Berkeley, 13. Dezember 2010. http://greatergood.berkeley.edu/article/item/5_ways_giving_is_good_for_you.
12. ebd.
13. »Cases of Collaboration and the Five Elements of Discovery«, abgeru-

fen am 15. Januar 2014, http://128.143.168.25/classes/200R/Projects/Fall_1997/collaboration/tccprinciples.htm
14. P. Deyell-Gingold: »Successful Transition to Kindergarten: The Role of Teachers & Parents«, Earlychildhood NEWS, abgerufen am 14. Januar 2014, http://www.earlychildhoodnews.com/earlychildhood/article_view.aspx?ArticleID=477
15. J. Shulevitz: »The Lethality of Loneliness«, *New Republic,* 13. Mai 2013, http://www.newrepublic.com/article/113176/science-loneliness-how -isolation-can-kill-you
16. ebd.
17. F. Fromm-Reichmann: »Loneliness«. Washington: White Psychiatric Foundation, 1969
18. J. Shulevitz: »The Lethality of Loneliness«, *New Republic,* 13. Mai 2013, http://www.newrepublic.com/article/113176/science-loneliness-how -isolation-can-kill-you
19. G. Anderson: »Loneliness among Older Adults: A National Survey of Adults 45+«, AARP.org, September 2010, http://www.aarp.org/personal-growth/transitions/info-09-2010/loneliness_2010.html
20. N. Eisenberger, J. M. Jarcho, M. Lieberman und B. D. Naliboff: »An Experimental Study of Shared Sensitivity to Physical Pain and Social Rejection«, *Pain* 126 (2006): S. 132-138; J. Shulevitz: »The Lethality of Loneliness«, *New Republic,* 13. Mai 2013, http://www.newrepublic.com/article/113176/science-loneliness-how -isolation-can-kill-you
21. R. McCraty, M. Atkinson et al.: »The Electricity of Touc: Detection and Measurement of Cardiac Energy Exchange Between People«, 1969. Proceedings of the Fifth Appalachian Conference on Neurobehavioral Dynamics: Brain and Values, Radford VA, Lawrence Erlbaum Associates. Mahwah, NJ; R. McCraty, M. Atkinson et al.: »The Role of Physiological Coherence in the Detection and Measurement of Cardiac Energy Exchange Between People«, 1999. Proceedings of the Truth International Montreux Congress on Stress, Montreux, Schweiz
22. Y. Sankar: »Character Not Charisma Is the Critical Measure of Leadership Excellence«, *Journal of Leadership and Organizational Studies* 9, Nr. 4 (2003): S. 45-55, http://jlo.sagepub.com/content/9/4/45.short
23. Recker 1985
24. J. D. Creswell, W. T. Welch, S. E. Taylor, D. K. Sherman, T. L. Greunewald und T. Mann: »Affirmation of Personal Values Buffers Neuroendocrine and Psychological Stress Responses«, *Psychological Science* 16 (2005): S. 846-851
25. http://gratituderadiostations.com/gratitude-research/
26. J. Winifred: »GRATITUDE: Year-Round Attitude!«, Psychcentral.com,

21. November 2012, http://blogs.psychcentral.com/wellness/2012/11/gratitude-year-round-attitude/

Das Handwerkszeug für Delfin-Eltern

1. F. R. Niaraki und H. Rahimi: »The Impact of Authoritative, Permissive and Authoritarian Behavior of Parents on Self-concept, Psychological Health and Life Quality«, *European Online Journal of Natural and Social Sciences* (2. Januar 2013), http://european-science.com/eojnss/article/view/24
2. G. Dewar: »The Authoritative Parenting Style: Warmth, Rationality, and High Standards«, Parenting Science, zuletzt geändert im März 2013, http:// www.parentingscience.com/authoritative-parenting-style.html
3. J. Gross: »What Motivates Us at Work? 7 Fascinating Studies That Give Insights«, *TED* (Blog), 10. April 2013, http://blog.ted.com/2013/04/10/what-motivates-us-at-work-7-fascinating-studies-that-give-insights/
4. G. Dewar: »The Authoritative Parenting Style«; J. Kevans, J.C. Gibbs, *Society for Research in Child Development* 67, Nr. 6 (1996): 3263-3277, http://www.jstor.org/stable/1131778; A. Knafo, R. Plomin: »Parental Discipline and Affection and Children's Prosocial Behavior: Genetic and Environmental Links«, *Journal of Personality and Social Psychology* 90 (2006), 147-164
5. W. R. Miller und S. Rollnick: »Motivational Interviewing: Preparing People for Change«, New York, NY: Guilford, 2002
6. W. R. Miller und S. Rollnick: »Motivational Interviewing: Helping People Change«. New York, NY: Guilford, 2013
7. ebd.

Eigenmotivation ist von Dauer

1. »Professor Sir John Gurdon DPhil DSc FRS, Nobel Prize in Physiology or Medicine, 2012«, *Gurdon Institute,* zuletzt geändert am 9. Oktober 2012, http://www.gurdon.cam.ac.uk/jbg-report.html
2. K. Cherry: »What Is the Difference between Extrinsic and Intrinsic Motivation?«, *About.com,* abgerufen am 3. November 2013, http://psychology. about.com/od/motivation/f/difference-between-extrinsic-and-intrin-sic-motivation.htm
3. »Stages of Change Model«, University of Ottawa, zuletzt geändert am 31. Juli 2009, http://www.med.uottawa.ca/sim/data/Stages_of_Change_e. htm; M. Gold: »Stages of Change«, PsychCentral.com, abgerufen am 7. Januar 2014, http://psychcentral.com/lib/stages-of-change; »The Stages of Change«, Virginia Tech Continuing and Profes-

sional Education, abgerufen am 7. Januar 2014, http://www.cpe.vt.edu/gttc/presentations/8e-StagesofChange.pdf
4. »The Stages of Change«, Virginia Tech Continuing and Professional Education, abgerufen am 7. Januar 2014, http://www.cpe.vt.edu/gttc/presentations/8e-StagesofChange.pdf
5. »Eleanor Roosevelt Quotation«, Brainyquote.com, abgerufen am 16. Januar 2014, http://www.brainyquote.com/quotes/quotes/e/eleanorroo161633.html
6. M. J. Kang, M. Hsu, I. M. Krajbich, G. Loewenstein, S. M. McClure, J. T. Wang und C. Camerer: »The Wick in the Candle of Learning: Epistemic Curiosity Activates Reward Circuitry and Enhances Memory«, *Psychological Science,* 20, Nr. 8 (2009): S. 963-973
7. J. Lehrer: »The Itch of Curiosity«, Wired Science Blogs/Frontal Cortex, 3. August 2010, http://www.wired.com/wiredscience/2010/08/the-itch-of-curiosity/
8. »Albert Einstein Quotation«, Witty.com, abgerufen am 16. Januar 2014, http://www.wittyprofiles.com/q/3811156
9. M. Popova: »Autonomy, Mastery, Purpose: The Science of What Motivates Us, Animated«, Brain Pickings, abgerufen am 12. Januar 2014, http://www.brainpickings.org/index.php/2013/05/09/daniel-pink-drive-rsa-motivation/
10. J. Lehrer: »The Itch of Curiosity«, Wired Science Blogs/Frontal Cortex, 3. August 2010, http://www.wired.com/wiredscience/2010/08/the-itch-of-curiosity/
11. S. Dominus: »Is Giving the Secret to Getting Ahead?«, *International New York Times,* 27. März 2013, http://www.nytimes.com/2013/03/31/magazine/is-giving-the-secret-to-getting-ahead.html?ref=magazine&_r=1&pagewanted=all&
12. ebd.
13. J. Lipman: »Why Tough Teachers Get Good Results«, *Wall Street Journal,* 27. September 2013
14. ebd.
15. C. Bergland: »The Athlete's Way«, *Psychology Today,* 26. Dezember 2011, http://www.psychologytoday.com/blog/the-athletes-way/201112/ the-neuroscience-perseverance
16. ebd.
17. A. L. Duckworth: »Angela Lee Duckworth: The Key to Success? Grit«, TED.com, April 2013, http://www.ted.com/talks/angela_lee_ duckworth_the_key_to_success_grit.html
18. D. Pink: »Dan Pink: The Puzzle of Motivation«, TED.com, Juli 2009, http://www.ted.com/talks/dan_pink_on_motivation.html
19. ebd.

20. M. Levine: »Raising Successful Children«, *International New York Times,* 4. August 2012, http://www.nytimes.com/2012/08/05/opinion/sunday/ raising-successful-children.html?pagewanted=all&_r=0
21. J. Gross: »What Motivates Us at Work: 7 Fascinating Studies That Give Insights«, TED Blog, 10. April 2013, http://blog.ted.com/2013/04/10/what-motivates-us-at-work-7-fascinating-studies-that-give-insights.
22. B. Guitar und T.J. Peters: »Stuttering: An Integrated Approach to Its Nature and Teatment«, Baltimore, MD: Williams & Wilkins, 1998
23. C. S. Dweck: »Mindset: The New Psychology of Success«. New York: Random House, 2006
24. »Carol Dweck, Stanford University Professor, On Why Telling Your Children They're Smart Is Actually Bad for Them«, *Huffington Post,* 2. August 2013, http://www.huffingtonpost.com/2013/08/02/carol-dweck-mindset_n_3696599.html
25. ebd.

Delfin-Kinder auf dem Weg zu Glück und Erfolg

1. »Albert Einstein Quotation«, Goodreads.com, abgerufen am 8. Januar 2014, https://www.goodreads.com/quotes/7090-the-intuitive-mind-is-a-sacred-gift-and-the-rational
2. S. Laboy: »Dolphins Problem-Solve Like Humans, New Study Shows« (Video), *Huffington Post,* 9. August 2013, http://www.huffingtonpost.com/2013/08/09/study-dolphins-problem-solve-humans_n_3731435.html
3. J. H. Dyer, H. B. Gregerson und C. M. Christenen: »The Innovator's DNA«, *Harvard Business Review,* Dezember 2009, http://hbr.org/2009/12/the-innovators-dna
4. R. Epstein: *The Big Book of Creativity Games.* New York: McGraw-Hill, 2000
5. ebd.
6. »The Science of Creativity«, http://www.apa.prg/gradpsych/2009/01/creativity.aspx
7. K. Gasper: »Permission to Seek Freely? The Effect of Happy and Sad Moods on Generation Old and New Ideas«, *Creativity Research Journal,* 16, Nr. 2 (2004), 215-229
8. B. L. Fredrickson: »Positivity«. New York: Random House, 2009; B. Breen: »The 6 Myths of Creativity«, *Fast Company,* Dezember 2004, http://www.fastcompany.com/51559/6-myths-creativity
9. »IBM 2010 Global CEO Study: Creativity Selected as Most Crucial Factor for Future Success«, IBM, 18. Mai 2010, http://www-03.ibm.com/press/us/en/pressrelease/31670.wss

10. Conference Board of Canada: »Are They Really Ready to Work?«, Ottawa: Author, 2006. Taple 2, S. 20, http://www.p21.org/storage/documents/final_report_pdf09-29-06.pdf
11. C. L. Hardy und M. Van Vugt: »Nice Guys Finish First: The Competitive Altruism Hypothesis«, Personality and Social Psychology Bulletin 32, Nr. 10 (2006): S. 1402-1413.
12. K. Batcho: »Childhood Happiness: More Than Just Child's Play«, *Psychology Today,* 13. Januar 2012, http://www.psychologytoday.com/blog/longing-nostalgia/201201/childhood-happiness-more-just-childs-play
13. ebd.
14. P. Brickman, D. Coates und R. Janoff-Bulman: »Lottery Winners and Accident Victims: Is Happiness Relative?«, *Journal of Personality and Social Psychology* 36, Nr. 8 (1978): S. 917-927, http://www.ncbi.nlm.nih.gov/pubmed/690806
15. »World's Poorest Countries«, Infoplease, abgerufen am 14. Januar 2014, http://www.infoplease.com/ipa/A0908763.html
16. ebd.
17. J. Rodin und J. E. Langer: »Long-Term Effects of a Control-Relevant Intervention with the Institutionalized Aged«, *Journal of Personality and Social Psychology* 35, Nr. 12 (1997): S. 897-902
18. United Nations: »World Happiness Report 2013«. New York: United Nations, 2013, http://unsdsn.org/files/2013/09/WorldHappiness-Report2013_ online.pdf
19. »Community Sustainable Happiness Week«, The Happiness Initiative, 2011, http://www.happycounts.org/community-sustainable-happiness-week/
20. D. G. Blanchflower und A. J. Oswald: »Well-being over Time in Britain and the USA«, *Journal of Public Economics* 88 (2004): 1359-1386
21. D. G. Blanchflower und A. J. Oswald: »Well-being over Time in Britain and the USA«, *Journal of Public Economics* 88 (2004); United Nations: »World Happiness Report 2013«. New York: United Nations, 2013, http://unsdsn.org/files/2013/09/WorldHappinessReport2013_online.pdf
22. »Dalai Lama Quotation«, Brainyquote.com, abgerufen am 14. Januar 2014, http://www.brainyquote.com/quotes/quotes/d/dalailama166116.html

Zurück zum Menschen

1. H. Brown: »The *Other* Brain Also Deals with Many Woes«, International New York Times, 23. August 2005, http://www.nytimes.com/2005/08/23/ health/23gut.html?pagewanted=all&_r=0

2. »The Mysteries of the Heart«, HeartMath, abgerufen am 4. Januar 2014, http://www.heartmath.org/templates/ihm/articles/infographic/2013/mysteries-of-the-heart/index.php
3. A. Hadhazy: »Think Twice: How the Gut's 'Second Brain' Influences Mood and Well-Being«, Scientific American, 12. Februar 2010
4. »Intuitive Policing: Emotional/Rational Decision Making in Law Enforcement« *FBI Law Enforcement Bulletin,* Februar 2004, 1, http://www.au.af.mil/au/awc/awcgate/fbi/intuitive.pdf
5. P. Gray: »Why Children Protest Going to School: More Evo. Mismatch«, *Psychology Today,* 10. November 2011, http://www. psychologytoday.com/blog/freedom-learn/201111/why-children -protest-going-school-more-evo-mismatch

Register

Achtsamkeit 125, 126, 128, 176
Achtsamkeitstechniken 126
ADHS 164, 168, 169, 180
Adrenalin 124, 235
Affluenza 39, 295
Altruismus 93, 292
Angst 39, 42, 46, 111, 306, 312, 313
- Kontrolle und 48
Angstregulation 127
Angstzustände 169
Anleiten 103, 104,216, 217
Anorexie 134
Anpassungsfähigkeit 12, 92, 94, 257
- Spiel und 164
Anspruchsdenken 73
Arbeit, Freude und 256
Arbeitsleben 32
Arbeitsmoral 12
Arbeitswelt 32, 71, 72
Atmen, kontrolliertes 125, 128
Attachment Parenting 37, 38
Aufmerksamkeitsstörungen 138
Ausbildung 33
Ausdauer 35
Ausgrenzung, soziale 203
Authentizität 105
Autonomie 261
Autorität 37
- geteilte 290

Balance, Mangel an 59
Bateson, Gregory 149
BDNF (Brain-Derived Neutropic Factor) 126, 137, 151
Bedürfnishierarchie 297
Belohnung, Eigenmotivation und 260
Belohnungen, externe 259
Belohnungssubstanzen 113
Bewegungsspiel 157
Beziehungen, glückliche 93
Bildschirmzeit 138, 139
Bildung 71
Bildungsystem, finnisches 85
Bindungen, soziale 196, 202
Bindungsfähigkeit 62
Bluthochdruck 133
Botton, Alain de 40
Brown, Stuart 150, 153, 165, 169, 170

Bulimie 134
Burnout 38, 42
Butler, Samuel 15

Chua, Amy 8, 28, 36, 68
Cortisol 211

Dalai Lama (Tenzin Gyatso) 299
Darm 311–313
Delfin, Weg des 107
Delfin-Eltern 107, 218, 220, 315–318
- Eigenmotivation und 262
- Handwerkszeug für 215–240
Delfin-Erziehung 116, 218–220, 315–318
Delfin-Kind 97–100, 274–303
Delfin-Methode 273
Delfin-Prinzip 95, 106, 107, 117
- Grundlagen 121–148
Denken, dysfunktionales 39
Denken, eigenständiges 89
Denken, kritisches 18, 87, 95, 181, 260, 281, 282, 284, 285
Depression 17, 39, 42, 66, 111, 169, 170
Diabetes 110, 111, 133
Disziplin 210
Dopamin 108, 109, 156, 161, 163, 164, 194–196, 251, 256, 311
Drogenmissbrauch 39, 65, 169
Duckworth, Angela 256
Durchhaltevermögen 257

Eigenmotivation 46, 77, 116, 216, 243–273, 278
- ausgewogenes Leben und 250, 251
- Autonomie und 253, 254, 262
- Belohnung und 260
- Delfin-Eltern und 262
- externe Motivation und 246
- Förderung der 247
- Herausforderungen und 254–257
- KQ und 244, 259
- Neugier und 251–253
- Sinnorientierung und 253, 254, 262
- Unabhängigkeit und 36
- Unterstützungstechniken 248, 249
Einfühlungsvermögen 73, 105, 159, 235, 236, 292
- Motivation und 235
- Selbstwertgefühl und 236
Einsamkeit 202, 203
Einstein, Albert 19, 154, 281
Einstimmungsgspiel 160
Eltern 40, 42, 109, 112
- autoritäre 36–38, 40
- im Angstmodus 34
- Kinder und 319–323
- Kontrolle der 217
- nachgiebige 36–38, 40
- Schuldgefühle der 38
- Unsicherheit der 40
- unter Druck 314
- Zwänge der 29–35

Elterntypen 35–40
Engagement 114, 193, 278, 292, 314
- Gefügigkeit und 262
- KQ und 198–200
- soziales 72, 192–197
EQ (emotionaler Quotient) 87, 281
Erfahrung, Motivation und 272
Erfolg 78, 91–94, 114, 115
- Anpassungsfähigkeit und 92, 94
- Moral und 209
- Zufriedenheit und 286
Erfolgsmodell Finnland 82–86
Erkrankungen, psychische 17
Ernährung, ausgewogene 135
Ernährung, gesunde 136
Erschöpfung 43, 133
Erwachsenwerden 110
Erziehung 18
- autoritäre 83, 107
- autoritative 106–108, 116
- intuitive 95
- permissive 107
Erziehungsmodell »Delfin« 95
Erziehungsmodell »Tiger« 75–78
Erziehungsstile 35–40
Essen, gemeinsames 135
Essstörungen 42, 134

F/A-Wert 181
Facebook 31
Familienstruktur 32
Fantasie 70
Fehler 182, 183, 261
- Angst vor 182
Fehler, Fehlschläge und 156
Feierspiel 162
Fernsehen 139
- exzessives 138
Fettleibigkeit 19, 133
Flow 157, 176
Freiheit 14
Freiwilligendienst 65
Freizeit, Zeitverschwendung und 179
Fresssucht 39
Freude 35, 114
- Arbeit und 256
Freundlichkeit 105
Freundschaft 40
Fromm-Reichmann, Frieda 202, 203
Frontallappen, Schädigung der 168

Gefügigkeit, Engagement und 262
Gehirn 15, 94, 116, 151, 156, 203, 247, 280, 306, 310–312
- Amygdala 309, 310
- Größe des 94
- Gyrus parahippocampalis 252
- Hand und 159
- Hemisphären des 280–282, 310, 313
- KQ und 279–282
- Neuroplastizität des 115, 116, 123, 247

– Nucleus caudatus 252
– präfrontaler Kortex 151, 252, 310
– Pubertät und 15
– Schwangerschaft und 15
– soziale Interaktion und 196
Geist, Körper und 54–60
Geld 78, 192
Gemeinschaft 189–192, 206, 207, 278, 314
– Identität und 191
Gemeinschaftssinn 22, 187–189, 278, 292
Generationskluft 33
Geschichtenerzählen 162
Gesprächsführung, motivierende 233
Gesundheit 21, 91–94, 122, 277
Gewohnheiten 116, 256
Ghrelin (Hormon) 143
Gleichgewicht 118
– körperliches 59
Globalisierung 29, 316
Glück 91–94, 293–299
Google 86, 88
Grant-Studie 92
Grenzen 108
Grundbedürfnisse 113, 196
Gurdon, John 243, 244

Haupterziehungsziele, vier 36
Hausaufgaben 174, 175, 179, 249
– und KQ 174
Helikopter-Eltern 35, 36, 40, 42
Herausforderungen 256, 257, 277
Herz 311–313
Herzerkrankungen 111
Herzgehirn 311
Höflichkeit 40
Humor 93
Hunger 133
Hypomanie 66

Identität, Gemeinschaft und 191
Image 72
Innovation 70, 89
Innovationsfähigkeit 12, 156
Instinkte 306
Integrität 292
Intelligenz 92
– emotionale 200
Interaktion, soziale 195
– Gehirn und 196
Intuition 107, 108, 112, 306, 308, 313, 315
– Kindererziehung und 45
– Kommunikation und 287
– Wissen und 310
In-Watte-Packer-Eltern 35, 36, 40, 42
IQ (Intelligenzquotient) 87, 159, 281, 283
Irrsinn, menschlicher 14, 15
Isolation, emotionale 202

Jobs, Steve 183, 184, 284
Jung, Carl G. 154
Junkfood 135, 136

Kaufsucht 39
Kindererziehung 16, 31, 51, 78, 95, 102, 106
- bindungsorientierte siehe Attachment Parenting
- Geheimnis der 19
- Grenzen und Chancen der 16–18
- Grundlage der 21
- Intuition und 45
Kindheit, unglückliche 293
Koffein 131
Kommunikation 70, 72, 87, 89, 95, 233, 281, 286–289
- direkte 31
- Intuition und 287
- mobile 72
- motivierende 233
Kompetenz, kommunikative 288
Kompetenz, soziale 18, 30, 38, 62, 91, 190, 198, 199
Konkurrenzdenken, übersteigertes 46–48
Kontemplation (Veränderungsphase) 103, 247
Kontrolle 48, 50
- Angst und 48
- innere 40
- innere und externe 41
- Selbständigkeit und 220
Konzentration 127
Konzentrationsschwäche 43
Kooperation 70, 84, 87, 96, 289–291
Körper, Geist und 54–60
Kortisol 124
KQ (kognitiver Quotient) 86, 87, 95, 113, 200, 279, 281
- Bedeutung des 282–291
- Eigenmotivation und 244, 259
- Förderung des 316
- Gehirn und 279–282
- Hausaufgaben und 174
- Rolle des 87–91
- soziales Engagement und 198–200
- Spiel und 151–155, 180
KQ-Entwickler 180–185
KQ-Kompetenzen 151, 289, 291
- als Soft Skills 291
Kreativität 18, 70, 72, 87, 91, 95, 156, 159, 260, 281–286
- Spiel und 164
Kurzsichtigkeit 17

Langeweile 46, 77
Leben, ausgewogenes 115
Leben, Balance im 41
Lebensfreude 115
Lebensqualität, Zufriedenheit und 197
Lebensstil, passiver 138
Leidenschaft 34, 35, 245, 252, 257
Leistungsbereitschaft 277
Leistungsfähigkeit, verminderte 143
Leonardo, L. da Vinci 181
Lernerfahrung, Spaß und 263

Marketing 31, 32
Maslow, Abraham 297, 298
Medien 316
- soziale 30
Medikamentenmissbrauch 17
Mitgefühl 40, 96, 105
Mobbing 211
Moral 40, 70, 210
- Erfolg und 209
Motivation 20, 21, 41, 230, 232, 233, 246
- Einfühlungsvermögen und 235
- Erfahrung und 272
- externe 21
- extrinsische 259
- Selbstvertrauen und 231

Naturdefizitstörung 177
Netzwerke 184, 185, 317
Neugier 34, 176, 245, 252
Noten 64, 69

Oxytocin 195

Panikattacken 43
Paranoia 66
Perfektion 76, 78
Perfektionismus 172, 173
Persönlichkeit 18
Persönlichkeitsdefizite 63
PISA-Test 83, 84
Pool, Jeremy 149
Präkontemplation (Veränderunsphase) 103
Probleme, psychische 14
Probleme, seelische 66
Psychostimulans 43
Pubertät 15, 16

Quallen-Eltern 37

Rachitis 61
Regeln 230
Regulation
- emotionale 127
Reichtum 72
Reizbarkeit 133
REM-Schlaf 142
Resilienz 46
Respekt 292
Rezept: Achtsamkeitsübungen 129, 130
Rezept: Aktiv sein 137–141
Rezept: Auf die Verteilung der Rede- und Zuhörzeit achten 225, 226
Rezept: Behalten Sie die Hausaufgaben im Blick 174, 175
Rezept: Beim Spielen Vorbild sein 175
Rezept: Dafür sorgen, dass Lernen Spaß macht 263, 264
Rezept: Das Eingehen von Risiken zulassen und fördern 270, 271
Rezept: Den autoritären Tiger loswerden 219, 220
Rezept: Den überbehütenden Tiger zähmen 172, 173

Rezept: Draußen spielen 176–178
Rezept: Durch Äußerungen und Verhaltensweisen innere Kontrolle Ihres Kindes fördern 220–222
Rezept: Ein Problem in Einzelschritte zerlegen … 269, 270
Rezept: Eine spielfreundliche Umgebung schaffen 173
Rezept: Erholsam schlafen 142–148
Rezept: Gesund essen 133–136
Rezept: Grundlagen für Gemeinschaft und Engagement schaffen 206, 207
Rezept: Ihr Kind Dinge selbst probieren lassen … 267–269
Rezept: Ihr Kind mit bestimmten Aussagen und Verhaltensweisen unterstützen 228, 229
Rezept: Ihrem Kindheit Freiheit schenken 123,124
Rezept: Mit den vier E der Delfine motivieren 233–240
Rezept: Nichts tun – Ihr Kind natürliche Konsequenzen erleben lassen 272, 273
Rezept: Offene Fragen stellen 224, 225
Rezept: Positives Verhalten selektiv positiv verändern 264, 265
Rezept: Tief atmen und achtsam sein 124–129
Rezept: Übertriebenes oder sinnloses Lob vermeiden … 265–267
Rezept: Vor dem Erteilen von Ratschlägen um Erlaubnis fragen 222, 223
Rezept: Vor- und Nachteile besprechen 227
Rezept: Vor- und Nachteile bewerten 227, 228
Rezept: Vorbild für soziales Denken und Handeln sein 207, 208
Rezept: Wasser trinken 130–132
Rezept: Werte vermitteln 208–211
Rezept: Zur Motivationsförderung auf Wichtigkeit und Selbstvertrauen konzentrieren 229–231
Ritualspiel 162
Rollenspiel 159, 160
Rückkoppelungsmechanismus 112
Rückkoppelungsschleifen 109, 122, 148
Ruhe 76
Ruhm 72

Sammelwut 45, 46
Schlaf 142, 144–147
Schlafentzug 46, 145, 168, 171
Schlaflosigkeit 17, 42, 144
Schlafmangel 17, 43, 143, 144
Schlafrituale 146
Schmerz 203
Schneepflug-Eltern 35, 36, 40, 42

Schulsystem 69
Selbstakzeptanz 72
Selbständigkeit 216
- Kontrolle und 220
Selbstkontrolle 125, 126
Selbstmord 17, 66, 67
Selbstmotivation 40
Selbstverletzung 66, 67, 169
Selbstvertrauen 37, 229–233, 239
- Motivation und 231
Selbstwertgefühl 37
- Einfühlungsvermögen und 236
Serotonin 311
Sicherheit, finanzielle 33
Soft Skills 90, 91
Sozialkompetenz 72
Sozialspiel 160
Spaß, Lernerfahrung und 263
Spiegelneuronen 313
Spiel 114, 115, 149–185, 277, 278, 314
- als Grundrecht 167
- Anpassungsfähigkeit und 164
- Bedeutung des 155–157
- fantasievolles 159, 160
- Formen des 157–162
- kognitiver Quotient und 151–155
- KQ und 180
- Kreativität und 164
- mit Gegenständen 158, 159
- Überleben und 151
- Vorteile des 155–157
Spielen siehe Spiel
Spielentzug 168, 170, 171
Spielpersönlichkeiten 165–167
Spieltherapie 164, 165
Sport 137, 138, 141, 177
- psychische Gesundheit und 177
Status 192
- ökonomischer 39
- privilegierter 39, 40
- Zufriedenheit und 295
Statusangst 40
Statussymbole 76
Stimulanzien 65, 66
Stimulation, Bedürfnis nach 124
Streiten 234
Stress 17, 42, 67, 93, 156, 210, 257, 312
- selbst auferlegter 49
Stressreduzierung 127
Sucht 42, 65, 111
Superheld 194

Teamfähigkeit 156
Technologien, moderne 316
Teenager, Schlafen und 147, 148
Teilsyndrom-Essstörungen 134
Tiger-Eltern 40, 47, 51, 71, 73, 113, 201
Tiger-Erziehung 68
- Nachteile der 60–68
Tiger-Erziehungsstil 8
Tiger-Frauen 204
Tiger-Kinder 48–51
- Defizite von 52–78
- Gemeinwesen und 201
Tiger-Kultur 78

Tiger-Prinzip 16, 18, 21, 28, 68, 69, 73, 75, 260
Tiger-Verhaltensweisen, typische 45–48
Tobespiel 160, 161
Toleranz 73
Trotzverhalten, oppositionelles 169

Überbehütung 46, 172
Übergewicht 17, 110, 111, 133
- kindliches 62
Überlebensaktivitäten 118
Umgangsformen 37
Unabhängigkeit 216
- Eigenmotivation und 36
Unabhängigwerden 77
Unruhe 46
Unterhaltungsmedien 140
Unterricht, kooperativer 290
Urbanisierung 32

Vagusnerv 312, 313
Vaillant, George 92–94, 282
Verantwortung 14
Verantwortungsbewusstsein 38, 96, 292
Verhalten, unmoralisches 64
Verhalten, Ziele und 237
Verhaltensänderung 248
- Modell der 21
Verhaltensmuster 116
Verhaltensstörung 169
Vernachlässigung 38
Vernetzung, weltweite 72
Verwöhnen 38
Vitalität 113, 115
Vitamin-D-Mangel siehe Rachitis
Vorbildsein 216, 217
Vorkontemplation (Veränderungsphase) 247, 248

Wachheit 143, 144
Wandel, kultureller 33
Werbung 31, 316
Werte 37, 210, 237
Wettbewerb 84
Wettstreit 22
Wichtigkeit 229–233
- Einschätzung der 232
Wikipedia 88
Wilson, Frank R. 159
Wissen, Intuition und 310
Wissen, intuitives 310
Wissensvermittlung 70
Wochenbettdepression 145
Wohlbefinden 114, 298
Work-Life-Balance 317

Zeitverschwendung, Freizeit und 179
Zeugnisnoten siehe Noten
Ziele 237
- Verhalten und 237
Zivilisation, Bausteine der 40
Zivilisationskrankheiten 111, 118
Zufriedenheit 21, 156
- Erfolg und 286
- Lebensqualität und 197
- Status und 295
Zulassungsverfahren 71